Basiswissen Abnahmetest

Über die Autoren

Diplom.-Inform. M.Sc. Florian Fieber ist Gründer und Geschäftsführer der QualityDojo IT-Consulting GmbH in Berlin und als Berater und Trainer im Bereich der Qualitätssicherung von Softwaresystemen tätig. Seine Schwerpunkte liegen dabei im Testmanagement, der Testprozessverbesserung sowie der Businessanalyse von Enterprise-Anwendungen.

Er ist seit 15 Jahren als Trainer für »ISTQB® Certified Tester«-Seminare aktiv und hat in dieser Zeit zahlreiche Seminarinhalte entwickelt und weit über 100 Seminare geleitet. Er ist stellvertretender Vorsitzender des German Testing Board e.V. und engagiert sich dort u.a. als Leiter der Arbeitsgruppe »Acceptance Testing« für die Weiterentwicklung des entsprechenden ISTQB®-Lehrplans.

Diplom.-Inform. M.Sc. Marc-Florian Wendland arbeitet seit über zwölf Jahren als wissenschaftlicher Mitarbeiter im Fraunhofer-Institut FOKUS und befasst sich mit der Optimierung von Qualitätssicherungsverfahren in komplexen, softwareintensiven Systemen. Er war für die Ausarbeitung von Strategien, Lösungen und Prototypen in zahlreichen nationalen und internationalen Forschungs- und Industrieprojekten in den verschiedensten Branchen verantwortlich, insbesondere für die Automatisierung des Testentwurfs und der Testdurchführung.

Er ist seit 2019 Mitglied im German Testing Board e.V. und engagiert sich in den Arbeitsgruppen »Acceptance Testing« und »Testautomatisierungsentwickler«, deren stellvertretende Leitung er auch innehat.

Neben seiner industrienahen Forschungstätigkeit im Fraunhofer-Institut FOKUS und seiner Mitarbeit in verschiedenen Standardisierungsaktivitäten ist er seit 2015 zudem als freier Trainer für die verschiedenen »ISTQB® Certified Tester«-Schulungen tätig.

Florian Fieber · Marc-Florian Wendland

Basiswissen Abnahmetest

Aus- und Weiterbildung zum ISTQB® Foundation Level Specialist – Acceptance Testing

dpunkt.verlag

Florian Fieber
florian.fieber@qualitydojo.com

Marc-Florian Wendland
marc-florian.wendland@fokus.fraunhofer.de

Lektorat: Christa Preisendanz
Lektoratsassistenz: Anja Weimer
Copy-Editing: Ursula Zimpfer, Herrenberg
Satz: Birgit Bäuerlein
Herstellung: Stefanie Weidner, Frank Heidt
Umschlaggestaltung: Helmut Kraus, *www.exclam.de*
Druck und Bindung: mediaprint solutions GmbH, 33100 Paderborn

Bibliografische Information der Deutschen Nationalbibliothek
Die Deutsche Nationalbibliothek verzeichnet diese Publikation in der Deutschen Nationalbibliografie; detaillierte bibliografische Daten sind im Internet über *http://dnb.d-nb.de* abrufbar.

Fachliche Beratung und Herausgabe von dpunkt.büchern zum Thema »ISTQB® Certified Tester«:
Prof. Dr. Andreas Spillner · *Andreas.Spillner@hs-bremen.de*

ISBN:
Print 978-3-86490-829-3
PDF 978-3-96910-286-2
ePub 978-3-96910-287-9
mobi 978-3-96910-288-6

1. Auflage 2021

Wieblinger Weg 17
69123 Heidelberg

Hinweis:
Die Tatsache, dass wir im gesamten Text vorwiegend das männliche Pronomen (er/sein) verwenden, dient der leichteren Lesbarkeit und spiegelt in keiner Weise eine geschlechtsspezifische Einstellung wider.

Hinweis:
Dieses Buch wurde auf PEFC-zertifiziertem Papier aus nachhaltiger Waldwirtschaft gedruckt. Der Umwelt zuliebe verzichten wir zusätzlich auf die Einschweißfolie.

PEFC zertifiziert
Das Papier für dieses Buch stammt aus nachhaltig bewirtschafteten Wäldern und kontrollierten Quellen.
PEFC/04-31-0810 www.pefc.de

Schreiben Sie uns:
Falls Sie Anregungen, Wünsche und Kommentare haben, lassen Sie es uns wissen: *hallo@dpunkt.de.*

5 4 3 2 1 0

Vorwort

Die Idee zu diesem Buch kam uns beiden während der im Buddy-Review durchgeführten Lokalisierungsarbeiten am »Acceptance Tester«-Lehrplan im Rahmen unserer Arbeitsgruppentätigkeit beim German Testing Board e.V. (GTB). Während der doch recht zeitraubenden Reviewsitzungen stellten wir uns irgendwann die Frage, wie eigentlich die Situation unterstützender Literatur auf dem deutschen Buchmarkt dediziert zum Thema Abnahmetest aussähe. Das Ergebnis war ernüchternd bzw. aus Neu-Autorensicht recht erfreulich – nicht sehr umfangreich oder anders gesagt: Wir fanden keine einzige Veröffentlichung speziell über den Abnahmetest! Und da wir schon seit Längerem mit einem gemeinsamen Buchprojekt geliebäugelt hatten, führte eines zum anderen und schlussendlich zu dem vorliegenden Buch.

Softwarequalität ist unsere berufliche Leidenschaft, die es gelegentlich sogar ins Private schafft. Seit rund 15 Jahren (der eine mehr, der andere weniger, im Durchschnitt passt es dann wieder) setzen wir uns intensiv in wechselnden Rollen und unterschiedlichen Geschäftsbereichen mit dem Thema Qualitätssicherung auseinander. Dabei stehen für uns insbesondere das Testen sowie die Testaktivitäten in all ihren schrecklich schönen und zahlreichen Facetten im Vordergrund. Besonders heikel, da spannend, wird es immer dann, wenn wir uns an den Schnittstellen zu anderen Disziplinen und Rollen bewegen. Requirements Engineering beispielsweise oder auch die Modellierung von Softwaresystemen, gerne auch in Kombination mit dem modellbasierten Testen, sind Themen, die uns immer wieder einholen und auf Trab halten. Spannenderweise verbindet der Abnahmetest und vor allem der ISTQB®-Lehrplan zu »Acceptance Testing« diese verschiedenen Tätigkeiten und Rollen, was für uns die perfekte Voraussetzung bzw. Motivation darstellte, um das Begleitbuch dazu zu verfassen. Die jahrelange Erfahrung in Industrie- und Forschungsprojekten, die wir sammeln konnten, füllen zudem einige Lücken des Lehrplans bzw. erweitern diesen an der ein oder anderen Stelle zielführend und – zumindest aus unserer Sicht – für den Leser absolut gewinnbringend. Das vorliegende Buch ist daher mehr als nur eine elaboriertere Version des Lehrplans, sondern liefert einen echten Mehrwert.

Unsere Projekterfahrungen lassen wir natürlich auch als Trainer in die verschiedenen Seminare einfließen. Den Schwerpunkt bilden dabei insbesondere die Seminare zu den verschiedenen Lehrplänen des »ISTQB® Certified Tester«-Schemas.

Ein solches Buch schreibt man nicht alleine – nun gut, die Aussage in sich ist schon eine Tautologie, sind wir doch zwei Autoren, aber wir meinten die Aussage eher im Sinne von »*es haben weitere Personen maßgeblich an der Veröffentlichung dieses Buches Anteil*«. Diesen helfenden Köpfen möchten wir gerne namentlich unseren Dank ausdrücken.

Zum einen ist da Frau Preisendanz vom dpunkt.verlag, die in der von Homeschooling und Corona-Kinderbetreuung geprägten Zeit schon das ein oder andere Mal Geduld mit uns hatte. Vielen Dank dafür.

Zudem möchten wir uns recht herzlich bei Andreas Spillner, Herausgeber von dpunkt.büchern zum Thema »ISTQB® Certified Tester«, für das fachliche Review und die konstruktiven Anmerkungen bedanken – und nebenher spendierte er uns auch das Geleitwort zu diesem Buch.

Weiterhin möchten wir uns bei unseren externen Reviewern für ihre wertvollen Anmerkungen bedanken. Zum einen bei Jogi Sievers und seinem Team »Test-Management-Plattform« bei der SIGNAL IDUNA für ihr Review aus den Perspektiven »Businessanalystin«, »Product Owner« und »Test-Service-Spezialist«, zum anderen bei Maik Nogens für seine prägnanten Verbesserungsvorschläge.

Wir möchten uns bei allen Kolleginnen und Kollegen im German Testing Board e.V. für die Unterstützung und den professionellen Austausch bedanken.

Nicht zuletzt bedanken wir uns bei unseren Familien, die auf uns doch die ein oder andere Stunde während dieses Buchprojekts verzichten mussten und dies nicht nur akzeptiert, sondern sehr unterstützt haben. Euch auch vielen Dank.

Und ab und an tut es auch nicht weh, sich selbst – oder gegenseitig – auf die Schulter zu klopfen und zu sagen: »Danke, lieber Ko-Autor, dass du meine zahlreichen Kommentare, Anmerkungen und Kritiken professionell aufgenommen hast. Und ich muss zugeben, dass deine Anmerkungen dazu beigetragen haben, dass unsere Namen nun auf einem Buch stehen, auf das ich schon ein bisschen stolz bin.«

Nun aber Schluss der vielen einführenden und dankenden Worte. Wir wünschen Ihnen, liebe Leserinnen und Leser, viel Spaß und einen maximalen Erkenntnisgewinn mit diesem Buch. Wir sind gespannt auf Ihr Feedback.

Florian Fieber und *Marc-Florian Wendland*
Berlin, Mai 2021

Geleitwort

Mit dem Buch zum Abnahmetest haben die beiden Autoren ein sehr wichtiges Thema aufgegriffen: Der Abnahmetest ist das letzte Glied der Kette von Maßnahmen zur Qualitätsbestimmung und Qualitätssicherung eines Softwaresystems, bevor es zum Einsatz kommt. Der Abnahmetest ist somit der Schritt, der darüber entscheidet, ob das Softwaresystem als angemessen realisiert anzusehen ist und zur betrieblichen Anwendung kommt.

Allzu oft wird der Abnahme eines neuen oder erweiterten Softwaresystems zu wenig Bedeutung vonseiten des Kunden bzw. Auftraggebers beigemessen. Die Abnahme wird als notwendiges Übel gesehen, das nur Zeit und damit Geld kostet. Dem ist aber nicht so.

Ein Beispiel soll die Bedeutung der Abnahme illustrieren: Angenommen, Sie haben den Bau eines Hauses in Auftrag gegeben und das Haus ist nun bezugsfertig und es muss »nur« noch abgenommen werden. Als Bauherr werden Sie die Abnahme als letzten bedeutenden Schritt sehen. Sie werden möglicherweise Fachleute beauftragen, um Sie bei der Abnahme zu beraten und zu unterstützen. Sie werden die Umsetzung Ihrer Vorstellungen – Ihrer Anforderungen – bei den unterschiedlichen Gewerken einzeln prüfen und auch deren Zusammenspiel. Sie werden Pläne (Modelle, Grundriss, Aufriss, ...) zum Vergleich dabeihaben und Sie werden eine Liste oder Tabelle vorbereitet haben, damit Sie keinen wichtigen Punkt vergessen, und Sie werden die Liste Punkt für Punkt »abarbeiten«. Sie werden das gesamte Haus vom Keller bis zum Dachboden begehen und dabei alle Aspekte berücksichtigen, die »Ihr« Haus ausmachen. Sie werden sich dabei Zeit nehmen und alle Auffälligkeiten dokumentieren, um diese dann mit dem Bauträger zu diskutieren und möglichst einvernehmlich auf die Beseitigung von bestehenden Mängeln dringen.

Wenn es um die Abnahme eines Softwaresystems geht, das vom Aufwand und von den Kosten mit einem Hausbau durchaus vergleichbar ist, ergibt sich oft ein anderes Bild: Der Bauherr geht einmal um sein

Haus herum, prüft, ob der Schlüssel in die Haustür passt, geht durch das Erdgeschoss und öffnet ein Fenster zum Garten – das war's.

Damit der Abnahmetest von Software angemessen und aussagekräftig durchgeführt wird, ist das Buch eine hervorragende Grundlage – auch um der Bedeutung des Abnahmetests gerecht zu werden. Folgende Buchinhalte, die neben vielen anderen im Buch ausführlich behandelt werden, sollen kurz hervorgehoben werden:

- **Anforderungen & Abnahmekriterien**
  Ohne dass die Anforderungen an das Softwaresystem möglichst umfassend und präzise geklärt sind, kann kein Abnahmetest und somit keine Abnahme erfolgen. Kriterien, die festlegen, was das Softwaresystem leisten soll, sind vorab zu definieren und von allen Beteiligten zu akzeptieren. Je früher klar ist, welche Abnahmekriterien welchen Stellenwert haben, je besser kann das Softwaresystem auf die Bedürfnisse der späteren Anwender zugeschnitten werden. Die Gefahr, dass »am Kunden vorbei entwickelt wird«, verringert sich dadurch erheblich.
- **Modelle & Tabellen**
  Viele Softwaresysteme unterstützen Geschäftsprozesse. Wie die jeweiligen Prozesse ablaufen und wie dabei das Softwaresystem Aufgaben übernehmen kann, wird am besten in Form von Grafiken und Tabellen veranschaulicht. Die bildhafte Darstellung der Abläufe in den Modellen hilft dabei, Unklarheiten und Ungenauigkeiten zu klären. Eine Diskussion über den jeweiligen Sachverhalt wird bei der grafischen Darstellung in Modellen eher angeregt als bei reinen Textbeschreibungen. Tabellen schaffen Übersicht und verhindern ein Übersehen von einzelnen Aspekten bzw. Kombinationen.
- **Kommunikation & Kollaboration**
  Auch bei der Abnahme von Softwaresystemen bringt ein »Miteinander« viel mehr als ein «Gegeneinander«. Auf die kooperative Zusammenarbeit und ein gegenseitiges Verständnis kommt es an. Grundlage hierfür ist eine gemeinsame Sprache und das gleiche Verständnis der Fachbegriffe. Das Buch und der Lehrplan zum »ISTQB® Foundation Level Specialist – Acceptance Testing« bieten hierfür die perfekten Grundlagen.

Ein Punkt soll nicht unerwähnt bleiben: das sehr ausführliche und durchgängige Fallbeispiel »CA-Cockpit«. Alle Schritte und Aspekte des Abnahmetests werden mit dem Fallbeispiel verdeutlicht. Die theoretischen Grundlagen werden durch das praktische Beispiel realisiert und führen zu einem besseren Verständnis des Sachverhalts.

Leserinnen und Leser werden bei der Lektüre des Buches viele Anregungen und praktische Hinweise für den Abnahmetest erhalten. Wird die Zertifizierung zum »ISTQB® Foundation Level Specialist – Acceptance Testing« angestrebt, wofür im Buch das notwendige Wissen anschaulich aufbereitet zur Verfügung steht, wünsche ich eine erfolgreiche Prüfung.

Andreas Spillner
Bremen, im Frühjahr 2021

Inhaltsübersicht

Inhaltsverzeichnis

1 Einleitung

1.1 Vertrauen, Qualität, Sicherheit!

Der Abnahmetest nimmt im Softwareentwicklungsprozess eine besondere Stellung ein, das Bild auf dem Cover illustriert einige der grundlegenden Aspekte des Abnahmetests – Vertrauen (Händedruck), Qualität (Häkchen) und Sicherheit (Schild-Symbol). Der Abnahmetest ist eine vertrauensbildende Maßnahme! Er soll beim Auftraggeber ausreichendes Vertrauen in die Qualität des Produkts erzeugen, sodass dieser das Produkt schließlich vom Auftragnehmer abnimmt. Vertrauen gibt es aber meist nicht frei Haus, Vertrauen muss erarbeitet werden und sprichwörtlich besser kontrolliert werden. Durch einen (möglicherweise formalen) Nachweis der Qualität des Produkts entsteht die notwendige Sicherheit, das Produkt für seinen Einsatzzweck betreiben zu können und einen Mehrwert oder Nutzwert daraus zu ziehen. Vertrauen entsteht also durch den Nachweis von Qualität. Je höher die Qualität des Produkts ist, desto höher ist die Wahrscheinlichkeit, dass die Erwartungen des Auftraggebers erfüllt werden.

Abnahmetest bei der Entwicklung von Geschäftslösungen

Die Entwicklung von Geschäftslösungen erfordert komplementäres Wissen und Expertise aus unterschiedlichen Disziplinen sowie sich ergänzende Rollen, die eine Vielzahl verschiedener Aktivitäten ausführen. Informationssilos müssen vermieden werden, denn je besser diese Disziplinen miteinander integriert sind und die Rollen zusammenarbeiten, desto höher ist die Wahrscheinlichkeit, dass qualitativ höherwertige Produkte entstehen. Zusammenarbeit wird nicht nur in modernen, agilen Softwareentwicklungsmodellen forciert, auch in den traditionellen (d.h. sequenziellen) Softwareentwicklungsmodellen unterstützen sinnvolle Kollaborationen den Projekterfolg.

Insbesondere der Abnahmetest ist ein gutes Beispiel dafür, wie die jeweiligen Rollen aus den unterschiedlichen Disziplinen durch Zusammenarbeit einen Mehrwert für das Produkt und die Organisation schaffen können. Der Abnahmetest verbindet dabei vor allem die Rollen des Businessanalysten (oder des Product Owners) und des Testers. Eine wichtige Aktivität dieser Rollen unabhängig vom gelebten Softwareentwicklungsmodell ist u.a. die Spezifikation von Abnahmekriterien als Unterstützung der Validierung einer Geschäftslösung. Abnahmekriterien sind üblicherweise Bestandteile von Anforderungen, entweder explizit oder implizit. Durch Extraktion der Abnahmekriterien aus den Anforderungen werden letztere in eine feiner granulierte, somit weniger komplexe und besser testbare Form gebracht. Darauf aufbauend werden Testfälle entworfen, die diese Abnahmekriterien umsetzen. Anhand der Testfälle wird die Geschäftslösung verifiziert bzw. validiert. Die Ableitung von Abnahmetests aus Abnahmekriterien ist eine in hohem Maße kollaborative Aktivität, an der Businessanalysten und Tester beteiligt sein sollten.

Kollaboration von Businessanalyst und Tester

Zur Unterstützung der Aus- und Weiterbildung in diesem Bereich hat das ISTQB® den Lehrplan »ISTQB® Foundation Level Specialist – Acceptance Testing« [ISTQB CTFL-AcT] entwickelt. Das Hauptziel des Lehrplans ist es, die Zusammenarbeit von Businessanalysten und Testern zu unterstützen und damit Informationssilos zwischen den Rollen zu vermeiden. Der Lehrplan richtet sich dabei an alle Personen, die in die Aktivitäten des Abnahmetests involviert sind. Dies beinhaltet nicht nur Businessanalysten, Product Owner und Tester, sondern auch weitere Rollen wie Testanalysten, Testingenieure, Testberater, Testmanager, Benutzerabnahmetester und Softwareentwickler.

1.2 ISTQB® Certified Tester – das Zertifizierungsprogramm für Softwaretester

Der weltweite Standard für die Aus- und Weiterbildung im Bereich Softwarequalitätssicherung und Softwaretest ist heute das »ISTQB® Certified Tester«-Schema des International Software Testing Qualifications Board (ISTQB) [URL: ISTQB].

Das »ISTQB® Certified Tester«-Ausbildungsschema gliedert sich zum Zeitpunkt der Drucklegung dieses Buches in die drei Säulen »Agile«, »Core« und »Specialist« sowie die drei Ausbildungsstufen »Foundation«, »Advanced« und »Expert« (siehe Abb. 1–1).

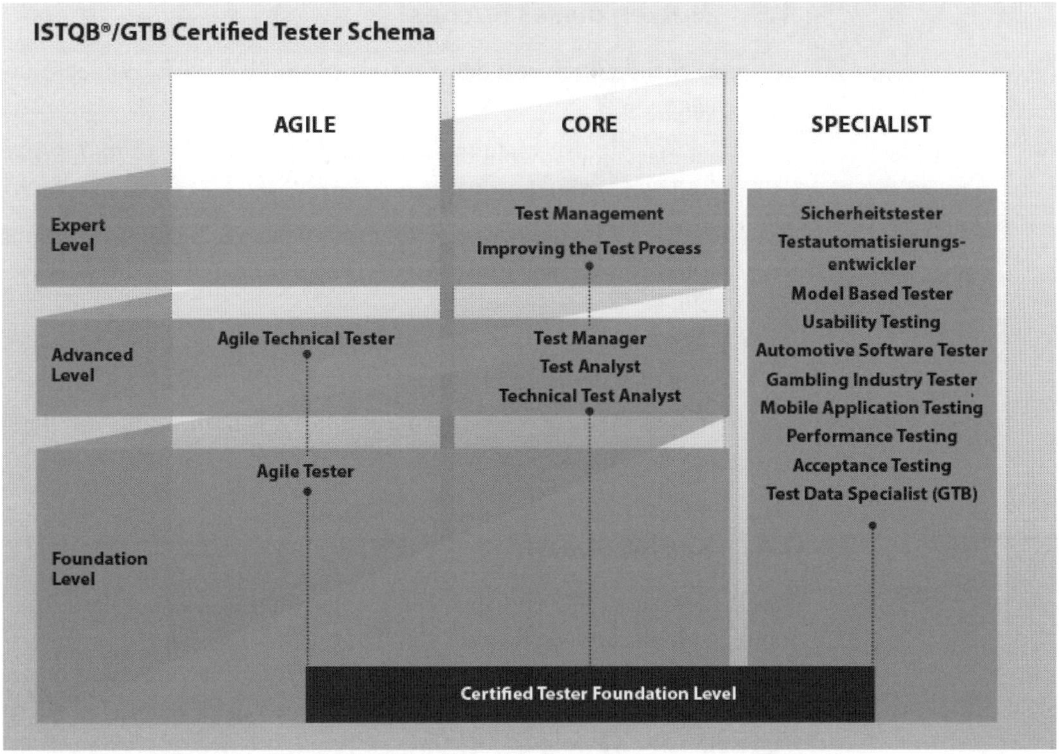

Abb. 1–1
Übersicht des »ISTQB®/ GTB Certified Tester«-Ausbildungsschemas [URL: GTB]

Der Inhalt dieses Buches deckt die prüfungsrelevanten sowie darüber hinausgehende Inhalte des Zertifikats »Acceptance Testing« ab, das auf der Stufe »Foundation« in der Säule »Specialist« angesiedelt ist. Das prüfungsrelevante Fachwissen kann im Selbststudium (z. B. mithilfe dieses Buches) und/oder durch Teilnahme an einem Seminar erworben werden.

In Bezug auf die verschiedenen im »ISTQB® Certified Tester Foundation Level«-Lehrplan [ISTQB CTFL] definierten Ausprägungen von Abnahmetests werden im »Acceptance Testing«-Lehrplan Benutzerabnahmetests (User Acceptance Testing – UAT), vertragliche und regulatorische Abnahmetests sowie Alpha- und Beta-Tests behandelt. Absichtlich nicht behandelt werden hingegen betriebliche Abnahmetests (Operational Acceptance Testing – OAT), da diese in der Regel von Teams durchgeführt werden, die das System betreiben, und nicht von Testern und Businessanalysten.

1.3 Nutzen dieses Buches

Das vorliegende Buch soll den Leserinnen und Lesern folgenden Nutzen bringen:

- Eine umfassende, sowohl theoretische als auch praktische Einführung in das Thema Abnahmetest bieten.
- Das Thema Abnahmetest auf der Grundlage des ISTQB®-Lehrplans aufarbeiten sowie alle prüfungsrelevanten Themen des Lehrplans vermitteln.
- Relevante Themen über den Lehrplan hinaus vertiefen und durch Exkurse und Praxisbeispiele ergänzen.
- Die praxisnahe Anwendung durch ein realistisches und durchgehendes Fallbeispiel illustrieren.

1.4 Kapitelübersicht

Das Buch folgt im Wesentlichen der Kapitelstruktur des Lehrplans. Ausnahmen davon sind die Kapitel 4 und 5, die im Lehrplan genau andersherum angeordnet sind. Aus didaktischen Gründen wurde von dieser Anordnung für das Buch abgewichen. Die einzelnen Kapitel gliedern sich inhaltlich wie folgt:

Kapitel 2 behandelt die grundlegende Bedeutung des Abnahmetests im Softwarelebenszyklus. Es werden die Beziehungen des Abnahmetests zur Businessanalyse veranschaulicht und wichtige Begriffe und Konzepte der Businessanalyse, die einen Einfluss auf den Abnahmetest haben, dargestellt.

In Kapitel 3 werden die Aktivitäten und Aufgaben bei der Erstellung und dem Entwurf von Abnahmekriterien dargestellt. Es werden unterschiedliche Testvorgehensweisen vorgestellt und veranschaulicht, wie erfahrungsbasierte Testverfahren den Abnahmetest unterstützen können.

Kapitel 4 diskutiert und beschreibt die für den Benutzerabnahmetest wichtigsten nicht funktionalen Anforderungen und wie der Abnahmetest den Umgang mit diesen durch Abnahmekriterien unterstützt.

In Kapitel 5 werden zwei standardisierte Modellierungssprachen eingeführt, die für die Analyse und Spezifikation von Geschäftsprozessen und Geschäftsregeln eingesetzt werden können: Business Process Model and Notation (BPMN) sowie Decision Model and Notation (DMN). Im Abnahmetest werden Modelle und Modellierungssprachen vor allem während der Testanalyse und dem Testentwurf eingesetzt. Businessanalysten und Tester sollten daher die elementaren Eigenschaften beider Modellierungssprachen kennen, um die Vorteile eines visuellen bzw. modellbasierten Abnahmetests nutzen zu können.

Kapitel 6 erläutert, welche sozialen und kommunikativen Fähigkeiten für einen kollaborativen Abnahmetest wichtig sind und durch welche Aktivitäten und Werkzeuge der Abnahmetest unterstützt wird.

Im Anhang werden ergänzende Hinweise zum Lehrstoff, der Prüfung und den Lernzielen des Lehrplans gegeben. Im Glossar finden sich alle prüfungsrelevanten Schlüsselbegriffe sowie weitere wichtige Definitionen. Abschließend finden sich noch das Abkürzungs- und Quellenverzeichnis sowie ein Index.

1.5 Fallbeispiel »CA-Cockpit«

Die in diesem Buch vorgestellten Konzepte und Vorgehensweisen beim Abnahmetest werden anhand eines durchgängigen Fallbeispiels veranschaulicht. Dem Fallbeispiel liegt das folgende, aus einem realen Praxisprojekt abgeleitete und vereinfachte Szenario zugrunde:

Ein Telekommunikationsunternehmen (*ComAccept AG*) betreibt ein Softwaresystem (*CA-Cockpit*) zum Verkauf von Handytarifen. Dieses Softwaresystem besteht zum einen aus einem Serviceportal, über das die Mitarbeiter der *ComAccept AG* die Produkte konfigurieren, Kunden betreuen und Buchungen verwalten können, zum anderen aus einem Kundenportal, über das die Kunden Handyverträge abschließen können. Das Softwaresystem ist in die Systemlandschaft des Telekommunikationsunternehmens integriert und hat u.a. Schnittstellen zu einem Customer-Relationship-Management-(CRM-)System (siehe Abb. 1–2).

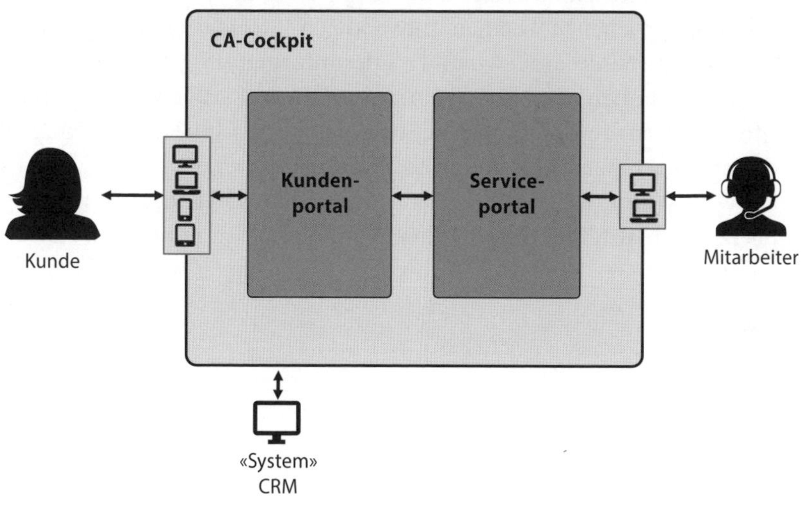

Abb. 1–2
Systemübersicht CA-Cockpit

CA-Cockpit bildet die Geschäftsprozesse der Fachabteilung »Produktmanagement« ab. Die Fachabteilung ist somit der geschäftliche Eigner und Auftraggeber für die (Weiter-)Entwicklung von *CA-Cockpit*. Die Fachabteilung wird in dem Projekt durch einen Businessanalysten vertreten, der somit die Rolle des Auftraggebers annimmt. Entwickelt wird das System von der internen Entwicklungsabteilung, die als Auftragnehmerin agiert.

Die Geschäftsprozesse werden u.a. durch Anwendungsfälle abgebildet und mithilfe von Geschäftsprozess- und Geschäftsregelmodellen modelliert. Die für die Fallstudie relevanten, bestehenden Geschäftsprozesse und ihre Akteure sind als Anwendungsfälle im folgenden Anwendungsfalldiagramm dargestellt (siehe Abb. 1–3).

Abb. 1–3
Fallbeispiel – bestehende Anwendungsfälle

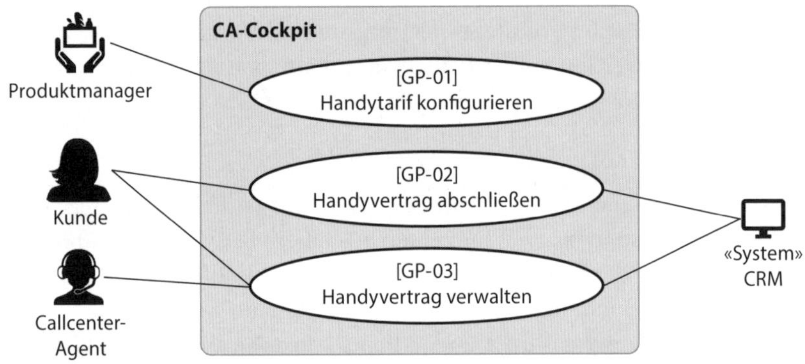

Das Fallbeispiel *CA-Cockpit* wird in den inhaltlichen Kapiteln dieses Buches kontinuierlich weiterentwickelt. Um die Fallbeispielbeschreibungen übersichtlich zu halten, werden nur die für das Verständnis der jeweils angesprochenen Themen notwendigen Informationen aufgeführt. Die Autoren weisen darauf hin, dass der Informationsgehalt in der Praxis deutlich höher sein kann als in diesem Buch. Beispielsweise werden Anforderungen nur durch einzelne, ausgewählte Attribute (z.B. ID, Name, Beschreibung) spezifiziert. Möglicherweise sind aber noch weitere Attribute (z.B. Autor, Kritikalität, Priorität, Quelle) sowie ergänzende Details (z.B. Ablaufdiagramm, Domänenmodell, Wireframes) relevant.

2 Grundlagen des Abnahmetests

Dieses einleitende Kapitel erklärt die grundlegende Bedeutung des Abnahmetests im Softwarelebenszyklus. Es werden die Beziehungen des Abnahmetests zur Businessanalyse veranschaulicht und wichtige Begriffe und Konzepte der Businessanalyse, die einen Einfluss auf den Abnahmetest haben, dargestellt.

2.1 Der Abnahmetest im Softwarelebenszyklus

2.1.1 Testen im Softwarelebenszyklus

Softwaresysteme werden in der Regel schrittweise und mit zunehmender Detaillierung konzipiert, entworfen und implementiert. Ausgehend von einer Problemstellung und Beschreibung der Kunden- bzw. Nutzeranforderungen, wird eine fachliche Lösung entworfen, die technische Umsetzung geklärt und schließlich die einzelnen Komponenten entwickelt, die dann zu einem Produkt integriert werden.

Testen im V-Modell

Beim Testen muss diese Integration von der einzelnen Komponente bis zum fertigen Produkt berücksichtigt und das System auf den verschiedenen Ebenen betrachtet und geprüft werden [Spillner & Linz 19]. Dieses grundsätzliche Verständnis von Entwicklungs- und Testaktivitäten wird durch das allgemeine V-Modell beschrieben [Boehm 79]. Es beschreibt verschiedene Teststufen sowie deren Beziehungen zu den korrespondierenden Entwicklungsaktivitäten (siehe Abb. 2–1). Wichtig am V-Modell sind dabei nicht die konkrete Anzahl, die Bezeichnungen oder die Reihenfolge der Entwicklungs- und Testaktivitäten, diese können in der Praxis durchaus unterschiedlich sein. Vielmehr verdeutlicht das V-Modell die grundlegende logische Beziehung von Entwicklungs- und Testaktivitäten und deren gleichberechtigte Abbildung.

Abb. 2–1
Allgemeines V-Modell

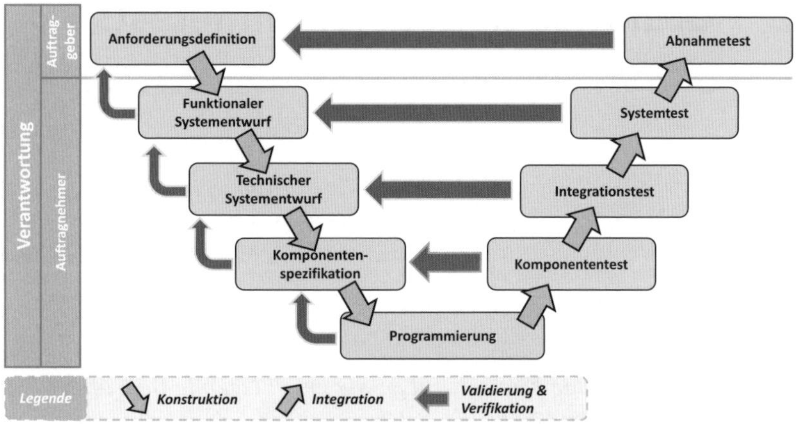

Jede Teststufe ist eine Gruppe von Testaktivitäten, die gemeinsam organisiert und verwaltet werden, und stellt eine Instanz des Testprozesses dar (bestehend aus den Hauptaktivitäten Testplanung, Testüberwachung und -steuerung, Testanalyse, Testentwurf, Testrealisierung, Testdurchführung, Testabschluss).

Teststufen

Die Teststufen stehen mit anderen Aktivitäten des Softwareentwicklungslebenszyklus in Verbindung. Jede Teststufe ist gekennzeichnet durch ihre spezifischen Ziele, Testbasis, Testobjekte, typische Fehlerzustände und -wirkungen sowie Ansätze und Verantwortlichkeiten. Grundsätzlich unterscheidet man die folgenden vier Teststufen:

- **Komponententest**
  Konzentriert sich auf einzelne Komponenten, die einzeln (d.h. getrennt bzw. isoliert voneinander) testbar sind.
- **Integrationstest**
  Konzentriert sich auf die Integration von Komponenten oder Systemen sowie die Interaktion zwischen diesen Komponenten oder Systemen[1].
- **Systemtest**
  Konzentriert sich auf das Verhalten und die Fähigkeiten des Systems oder Produkts (z.B. Ende-zu-Ende-Aufgaben). Der Systemtest ist die letzte Teststufe in der Verantwortung des Herstellers und wird in der Regel von unabhängigen Testern durchgeführt.

1. Der im allgemeinen V-Modell in Abbildung 2–1 dargestellte Integrationstest konzentriert sich auf die Schnittstellen und das Zusammenwirken interner Komponenten und wird daher auch als Komponentenintegrationstest bezeichnet. Das Zusammenwirken zwischen Systemen hingegen wird in einem Systemintegrationstest geprüft, der nach den System- bzw. Abnahmetests der beteiligten Systeme durchgeführt wird.

- **Abnahmetest**
  Konzentriert sich wie der Systemtest typischerweise auf das Verhalten und die Fähigkeiten eines gesamten Systems oder Produkts. Diese Teststufe liegt in der Regel in der Verantwortung des Kunden bzw. Anwenders.

Auch wenn das V-Modell ein wenig in die Jahre gekommen scheint und obwohl es eigentlich ein rein sequenzielles Softwareentwicklungsmodell ist, sind die grundlegenden Prinzipien für das Testen auch heute noch relevant und lassen sich auf Projekte übertragen, in denen nach einem iterativ-inkrementellen oder agilen Softwareentwicklungsmodell entwickelt wird – gewissermaßen steckt in jeder Iteration der Durchlauf eines kleinen V-Modells.

2.1.2 Zweck und Ziele des Abnahmetests

Der Schwerpunkt des Abnahmetests ist es, zu bestimmen, ob ein System abgenommen werden kann. Im Gegensatz zu den Teststufen Komponenten-, Integrations- und Systemtest, bei denen der Softwarehersteller die Verantwortung trägt, liegt die Verantwortung beim Abnahmetest beim Kunden bzw. Anwender[2]. Sowohl Hersteller als auch Anwender können sich dabei innerhalb derselben Organisation befinden (z.B. Fachbereich und Entwicklungsabteilung) oder auch in einer geschäftlichen Beziehung als verschiedene Organisationen zueinanderstehen (z.B. Auftraggeber und Auftragnehmer).

»In der Verantwortung liegen« muss dabei nicht notwendigerweise bedeuten, dass der Kunde bzw. Anwender den Abnahmetest auch selbst organisiert und durchführt, wichtig ist aber, dass der Abnahmetest aus dessen Sicht durchgeführt wird und der Kunde bzw. Anwender in die Lage versetzt wird, sich ein Urteil zu bilden und das System abzunehmen (oder auch abzulehnen). Je nach Softwareentwicklungsmodell und Grad der Beteiligung des Kunden bzw. Anwenders ist der Abnahmetest unter Umständen der einzige Test, den der Kunde nachvollziehen kann, an dem er direkt beteiligt ist oder für den er sogar verantwortlich ist [Spillner & Linz 19].

Vertrauensbildende Maßnahme

Der Abnahmetest kann auch als vertrauensbildende Maßnahme begriffen werden. Ein Kunde oder Anwender wird ein System nur dann abnehmen (wollen), wenn er ausreichend Vertrauen in das System hat.

---

2. Analog zur Verantwortung der Entwicklungsaktivitäten im V-Modell. Während die Anforderungsdefinition in der Verantwortung des Auftraggebers liegt, liegen die weiteren Entwicklungsaktivitäten in der Verantwortung des Auftragnehmers (siehe auch Abb. 2–1).

Während in den vorhergehenden Teststufen das Finden von Fehlern ein typisches Testziel ist, steht beim Abnahmetest eher die Schaffung von Vertrauen im Vordergrund. Werden beim Abnahmetest zu viele Fehler gefunden, ist das nicht unbedingt vertrauensbildend. Der Abnahmetest sollte daher – bei adäquater Testintensität – möglichst keine Fehler aufdecken. Dies gelingt nur, wenn das abzunehmende System in den vorhergehenden Teststufen so weit gereift ist, dass der Abnahmetest idealerweise nur noch die Bestätigung dafür liefern muss, dass alles erwartungsgemäß funktioniert.

Drüber nachgedacht ...

Ersetzen Sie das Wort »abnehmen« oder »akzeptieren« durch das Wort »vertrauen«. Wann vertrauen Sie jemandem oder etwas? Was muss diese Person oder Sache dafür erfüllen, bestätigen, nachweisen oder beweisen? Wie viel möchten Sie gerne selbst beurteilen können, um zu vertrauen, wie viel glauben Sie der Person oder Sache?

Letzte Teststufe vor der Inbetriebnahme

»Keine Fehler« finden bedeutet nicht, wenig oder nicht zu testen. Der Abnahmetest ist eine kritische Teststufe und stellt die letzte Möglichkeit dar, zu verhindern, dass Fehler in den Betrieb bzw. Produktion gelangen. Dementsprechend ist es gut, einen Fehler noch im Abnahmetest zu finden, besser jedoch wäre, diesen Fehler bereits in früheren Teststufen gefunden zu haben.

Frühes Testen erwünscht

Dieser Umstand wird als wesentlicher Grundsatz des Testens sehr anschaulich verdeutlicht: »Frühes Testen spart Zeit und Geld«[3]. Der Grundsatz beschreibt die Tatsache, dass es umso günstiger ist, je früher ein Fehler im Entwicklungsprozess gefunden und behoben wird, da aufwendige Änderungen reduziert oder sogar vollständig vermieden werden können. Die klassische theoretische Grundlage für diesen Grundsatz bildet die Betrachtung der relativen Fehlerbehebungskosten nach [Boehm 79]. In dieser Untersuchung wird beschrieben, wie hoch die relativen Kosten zur Behebung eines Analysefehlers sind, abhängig davon, in welcher Phase des Entwicklungsprozesses der Fehler gefunden und behoben wird (siehe Abb. 2–2).

3. Dies ist einer von sieben Grundsätzen für das Testen, die ausführlich in [ISTQB CTFL] behandelt werden.

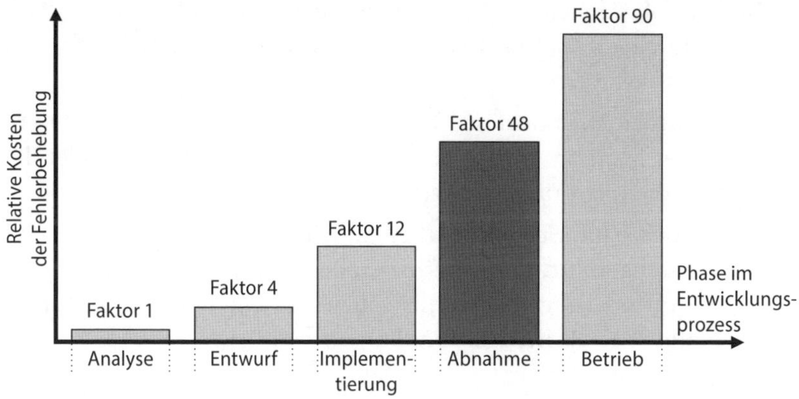

Abb. 2–2
Relative Fehlerbehebungskosten

Während diese Kosten in den frühen Phasen erwartungsgemäß noch eher gering sind, steigen sie exponentiell und sind in den späten Phasen dementsprechend hoch. Die Kosten, um einen Fehler, der während der Analyse des Systems gemacht wurde, erst in der Abnahme zu beheben, liegen um das ca. 50-Fache über den Kosten der Behebung bereits in der Analysephase. Dies verdeutlicht recht einfach die hohe Bedeutung des frühen Testens – Fehler sollten idealerweise immer in der Phase gefunden und behoben werden, in der sie gemacht werden. Dies wird auch Fehlereindämmung innerhalb einer Phase genannt.

Aus Sicht des Abnahmetests wird hier deutlich, dass es sehr ineffizient ist, erst in der Abnahmephase Fehler zu finden, da hier die Kosten – mit Ausnahme des darauffolgenden Betriebs – am höchsten sind. Werden Analysefehler erst in der Abnahmephase gefunden, so ist das häufig auf ein mangelhaftes Anforderungsmanagement zurückzuführen, da die Anforderungen nicht oder nicht adäquat in der Analysephase definiert wurden. Zusätzlich kommt noch hinzu, dass typischerweise über die Hälfte der Fehler in den frühen Phasen (in der Analyse und dem Entwurf) gemacht werden. Hierbei können statische Tests, wie z.B. Reviews, effizient dazu beitragen, Fehler frühzeitig zu finden und zu verhindern, dass diese in die folgenden Entwicklungsphasen weitergetragen werden.

Der Umfang des Abnahmetests kann stark variieren. Bei fehlender Transparenz und fehlendem Vertrauen in die vorhergehenden Entwicklungs- und Testaktivitäten wird ein Abnahmetest womöglich umfangreicher ausfallen, als wenn die Transparenz und das Vertrauen gegeben sind. Im Foundation Level [ISTQB CTFL] werden vier Arten des Abnahmetests behandelt:

- **Benutzerabnahmetest** (User Acceptance Testing – UAT)
  Wird durchgeführt, um festzustellen, ob vorgesehene Benutzer das System abnehmen.
- **Betrieblicher Abnahmetest** (Operational Acceptance Testing – OAT)
  Wird durchgeführt, um zu bestimmen, ob der Betrieb und/oder die Systemadministration ein System abnehmen können.
- **Vertraglicher und regulatorischer Abnahmetest**
  Wird durchgeführt, um zu verifizieren, ob ein System seine vertraglichen Anforderungen erfüllt bzw. den relevanten Gesetzen, Richtlinien und Vorschriften entspricht.
- **Alpha- und Beta-Test**
  Eine Art Abnahmetest, der in der Testumgebung des Herstellers durch Akteure außerhalb der Herstellerorganisation durchgeführt wird (Alpha-Test) bzw. der an einem externen Standort durch Akteure außerhalb der Herstellerorganisation durchgeführt wird (Beta-Test).

In diesem Buch werden – analog zum »Acceptance Testing«-Lehrplan – Benutzerabnahmetests, vertragliche und regulatorische Abnahmetests sowie Alpha- und Beta-Tests behandelt. Absichtlich nicht behandelt werden hingegen betriebliche Abnahmetests, da diese in der Regel von Teams durchgeführt werden, die das System betreiben, und nicht von Testern und Businessanalysten.

2.1.3 Abnahmetests in sequenziellen vs. agilen Softwareentwicklungsmodellen

Wie in Abschnitt 2.1.1 dargelegt, lassen sich die grundlegenden Prinzipien des mehrstufigen Vorgehens bei der Entwicklung und dem Test eines Systems sowohl in den traditionellen bzw. sequenziellen als auch den iterativ-inkrementellen bzw. agilen Softwareentwicklungsmodellen anwenden. Wie bei allen anderen Entwicklungsaktivitäten auch werden die Aktivitäten des Abnahmetests entsprechend den üblichen Praktiken der jeweiligen Modelle sequenziell oder iterativ ausgeprägt.

Agiler vs. sequenzieller Abnahmetest

In einem sequenziellen Softwareentwicklungsmodell stellt der Abnahmetest häufig die letzte, abschließende Testaktivität vor Freigabe und Inbetriebnahme des Systems dar. In einem agilen Softwareentwicklungsmodell kann sich der Abnahmetest mit den anderen Teststufen überlappen und findet wiederholend in den einzelnen Iterationen statt. Die Abnahmetestaktivitäten können sich hierbei sowohl auf das Testen einzelner User Stories als auch des ganzen Inkrements (z.B. im Rahmen eines Sprint-Reviews) erstrecken.

Fallbeispiel
Ausprägung des Abnahmetests in unterschiedlichen Softwareentwicklungsmodellen

Variante A: Sequenzielles Softwareentwicklungsmodell

In dieser Variante des Fallbeispiels liegen die Teststufen Komponenten-, Integrations- und Systemtest in der Verantwortung der internen Entwicklungs- und Testabteilung. Nach Abschluss des Systemtests wird das System an den Fachbereich übergeben. Der Fachbereich verantwortet den Abnahmetest, die Tests werden durch den Businessanalysten der Fachabteilung organisiert und gemeinsam mit den Fachexperten und Testern durchgeführt. Im Abnahmetest wird gegen die Anforderungen der Fachabteilung getestet und auf Basis der Testergebnisse eine Freigabe für den Produktivbetrieb des Systems erteilt – oder auch nicht.

Variante B: Agiles Softwareentwicklungsmodell

In dieser Variante des Fallbeispiels liegen alle Teststufen vom Komponententest bis zum Abnahmetest in der Verantwortung des agilen Teams. Die Abnahmetests werden von den Testern im Team in Zusammenarbeit mit dem Businessanalysten und Fachexperten organisiert und durchgeführt. Die Abnahmetests basieren auf den User Stories, die das gesamte Team während der Sprint-Planung ausgewählt und im Sprint umgesetzt hat. Die Abnahme erfolgt im Sprint-Review, in dem das Inkrement dem Product Owner durch das Team demonstriert und auf dieser Grundlage eine Freigabe für den Produktivbetrieb erteilt wird – oder auch nicht.

2.2 Grundlegende Beziehungen

Der wesentliche Zweck des Abnahmetests ist es, ein System oder Produkt basierend auf der Sicht und dem Urteil des Kunden bzw. Anwenders abzunehmen. Wie in Abschnitt 2.1.1 bereits dargelegt, ist der Abnahmetest unter Umständen der einzige Test, den der Kunde nachvollziehen kann, an dem er direkt beteiligt ist oder für den er sogar verantwortlich ist [Spillner & Linz 19].

Die Art und der Umfang der Beteiligung und Verantwortung des Kunden bzw. Anwenders können dabei sehr unterschiedlich ausgeprägt sein und sind häufig abhängig vom Softwareentwicklungsmodell im Projekt (sequenziell vs. agil, siehe Abschnitt 2.1.3).

Kunde, Auftraggeber, Auftragnehmer und Anwender

Als Kunde kann der Auftraggeber eines Projekts verstanden werden, Auftragnehmer ist in diesem Fall die herstellende Organisation. Auftraggeber und Auftragnehmer können innerhalb der gleichen Organisation sein (z. B. Fachabteilung und interne IT-Abteilung), aber auch verschiedene Organisationen repräsentieren (z. B. eine ausschreibende Behörde und ein externes Softwareentwicklungsunternehmen).

Bei eher schwergewichtigen und formalen Softwareentwicklungsmodellen (z. B. im Rahmen einer öffentlichen Ausschreibung basierend auf dem V-Modell XT [URL: V-Modell XT]) gibt es häufig auch eine formalere Auftraggeber-Auftragnehmer-Beziehung. Gerade in solchen Softwareentwicklungsmodellen ist es nicht unüblich, dass der Kunde schwerpunktmäßig zu Projektbeginn und dann erst wieder zu Projektende eingebunden wird.

Bei eher leichtgewichtigen, agilen Projekten werden die Kunden häufig stärker und kontinuierlich in das Projekt eingebunden, sodass sie während des kompletten Projektverlaufs beteiligt sind.

Der Kunde kann auch gleichzeitig der Anwender des Systems bzw. Produkts sein. So kann beispielsweise eine interne Fachabteilung die Rolle des Kunden einnehmen. Oftmals fungiert diese interne Fachabteilung dann auch als Anwender des Produkts. Insbesondere in der Produktentwicklung sind Kunde (z. B. der Produktmanager) und Anwender (z. B. der Endbenutzer) aber üblicherweise getrennte Rollen und der Anwender nicht direkt am Projekt beteiligt.

Der Kunde bzw. der Anwender kann somit sowohl unmittelbar in die Abnahmetestaktivitäten involviert und an ihnen beteiligt sein als auch nur mittelbar. In letzterem Fall ist es wichtig, dass die Sicht des Kunden angemessen durch einen Stellvertreter repräsentiert wird. Diese Stellvertreterrolle kann dann durch einen Businessanalysten oder Product Owner übernommen werden.

Businessanalyst und Tester

Der Abnahmetest vereint damit in besonderem Maße die geschäftliche Sicht (durch die Rolle des Businessanalysten) mit der Testsicht (durch die Rolle des Testers). Auch wenn Businessanalyst und Tester verschiedene Rollen mit unterschiedlichen Verantwortlichkeiten sind, können sich die Aktivitäten beider Rollen im Abnahmetest gut ergänzen. Die Aktivitäten der einen Rolle können sich dabei sowohl positiv als auch negativ auf die Aktivitäten der anderen Rolle auswirken. Je besser die Zusammenarbeit zwischen Businessanalysten und Testern ausgestaltet wird, desto besser können die geschäftlichen Implikationen im Abnahmetest angemessen berücksichtigt werden (weitere Details zur Zusammenarbeit der beiden Rollen in Abschnitt 2.3.2).

2.2.1 Geschäftsziele, Geschäftsbedarfe und Anforderungen

Die aus den grundsätzlichen Zielen eines Unternehmens folgenden Anforderungen an die zu entwickelnden Geschäftslösungen können durch Businessanalysten auf verschiedenen Abstraktionsebenen beschrieben werden. Ein Businessanalyst ist eine Person, die verantwortlich für die Identifizierung von Geschäftsbedarfen ihrer Kunden und Stakeholder ist, um Lösungen für Geschäftsprobleme zu bestimmen.

Geschäftsziele, Geschäftsprozesse und Stakeholder

Den Ausgangspunkt bilden hierbei die allgemeinen Geschäftsziele des Unternehmens. Diese muss der Businessanalyst verstehen und aktuelle Geschäftsprozesse sowie Stakeholder identifizieren:

- **Geschäftsziele**
  Ein Unternehmen definiert seinen zukünftigen, anzustrebenden Zustand typischerweise durch eine Vision. Sie ist ein Gesamtbild dessen, was das Unternehmen langfristig erreichen bzw. werden will. Geschäftsziele verstärken die Vision – sie definieren, was erfüllt werden muss, um die Vision zu erreichen bzw. ihr näher zu kommen. Geschäftsziele können sowohl kurz- als auch langfristig ausgerichtet sein [IQBBA CFLBA].
- **Geschäftsprozesse**
  Ein Geschäftsprozess ist eine Reihe von Aktivitäten mit dem Ziel, ein spezifisches Ergebnis für einen bestimmten Kunden oder Markt zu erzeugen. Geschäftsprozesse sind darauf fokussiert, wie die Arbeit in einem Unternehmen durchgeführt wird, wie die Aufgaben und Aktivitäten organisiert sind und welche Beziehungen und Abhängigkeiten zwischen Aufgaben, Teilnehmern und Teilaufgaben bestehen. Ein Prozess kann als die Beauftragung von Tätigkeiten über einen Zeitraum an einem Ort angesehen werden, der einen Beginn, ein Ende sowie klar definierte Eingaben und Ergebnisse hat. Durch die Identifikation der aktuellen Geschäftsprozesse eines Unternehmens kann der Businessanalyst die Unternehmensziele verstehen und somit die Aktivitäten und die erforderlichen Abläufe bestimmen, um die Geschäftsziele zu erreichen. Geschäftsprozesse lassen sich mithilfe von Geschäftsprozessmodellen (z.B. Business Process Model and Notation – BPMN) visualisieren (siehe Kap. 5) [IQBBA CFLBA].
- **Stakeholder**
  Ein Stakeholder ist eine Person oder Organisation, deren Interessen während eines Projekts und nach dessen Abschluss betroffen sein können. Stakeholder können aus dem Unternehmen selbst oder von externen Parteien kommen. Sie sollten sich aktiv in ein Projekt einbringen und können Einfluss auf die Projektziele und Projektergebnisse nehmen. Der Businessanalyst fungiert oft als Brücke bzw.

Schnittstelle zwischen den Stakeholdern und dem Entwicklungsteam und ist zuständig für Ermittlung, Verhandlung und Erzielung eines Konsenses zwischen den verschiedenen Bedürfnissen der Stakeholder [IQBBA CFLBA].

Fallbeispiel

Neue Geschäftsziele, aktuelle Geschäftsprozesse und Stakeholder

Den Ausgangspunkt für die Weiterentwicklung an *CA-Cockpit* bilden die durch die Geschäftsleitung der *ComAccept AG* neu definierten Geschäftsziele:

Geschäftsziele		
ID	**Titel**	**Beschreibung**
GZ-01	Vergrößerung der Produktpalette	*ComAccept* vertreibt bislang ausschließlich Handytarife ohne Laufzeit. Zukünftig sollen auch Handytarife mit Laufzeit vertrieben werden sowie mehr Möglichkeiten zur Produktkonfiguration angeboten werden. Dadurch soll die Produktpalette vergrößert und der Umsatz bis zum Ende des Geschäftsjahres um 20% erhöht werden.
GZ-02	Höhere Effizienz im Kundensupport	Aktuell hat die *ComAccept* sehr hohe Aufwände im Support ihrer Kunden. Diese Aufwände sollen dadurch reduziert werden, dass es den Kunden ermöglicht wird, ihre Buchungen und Verträge selbst verwalten zu können. Dadurch sollen die Kosten im Support bis zum Ende des Geschäftsjahres um 50% reduziert werden.

Als Grundlage für seine weitere Arbeit dokumentiert und analysiert der Businessanalyst zunächst die aktuellen Geschäftsprozesse[4]:

Geschäftsprozess	
ID	**GP-01**
Name	Handytarif konfigurieren
Ziel	Produktmanager sollen typische und häufig nachgefragte Datenvolumen, Zusatzoptionen und Zahlungsweisen konfigurieren und als vordefinierte Handytarife zum Verkauf bereitstellen können.
Akteure (primär)	Produktmanager
Akteure (sekundär)	–
Ergebnis	Handytarif

4. Zur Erinnerung: Es werden hier und im Folgenden nur die für das Verständnis des Fallbeispiels benötigten Informationen aufgeführt.

Geschäftsprozess	
ID	GP-02
Name	Handyvertrag abschließen
Ziel	Kunden sollen selbstständig Handytarife buchen können.
Akteure (primär)	Kunde
Akteure (sekundär)	CRM
Ergebnis	Handyvertrag

Geschäftsprozess	
ID	GP-03
Name	Handyvertrag verwalten
Ziel	Kunden sollen ihre abgeschlossenen Handyverträge ändern, verlängern und kündigen können.
Akteure (primär)	Kunde, Callcenter-Agent
Akteure (sekundär)	CRM
Ergebnis	Handyvertrag

Ebenso dokumentiert der Businessanalyst die aktuellen Stakeholder:

Stakeholder		
ID	Titel	Typ
S-01	Produktmanager	Person/Rolle
S-02	Kunde	Person/Rolle
S-03	Callcenter-Agent	Person/Rolle
S-04	CRM	System

Die aktuellen Geschäftsprozesse und Stakeholder sind im folgenden Anwendungsfalldiagramm dargestellt (siehe Abb. 2–3):

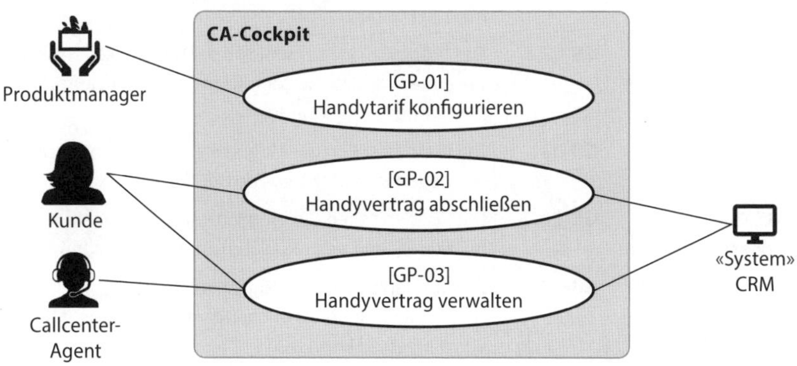

Abb. 2–3
Bestehende Geschäftsprozesse von CA-Cockpit

Geschäftsbedarfe und Business Case

Auf dieser Grundlage beschreibt der Businessanalyst die spezifischen Geschäftsbedarfe und legt einen Business Case fest, um diese zu erfüllen (siehe dazu auch »Strategiedefinition« in Abschnitt 2.3.1). Diese High-Level-Aktivitäten bilden dann die Grundlage zur Ermittlung der konkreten Anforderungen an die zu entwickelnde Geschäftslösung:

- **Geschäftsbedarf**
  Ein Geschäftsbedarf definiert ein zu lösendes Problem oder eine mögliche Gelegenheit (im Sinne von Chance) des Unternehmens. Aus diesem Verständnis kann der Businessanalyst angemessene Geschäftslösungen empfehlen [IQBBA CFLBA].
- **Business Case**
  Der Business Case liefert die Begründung für ein Projekt oder Vorhaben. Er beschreibt den Mehrwert, den die Projektergebnisse (d.h. die zu entwickelnde Geschäftslösung) für das Unternehmen schaffen, verglichen mit den Entwicklungskosten der neuen Geschäftslösung [IQBBA CFLBA].

Fallbeispiel

Geschäftsbedarfe, Business Case, anzustrebende Geschäftsprozesse und aktualisierte Stakeholder

Ausgehend von den neuen Geschäftszielen beschreibt der Businessanalyst die folgenden Geschäftsbedarfe je Geschäftsziel:

Geschäftsbedarfe		
Geschäftsziel	**ID**	**Beschreibung**
[GZ-01] Vergrößerung der Produktpalette	**GB-01**	Das Produktmanagement soll die Möglichkeit haben, umfangreichere Konfigurationen an der bestehenden Produktkategorie »Handytarif ohne Laufzeit« vornehmen zu können.
	GB-02	Das Produktmanagement soll die Möglichkeit haben, die neue Produktkategorie »Handytarif mit Laufzeit« konfigurieren zu können.
	GB-03	Die Kunden sollen die Möglichkeit haben, Angebote der neuen Produktkategorie buchen zu können.
[GZ-02] Höhere Effizienz im Kundensupport	**GB-04**	Die Kunden sollen die Möglichkeit haben, auf ihre Buchungs- und Vertragsdaten zugreifen zu können.
	GB-05	Die Kunden sollen die Möglichkeit haben, Änderungen an ihren Buchungs- und Vertragsdaten vornehmen zu können.

Die anzustrebenden Geschäftsprozesse sind dann wie folgt (Änderungen gegenüber den aktuellen Geschäftsprozessen sind *kursiv* dargestellt):

Geschäftsprozess	
ID	**GP-01**
Name	Handytarif konfigurieren
Ziel	Produktmanager sollen typische und häufig nachgefragte Datenvolumen, Zusatzoptionen, *Laufzeiten* und Zahlungsweisen konfigurieren und als komplette Handytarife zum Verkauf bereitstellen können.
Akteure (primär)	Produktmanager
Akteure (sekundär)	–
Ergebnis	Handytarif

Geschäftsprozess	
ID	**GP-02a**
Name	Handyvertrag abschließen *(ohne Laufzeit)*
Ziel	Kunden sollen selbstständig Handytarife der Kategorie *»Ohne Laufzeit«* buchen können.
Akteure (primär)	Kunde
Akteure (sekundär)	CRM
Ergebnis	Handyvertrag

Geschäftsprozess	
ID	**GP-02b**
Name	*Handyvertrag abschließen (mit Laufzeit)*
Ziel	*Kunden sollen selbstständig Handytarife der Kategorie »Mit Laufzeit« buchen können.*
Akteure (primär)	*Kunde*
Akteure (sekundär)	*CRM, Bonitätsauskunft*
Ergebnis	*Handyvertrag*

Geschäftsprozess	
ID	GP-03
Name	Handyvertrag verwalten
Ziel	Kunden sollen ihre abgeschlossenen Handyverträge *selbst* ändern, verlängern und kündigen können.
Akteure (primär)	*Kunde,* ~~*Callcenter-Agent*~~
Akteure (sekundär)	CRM
Ergebnis	Handyvertrag

Die aktualisierten Stakeholder sind (Änderungen gegenüber den aktuellen Stakeholdern sind *kursiv* dargestellt):

Stakeholder		
ID	**Titel**	**Typ**
S-01	Produktmanager	Person/Rolle
S-02	Kunde	Person/Rolle
~~**S-03**~~	~~*Callcenter-Agent*~~	~~*Person/Rolle*~~
S-04	CRM	System
S-05	*Bonitätsprüfung*	*System*

Die aktualisierte Systemübersicht von CA-Cockpit sieht daher wie folgt aus (siehe Abb. 2–4):

Abb. 2–4
Aktualisierte Systemübersicht CA-Cockpit

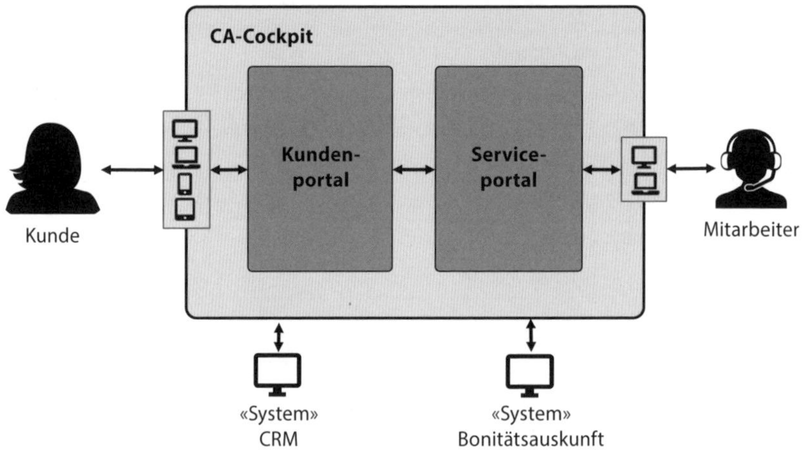

Die anzustrebenden Geschäftsprozesse und aktualisierten Stakeholder sind im folgenden Anwendungsfalldiagramm dargestellt (siehe Abb. 2–5):

Abb. 2–5
Anzustrebende Geschäftsprozesse von CA-Cockpit

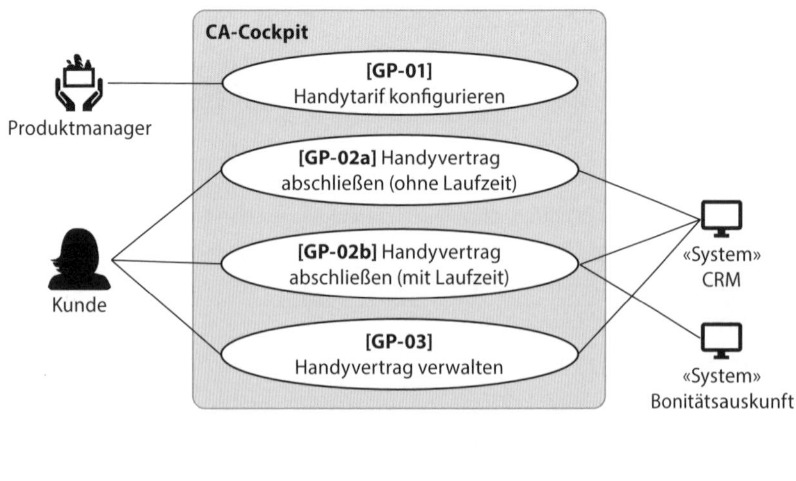

Die Änderungen der anzustrebenden Geschäftsprozesse gegenüber den bestehenden Geschäftsprozessen:

- Akteur »Callcenter-Agent« entfällt
- Neuer Akteur »Bonitätsauskunft«
- Geänderter Anwendungsfall »Handytarif konfigurieren«
- Geänderter Anwendungsfall »Handyvertrag abschließen (ohne Laufzeit)«
- Geänderter Anwendungsfall »Handyvertrag verwalten«
- Neuer Anwendungsfall »Handyvertrag abschließen (mit Laufzeit)«

Auf der Grundlage dieser Informationen erstellt der Businessanalyst den folgenden Business Case:

Business Case	
ID	**BC-01**
Projektname	Weiterentwicklung CA-Cockpit
Beitrag zu den Geschäftszielen	**[GZ-01]** Vergrößerung der Produktpalette **[GZ-02]** Höhere Effizienz im Kundensupport
Vorteile	Vergrößerung der Produktpalette Umsatzsteigerung um 20% Reduktion der Kosten im Support um 50%
Zeitrahmen	Umsetzung bis zum Ende des laufenden Geschäftsjahres
Kosten	Weiterentwicklung *CA-Cockpit*: 235.000 € Schulungen: 15.000 €
Rendite	Durch eine Reduktion der Supportkosten um 250.000 € pro Jahr ergibt sich eine Amortisierung der Kosten ab dem zweiten Jahr.

Eine Geschäftslösung wird auf Grundlage von Anforderungen entwickelt. Die Anforderungen sind somit eine dokumentierte Darstellung des Geschäftsbedarfs von bestimmten Stakeholdern mit dem Ziel, dem Unternehmen einen Nutzen zu liefern. Eine Abnahme der Geschäftslösung basiert auf der Grundlage dieser Anforderungen und erfolgt dann, wenn die Anforderungen zur Zufriedenheit der Stakeholder bzw. Kunden und Anwender erfüllt sind.

Anforderungen

Anforderungen können als Geschäfts- oder Produktanforderungen ausgeprägt werden:

- Geschäftsanforderungen beschreiben den betroffenen Geschäftsbedarf (z.B. eine vorgeschlagene Geschäftslösung) und werden in einer Anforderungsspezifikation strukturiert dargestellt.

- Produktanforderungen hingegen beschreiben die Lösung oder Lösungsoptionen zu den durch die Geschäftsanforderungen dargelegten Geschäftsbedarf (sie werden daher auch Lösungsanforderungen genannt) und werden ebenfalls in einer Anforderungsspezifikation strukturiert wiedergegeben.

In diesem Buch wird nicht weiter zwischen diesen beiden Anforderungstypen unterschieden, der Begriff »Anforderungen« bezieht sich im Folgenden sowohl auf Geschäfts- als auch auf Produktanforderungen. Die konkrete Ausgestaltung einer Anforderungsspezifikation kann in der Praxis sehr unterschiedlich sein, z.B. ein Pflichtenheft als umfangreiches Textdokument, Sammlung von Anforderungen in einem Anforderungsmanagementwerkzeug oder Sammlung von User Stories in einem Product Backlog (siehe Fallbeispiel in Abschnitt 2.1.3).

Fallbeispiel

Anforderungen an die Geschäftslösung

Basierend auf den anzustrebenden Geschäftsprozessen sowie den identifizierten Geschäftsbedarfen werden durch den Businessanalysten die folgenden Anforderungen dokumentiert.

Ausgewählte Anforderungen zum Geschäftsprozess »[GP-02b] Handyvertrag abschließen (mit Laufzeit)«:

Anforderung	
ID	**A-01**
Name	Handyvertrag mit vorkonfiguriertem Handytarif abschließen
Beschreibung	*CA-Cockpit* soll dem Kunden die Möglichkeit bieten, aus den vorkonfigurierten Handytarifen mit Laufzeit einen Handytarif auszuwählen und zu buchen.
Geschäftsprozess	**[GP-02b]** Handyvertrag abschließen (mit Laufzeit)

Anforderung	
ID	**A-02**
Name	Handyvertrag mit selbst konfiguriertem Handytarif abschließen
Beschreibung	*CA-Cockpit* soll dem Kunden die Möglichkeit bieten, einen Handytarif mit Laufzeit selbst zu konfigurieren (mit individuellen Datenvolumen, Zusatzoptionen, Laufzeit und Zahlungsweise) und zu buchen.
Geschäftsprozess	**[GP-02b]** Handyvertrag abschließen (mit Laufzeit)

Anforderung	
ID	**A-03**
Name	Bonitätsprüfung für Handyvertrag mit Laufzeit durchführen
Beschreibung	*CA-Cockpit* soll bei der Buchung eines Handytarifs mit Laufzeit eine Bonitätsprüfung durchführen.
Geschäftsprozess	**[GP-02b]** Handyvertrag abschließen (mit Laufzeit)

Ausgewählte Anforderungen zum Geschäftsprozess »[GP-03] Handyvertrag verwalten«:

Anforderung	
ID	**A-04**
Name	Für das Kundenportal registrieren
Beschreibung	*CA-Cockpit* soll dem Kunden die Möglichkeit bieten, sich für das Kundenportal zu registrieren.
Geschäftsprozess	**[GP-03]** Handyvertrag verwalten

Anforderung	
ID	**A-05**
Name	Am Kundenportal anmelden
Beschreibung	*CA-Cockpit* soll dem Kunden die Möglichkeit bieten, sich am Kundenportal anzumelden.
Geschäftsprozess	**[GP-03]** Handyvertrag verwalten

Anforderung	
ID	**A-06**
Name	Zahlungsweise bei Handyvertrag ändern
Beschreibung	*CA-Cockpit* soll dem Kunden die Möglichkeit bieten, bei einem Handyvertrag die Zahlungsweise zu ändern.
Geschäftsprozess	**[GP-03]** Handyvertrag verwalten

Anforderung	
ID	**A-07**
Name	Handyvertrag kündigen
Beschreibung	*CA-Cockpit* soll dem Kunden die Möglichkeit bieten, einen Handyvertrag zu kündigen.
Geschäftsprozess	**[GP-03]** Handyvertrag verwalten

Geschäftsziele, Geschäftsbedarfe und Anforderungen beschreiben somit auf verschiedenen Abstraktionsebenen und unterschiedlichen Granularitäten, was erreicht werden soll. Dieses grundlegende Prinzip des Anforderungsmanagements findet sich auch in der agilen Softwareentwicklung wieder, wobei hier unterschiedliche Begriffe und andere Ausprägungen dieser Konzepte verwendet werden können. Zur Gliederung und Hierarchisierung von Anforderungen auf unterschiedlichen Abstraktionsstufen werden hier häufig Features und User Stories verwendet und in der Regel weniger formal beschrieben.

Feature

Ein Feature beschreibt eine grundlegende Fähigkeit des Systems oder Produkts und kann durch eine grobe Zerlegung der Geschäftsprozesse ermittelt werden. Es beschreibt somit eine relativ große Anforderung bzw. besteht aus einer Menge von kleineren Anforderungen. Ein Feature wird daher in der Regel in mehrere User Stories zerlegt. Um grobe Anforderungen zu beschreiben, werden im agilen Anforderungsmanagement häufig auch Epics oder Themen genutzt [IREB Agile]. Features, Epics und Themen werden in der Praxis teilweise unterschiedlich definiert, die Gemeinsamkeit ist aber, dass sie eine Dekomposition der Anforderungen auf verschiedenen Abstraktions- und Granularitätsebenen ermöglichen. In diesem Buch werden diese Konzepte daher synonym gesehen.

User Story

Eine User Story entspricht einer einzelnen, einfachen Benutzer- oder Geschäftsanforderung, die die von einem Benutzer benötigte Funktionalität, ihre Begründung und die nicht funktionalen Kriterien erfasst und auch Abnahmekriterien enthält. User Stories sind die »funktionalen Extrakte« aus den Geschäftsprozessen zur weiteren Verarbeitung in der Entwicklung [Bergsmann 18].

User Stories werden natürlichsprachig beschrieben, sie bestehen aus einem Satz in der Alltags- oder Geschäftssprache und folgen häufig einer festen, in der Praxis etablierten Satzschablone [Cohn 04]:

```
"Als <Rolle>
möchte ich <ein Ziel erreichen>
damit <ich einen Nutzen habe>"
```

Diese Satzschablone hilft dabei, darüber nachzudenken, wer (Rolle) was (Ziel) weshalb (Nutzen) machen möchte. Insbesondere die Definition des Nutzens macht die User Story besser verständlich und nachvollziehbar als »klassische« Anforderungen und ermöglicht eine Diskussion bzw. Verhandlung über mögliche Lösungsalternativen.

Product Backlog

Das Product Backlog entspricht prinzipiell der Idee einer Anforderungsspezifikation: die Sammlung und Verwaltung der Anforderungen an das zu entwickelnde System. Im Product Backlog werden typischerweise die User Stories verwaltet. Im Gegensatz zu einer Anforderungsspezifikation muss das Product Backlog zu einem Zeitpunkt aber weder vollständig sein, noch müssen alle User Stories notwendigerweise umgesetzt werden, wie dies typischerweise bei einem Lasten- oder Pflichtenheft der Fall wäre.

Bei der Anforderungsspezifikation handelt es sich dann nicht um ein formales Spezifikationsdokument, wie es insbesondere in sequenziellen Softwareentwicklungsmodellen gebräuchlich ist. Vielmehr werden in agilen Softwareentwicklungsmodellen die Anforderungen typischerweise im Product Backlog organisiert.

In sequenziellen Softwareentwicklungsmodellen werden Anforderungen vor der Implementierung vollständig erhoben und dokumentiert. Die Anforderungsspezifikation wird häufig als Lasten- und Pflichtenhefte umgesetzt. Es gilt hierbei die Annahme, dass alle Anforderungen an die zu entwickelnde Geschäftslösung bekannt und die Erwartungen an das Produkt somit vor der Umsetzung geklärt sind.

Embrace change

Agile Softwareentwicklungsmodelle hingegen erkennen die Tatsache an, dass sich der geschäftliche Kontext und die Anforderungen während der Umsetzung der Geschäftslösung ändern können. Die Vorgehensweise der Anforderungsspezifikation in einem Product Backlog ist wesentlich flexibler und kann besser auf (erwartete wie unerwartete) Änderungen von Anforderungen während der Umsetzung der Geschäftslösung reagieren. Die Frage nach dem »richtigen« Umfang, der Größe und Formalisierung einer Anforderung wird in der Praxis also unterschiedlich beantwortet, nicht nur, aber auch abhängig vom Kontext des gewählten Softwareentwicklungsmodells und seiner spezifischen Vorgehensweisen und Praktiken. Zusammenfassend kann man aber festhalten, dass Anforderungen im Laufe eines Entwicklungsprozesses in der Regel kleiner im Umfang und konkreter in der Beschreibung werden und sich von einer Beschreibung des Problems zu einer Beschreibung der Lösung entwickeln. Für den Kontext des Abnahmetests sind typischerweise die Anforderungen der Anforderungsdefinition bzw. Analysephase relevant, die gröber und abstrakter geschnitten sind als in späteren Entwicklungsschritten.

2.2.2 Anforderungen/User Stories, Abnahmekriterien und Abnahmetests

Abnahmekriterien beschreiben Aspekte einer Anforderung bzw. User Story[5], die eine Komponente oder ein System erfüllen muss, damit die Anforderung aus Sicht des Kunden bzw. Anwenders abgenommen werden kann. Aus Testsicht stellen Abnahmekriterien eine wichtige Möglichkeit dar, um Anforderungen oder Teile von Anforderungen testbar – und damit »abnehmbar« – zu machen.

Testbarkeit und Testbedingungen

Die Testbarkeit einer Anforderung bezeichnet den »Grad, zu dem Testbedingungen für eine Komponente oder ein System festgelegt und Tests durchgeführt werden können, um festzustellen, ob diese Testbedingungen erfüllt sind« [ISTQB Glossar]. Testbedingungen sind ein wichtiges Arbeitsergebnis der Testanalyse, einer der Hauptaktivitäten des Testprozesses. In der Testanalyse wird durch Analyse der Testbasis ermittelt, was zu testen ist. Die Testbedingungen beschreiben somit testbare Aspekte einer Komponente oder eines Systems, die als Grundlage für das Testen identifiziert wurden (Testbedingungen beschreiben also, WAS zu testen ist). In der folgenden Aktivität, dem Testentwurf, werden aus den Testbedingungen dann Testfälle abgeleitet und spezifiziert (Testfälle beschreiben also, WIE zu testen ist). Abnahmekriterien stellen eine Möglichkeit dar, Testbedingungen zu beschreiben, sie sind damit eine Untermenge der identifizierten Testbedingungen. In einem Testprojekt kann es neben den Abnahmekriterien noch eine Vielzahl weiterer Testbedingungen geben, die aus anderen Dokumenten, Spezifikationen oder einer Produktrisikoanalyse abgeleitet werden können. Abnahmekriterien sind entweder integraler Bestandteil der detaillierten Beschreibung einer Anforderung oder ein zusätzliches Attribut der Anforderung. Bei der Anforderungsdefinition in sequenziellen Softwareentwicklungsmodellen sind Abnahmekriterien oftmals kein Teil der Anforderungen bzw. wird die Erstellung der Abnahmekriterien nicht als Teil der Anforderungsdefinition verstanden. Vielmehr werden die Abnahmekriterien erst später im Entwicklungsprozess als Teil der Testanalyseaktivitäten des Testers in Form der Testbedingungen erarbeitet (siehe Abb. 2–6).

5. Da sich die Idee und das Konzept der Abnahmekriterien prinzipiell sowohl auf »Anforderungen« als auch »User Stories« übertragen lässt, soll im Folgenden der Einfachheit halber nur noch von »Anforderungen« anstatt von »Anforderungen bzw. User Stories« gesprochen werden.

Durch eine sequenzielle Businessanalyse und Testanalyse, d.h. eine Entkopplung dieser beiden Aktivitäten, kommt der Nutzen der Testanalyse erst spät zum Tragen, Unklarheiten oder Fehlerzustände in den Spezifikationen werden ggf. erst aufgedeckt, nachdem die Implementierung schon gestartet oder gar abgeschlossen ist (siehe Abb. 2–6). In diesem Fall entstehen höhere Aufwände für die relativ späte Fehlerbehebung (siehe »Relative Fehlerbehebungskosten« in Abschnitt 2.1.2).

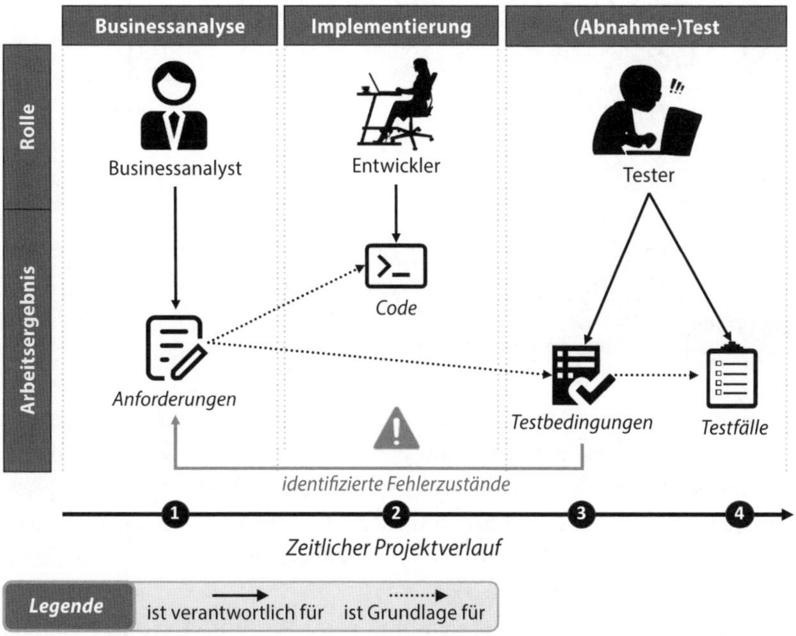

Abb. 2–6
Sequenzielle Businessanalyse und Testanalyse

Bei agilen Softwareentwicklungsmodellen finden die beiden Aktivitäten Businessanalyse und Testanalyse hingegen eher parallel bzw. überlappend statt. Bei der Verwendung von User Stories sind die Abnahmekriterien ein integraler Bestandteil der Definition der User Stories. Die enge Zusammenarbeit der verschiedenen Rollen in agilen Teams begünstigt dabei wesentlich die Erstellung der Abnahmekriterien. In diesem Kontext werden die Abnahmekriterien auch häufig als »Akzeptanzkriterien« bezeichnet (siehe Abb. 2–7).

Abb. 2–7
Parallele Businessanalyse und Testanalyse

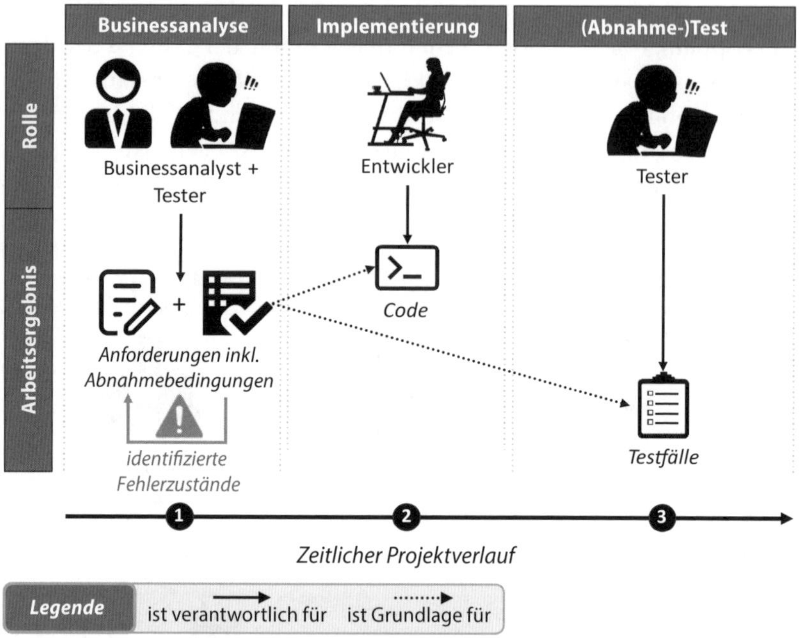

Gemeinhin gilt eine User Story erst dann als bereit für die Entwicklung, wenn die Abnahmekriterien (und ggf. sogar schon die Testfälle) für die Abnahme der User Story vollständig spezifiziert und vom Team akzeptiert wurden. Diese Bereitschaft der User Story wird in der Praxis auch als »Definition of Ready (DoR)« bezeichnet (siehe dazu auch die »INVEST-Kriterien« in Abschnitt 2.2.3).

Insbesondere bei der Verwendung von User Stories erfüllen Abnahmekriterien somit mehrere Zwecke. Aus Geschäftssicht dienen sie dazu, die User Story weiter zu detaillieren, und aus Testsicht die zu testenden Aspekte (die Testbedingungen) frühzeitig zu identifizieren und zu spezifizieren. Die Geschäfts- und Testsicht werden somit nicht getrennt behandelt, sondern in einer gemeinsamen Sprache und Dokumentation festgehalten. Durch die frühe Einbeziehung der Tester können dadurch auch fehlerhafte Anforderungen identifiziert und korrigiert werden. Diese Fehler werden somit in derselben Phase eingedämmt, in der sie aufgedeckt wurden, was im Ergebnis einen effizienteren Entwicklungsprozess begünstigt.

Unabhängig vom Softwareentwicklungsmodell sollten Businessanalysten und Tester (und ggf. auch Entwickler) im Rahmen der Anforderungsdefinition gemeinsam die spezifischen Abnahmekriterien erstellen und aus diesen die entsprechenden Abnahmetests ableiten. Dieser kollaborative Ansatz stellt sicher, dass von Beginn des Projekts an alle wichtigen Perspektiven involviert sind und einvernehmlich festgelegt wird, was aus Geschäfts-, Test- und Entwicklungssicht »abnehmbar« ist.

Diese frühe, entwicklungsbegleitende Einbindung von Testern bereits während der Anforderungserhebung folgt dem 3. Grundsatz des Testens: »Frühes Testen spart Zeit und Geld« (siehe [ISTQB CTFL]). Dieser besagt, dass Testaktivitäten so früh wie möglich im Softwareentwicklungslebenszyklus gestartet werden sollten. Fehlerzustände können dadurch früh gefunden werden, was dabei hilft, kostenintensive Änderungen zu reduzieren oder vollständig zu vermeiden. Frühes Testen wird oft auch als »Shift-Left« bezeichnet. Fehler in den Anforderungen können früher, noch vor der Implementierung gefunden und behoben werden. Die Testbarkeit der Anforderungen wird sichergestellt, die Tester bekommen schon frühzeitig wichtige Informationen zum Testobjekt und haben ausreichend Zeit, sich adäquat auf die Testdurchführung vorzubereiten.

Besondere Testbedingungen: Abnahmekriterien

Die Abnahmekriterien (als Untermenge der Testbedingungen) beschreiben, WAS zu testen ist. Sie werden als Aussagen (oder Mengen von Aussagen) formuliert, die entweder wahr oder falsch sein können. In jedem Fall müssen die Abnahmekriterien messbar sein, erst dadurch werden sie auch testbar. Anhand dieser messbaren Aussagen kann dann während der Testdurchführung überprüft werden, ob eine Anforderung wie erwartet implementiert wurde und somit den Erwartungen des Businessanalysten bzw. der Stakeholder entspricht.

Für die Testdurchführung im Abnahmetest werden aus den Abnahmekriterien die Testfälle abgeleitet. Die Testfälle legen fest, WIE die Verifizierung der Abnahmekriterien durchgeführt werden soll. Zu einem einzelnen Abnahmekriterium wird typischerweise mindestens ein Testfall abgeleitet, es können aber auch mehrere Testfälle je Abnahmekriterium erforderlich sein (z.B. für Positiv- und Negativtests oder durch Anwendung der Äquivalenzklassenbildung) oder auch ein einzelner Testfall mehrere Abnahmekriterien abdecken.

Die Erstellung von Abnahmekriterien (Testanalyse, siehe Abschnitt 3.1) und die Erstellung von Testfällen (Testentwurf, siehe Abschnitt 3.2) können gemeinsam und zeitgleich durch Businessanalysten und Tester erfolgen. Die beiden Aktivitäten können aber auch zeitlich entkoppelt werden (weitere Details dazu in Abschnitt 2.3.1).

2.2.3 Die Wichtigkeit der Qualität der Anforderungen

Die Qualität der Anforderungen bzw. User Stories und Abnahmekriterien hat einen wesentlichen Einfluss auf die nachfolgenden Aktivitäten. Bei unzureichender Qualität werden Fehlerzustände in den Anforderungen in den weiteren Entwicklungs- und Testprozess getragen und können dort erheblichen Schaden verursachen (siehe »relative Fehlerbehebungskosten« in Abschnitt 2.1.2). Es findet also eine Fehlerfortpflanzung über mehrere Phasen hinweg statt, da sowohl Entwickler als auch Tester bei ungenauen oder nicht eindeutig formulierten Anforderungen und Abnahmekriterien Annahmen über die Erwartungen der Stakeholder treffen müssen. Sofern sich diese Annahmen als falsch herausstellen, entstehen Nacharbeiten, die, je später sie durchgeführt werden, zu erheblichen Mehraufwänden führen können.

Ziel: eindeutige Anforderungen

Eine eindeutig dokumentierte Anforderung sollte nur auf eine Art und Weise verstanden werden können. Es darf nicht möglich sein, andere Sachverhalte hineinzuinterpretieren. Alle Leser eine Anforderung müssen zu einem einzigen, konsistenten Verständnis der Anforderung gelangen [Pohl & Rupp 21]. Da die Anforderung nach der Anforderungsdefinition von verschiedenen Rollen verarbeitet wird (z.B. Entwickler, Tester), können sogar unterschiedliche Interpretationen erfolgen, die zu erheblichen Störungen und Mehraufwänden im Projektverlauf führen können:

- Entwickler und Tester interpretieren die Anforderung beide richtig: In diesem Fall hat man Glück.
- Der Entwickler interpretiert die Anforderung richtig, der Tester interpretiert die Anforderung falsch: Der Test wird ein falsch positives Ergebnis liefern und zu einem erhöhten Abstimmungsaufwand bei der Testdurchführung führen.
- Der Entwickler interpretiert die Anforderung falsch, der Tester interpretiert die Anforderung richtig: Der Test wird idealweise den Fehler aufdecken, der Fehler muss durch den Entwickler behoben werden und ein Fehlernachtest (und ggf. auch Regressionstest) durchgeführt werden.
- Entwickler und Tester haben die gleiche, aber falsche Interpretation: Der Test wird ein falsch negatives Ergebnis liefern, die Fehlerwirkung tritt im schlimmsten Fall erst nach der Auslieferung auf und verursacht ggf. erhebliche externe Fehlerkosten.

Um die Qualität von Anforderungen bewerten und messen zu können, sollten also »Anforderungen an Anforderungen« definiert werden. Neben der Genauigkeit und Eindeutigkeit können dies weitere sinnvolle Merkmale sein. Hierfür ist es wichtig, dass Businessanalysten und Tester eng zusammenarbeiten, um die richtigen Anforderungsmerkmale zu identifizieren, diese als messbare Qualitätskriterien zu spezifizieren und sicherzustellen, dass diese je Anforderung erfüllt werden.

Die Norm ISO/IEC/IEEE 29148 [ISO 29148] definiert eine Menge von Qualitätskriterien für Anforderungen, wie sie auch häufig im Requirements Engineering Anwendung finden:

- **Eindeutig**
  Die Anforderung darf nur auf eine Art und Weise verstanden werden können, sie darf nicht interpretierbar sein.
- **Notwendig**
  Die Anforderung muss bezüglich der Gegebenheiten im Systemkontext gültig sein und die Gegebenheiten richtig widerspiegeln (z.B. die Vorstellungen der Stakeholder).
- **Konsistent**
  Die Anforderung ist sowohl in sich als auch zu allen anderen Anforderungen widerspruchsfrei.
- **Prüfbar**
  Die Anforderung ist so beschrieben, dass die Erfüllung durch einen Test oder eine Messung nachgewiesen werden kann (bspw. indem Abnahmekriterien zu der Anforderung definiert werden).
- **Realisierbar**
  Die Anforderung muss innerhalb der gegebenen organisatorischen, rechtlichen, technischen und finanziellen Randbedingungen umsetzbar sein.
- **Verfolgbar**
  Die Anforderung steht sowohl zu ihrem Ursprung (z.B. dem Geschäftsziel, Geschäftsprozess) als auch zu den Arbeitsergebnissen, die aus ihr entstehen (z.B. Code, Konfigurationsdateien, Testfälle), in Beziehung. Dadurch wird der Kontext der Anforderung und ihre Beziehungen zu anderen Entwicklungsergebnissen nachvollziehbar.
- **Vollständig**
  Die Anforderung muss die geforderten funktionalen und nicht funktionalen Aspekte vollständig beschreiben.

Pohl und Rupp [Pohl & Rupp 21] empfehlen darüber hinaus noch zwei weitere Qualitätskriterien für Anforderungen:

- **Adäquat (auch: abgestimmt)**
  Die Anforderung ist von allen relevanten Stakeholdern als korrekt und notwendig akzeptiert.
- **Verständlich**
  Die Art der Dokumentation der Anforderung ist für die relevanten Stakeholder verständlich (bspw. in einer für die Stakeholder verständlichen Notationsform).

INVEST

Alternative Qualitätskriterien stellen die INVEST-Kriterien [Cohn 04] dar. Diese werden häufig zur Qualitätssicherung von User Stories verwendet. INVEST ist ein Akronym, dass sich aus den englischen Begriffen der folgenden sechs Qualitätskriterien bildet:

- **Independent** (unabhängig)
  Die User Story sollte unabhängig von anderen User Stories sein, die Implementierung sollte in einer beliebigen Reihenfolge mit minimalen wechselseitigen Abhängigkeiten erfolgen können.
- **Negotiable** (verhandelbar)
  Die User Story sollte dem Team Gestaltungsspielraum bei der Umsetzung bieten (siehe »Feature«, »User Story« und »Product Backlog« in Abschnitt 2.2.1).
- **Valuable** (wertvoll)
  Die User Story sollte einen Geschäftswert für den Kunden schaffen.
- **Estimable** (schätzbar)
  Die Aufwände zur Implementierung der User Story können geschätzt werden, dafür muss die User Story klar genug beschrieben sein.
- **Small** (klein)
  Die User Story sollte klein genug sein, um im Rahmen einer Iteration umgesetzt werden zu können.
- **Testable** (testbar)
  Die User Story sollte geprüft und abgenommen werden können, beispielsweise durch eine Menge von Abnahmekriterien.

Die Qualitätskriterien können von Businessanalysten, Product Ownern, Entwicklern und Testern genutzt werden, um aus ihrer jeweiligen Perspektive die Qualität der Anforderung bzw. User Story zu bewerten. In Scrum ist in diesem Zusammenhang das Konzept der »Definition of Ready (DoR)« bekannt. Die DoR definiert, wann eine User Story (oder jedes andere Product Backlog Item) so weit ausgearbeitet und vom

Team verstanden ist, dass sie für einen Sprint geplant werden darf. Als Kriterien der DoR können hierbei beispielsweise die INVEST-Kriterien dienen.

2.3 Businessanalyse und Abnahmetests

Oftmals sind die Aktivitäten der Businessanalyse von den Testaktivitäten entkoppelt (siehe Abschnitt 2.2.2), sodass Businessanalysten und Tester regelrecht isoliert voneinander arbeiten. Dies kann zu Missverständnissen und Fehlinterpretationen (z.B. falschen Annahmen) in Bezug auf Erwartungen von Auftraggebern und Kunden führen. Diese Missverständnisse bleiben möglicherweise lange im Prozess verborgen, im schlimmsten Fall sogar bis zur geplanten Freigabe des Systems im Rahmen des Abnahmetests. Des Weiteren bleiben auch potenzielle Synergieeffekte sowie Effektivitäts- und Effizienzpotenziale der Zusammenarbeit ungenutzt.

Businessanalysten und Tester bringen jedoch jeweils spezifische, sich ergänzende Fähigkeiten mit, die in Kombination den Entwicklungsprozess positiv beeinflussen können. Dies kann beispielsweise durch frühes, entwicklungsbegleitendes Testen erreicht werden, durch die frühe Behandlung von Abnahmekriterien und Abnahmetests sowie generell durch eine Koordination und Integration der Aktivitäten beider Disziplinen. Dadurch kann sichergestellt werden, dass das Produkt im Abnahmetest vor der Freigabe angemessen getestet wird.

2.3.1 Beziehungen zwischen Businessanalyse- und Testaktivitäten

Die Hauptaktivitäten der Businessanalyse und des Testens stehen in einem engen Zusammenhang, einige der damit verbundenen Aktivitäten und Aufgaben betreffen beide Disziplinen und überschneiden sich somit. In diesem Kapitel werden zunächst die jeweiligen Hauptaktivitäten beschrieben und anschließend gegenübergestellt, um Synergieeffekte der beiden Disziplinen zu identifizieren.

Hauptaktivitäten der Businessanalyse

Die Hauptaktivitäten der Businessanalyse umfassen Strategiedefinition, Management des Businessanalyseprozesses, Requirements Engineering in der Businessanalyse sowie Lösungsbewertung und -optimierung [IQBBA CFLBA]:

Abb. 2–8
Hauptaktivitäten der Businessanalyse

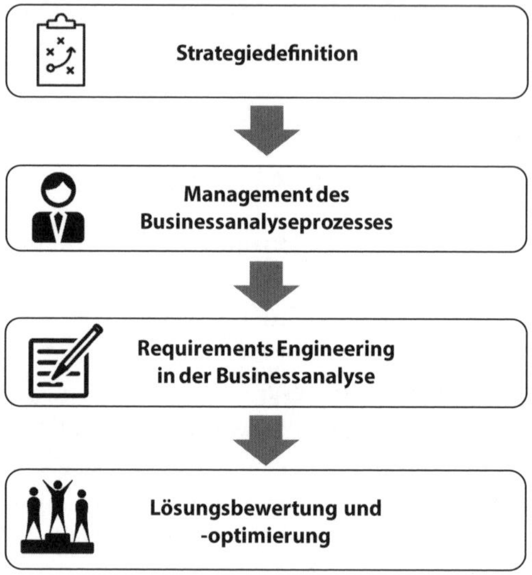

- In der **Strategiedefinition** werden die Geschäftsziele analysiert und die Geschäftsprozesse sowie Stakeholder identifiziert. Darauf basierend werden die Geschäftsbedarfe ermittelt, ein Business Case formuliert und letztendlich die Anforderungen definiert (siehe auch Abschnitt 2.2.1).
- Das **Management des Businessanalyseprozesses** umfasst die Planung, Organisation und Verwaltung des Businessanalyseprozesses in einem gegebenen Kontext. Dies beinhaltet u.a., den Businessanalyseprozess im Entwicklungsmodell (sequenziell oder agil) adäquat zu implementieren (siehe Abschnitt 2.1.3), eine geeignete Kommunikations- und Kollaborationsform mit den Stakeholdern (z.B. Tester) zu etablieren und die Liefergegenstände sowie die Management- und Entwicklungswerkzeuge zu definieren.
- Das **Requirements Engineering in der Businessanalyse** ist die Hauptaktivität, in der die Anforderungen in ihrem gesamten Lebenszyklus behandelt werden, d.h. insbesondere die Erhebung, Analyse, Dokumentation, Modellierung, Qualitätssicherung (siehe auch Abschnitt 2.2.3) und das Management der Anforderungen.
- Die **Lösungsbewertung und -optimierung** umfasst Maßnahmen, die sicherstellen, dass der Lösungsvorschlag und dessen Funktionen den Geschäftsbedarf der Stakeholder erfüllen. Durch eine Evaluation (wie z.B. den Abnahmetest) wird der Business Case überprüft und sichergestellt, dass die vereinbarten Anforderungen eingehalten werden. Bei dieser Evaluation können zusätzliche, zuvor unberücksichtigte Funktionen identifiziert werden. Die Optimierung zielt darauf

ab, kontrollierte Änderungen in die aktuelle Lösung oder den aktuellen Prozess einzuführen.

Diese Hauptaktivitäten verfolgen das Ziel, geschäftliche Veränderungen durch eine neue oder bessere Lösung zu bewirken und damit einen Mehrwert für das Unternehmen zu erzeugen. Sie liegen in der Verantwortung des Businessanalysten, dieser ist somit verantwortlich für die Ermittlung der Geschäftsbedarfe von Stakeholdern und für die Entwicklung von Lösungen für Geschäftsprobleme. Ein wesentlicher Aspekt der Rolle des Businessanalysten besteht in der Konsensfindung zwischen den relevanten fachlichen und technischen Stakeholdern, wie z.B. den Qualitätsverantwortlichen, Testern, Entwicklern, Systemintegratoren, Produkt- und Projektmanagern.

Hauptaktivitäten des Testens

Die Hauptaktivitäten des Testens werden durch den Testprozess beschrieben. Dieser setzt sich wie folgt zusammen: Testplanung, Testüberwachung und -steuerung, Testanalyse, Testentwurf, Testrealisierung, Testdurchführung und Testabschluss (siehe Abb. 2–9). Jede Teststufe stellt eine Instanz des Testprozesses dar, sodass alle diese Aufgaben für jede Teststufe separat geplant und ausgeführt werden [ISTQB CTFL]).

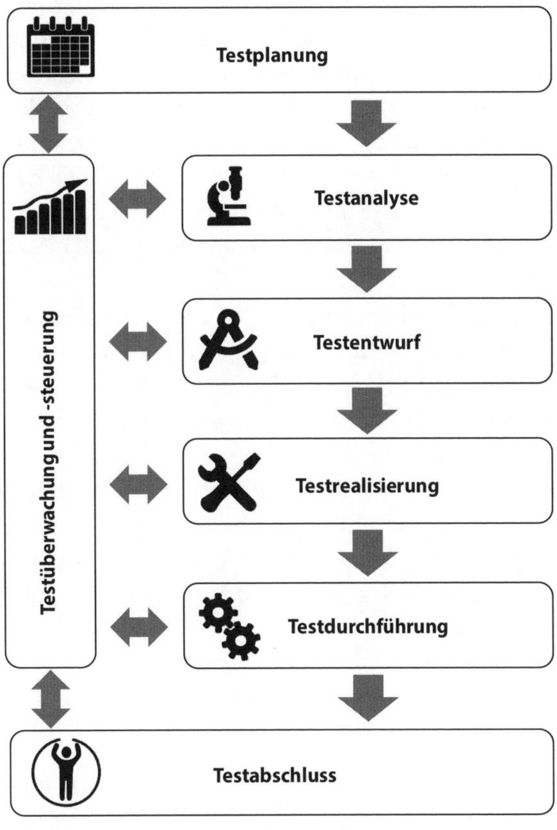

Abb. 2–9 *Hauptaktivitäten des Testens*

Testplanung

In der Testplanung werden die Qualitätsziele der Stakeholder identifiziert und die Testziele für das Testprojekt oder die Teststufe beschrieben. Basierend auf der gewählten Testvorgehensweise, dem Testobjekt, dem Testumfang und weiteren Rahmenbedingungen werden die Testaufgaben geplant, um die Ziele im Projekt zu erreichen. Die Ergebnisse der Planung sollten in einem Testkonzept dokumentiert und an die Stakeholder kommuniziert werden. Das Testkonzept kann sich dabei sowohl auf das gesamte Testprojekt (Mastertestkonzept) als auch nur auf eine einzelne Teststufe (Stufentestkonzept) beziehen. So legt das Abnahmetestkonzept beispielsweise die spezifischen Rahmenbedingungen und Aufgaben für den Abnahmetest innerhalb eines Testprojekts fest.

Testüberwachung und Teststeuerung

In der Testüberwachung wird der Status der laufenden Testaktivitäten kontinuierlich überprüft, Abweichungen vom Plan (entsprechend dem Testkonzept) identifiziert und der Status an die relevanten Stakeholder kommuniziert. Falls es Abweichungen vom Plan gibt, werden in der Teststeuerung geeignete Korrekturmaßnahmen entwickelt und angewendet, um die Testaktivitäten – und damit das Testprojekt – wieder auf den richtigen Weg zu bringen.

Testanalyse

In der Testanalyse wird die Testbasis analysiert und identifiziert, WAS zu testen ist. Die Testbasis umfasst alle Informationen (z.B. Anforderungsspezifikationen, Modelle, Normen und Standards), aus denen die Merkmale des Testobjekts ersichtlich sind. Darauf basierend werden die zu testenden und nicht zu testenden Merkmale identifiziert und durch Testbedingungen beschrieben (siehe Abschnitt 2.2.2). Die Testanalyse ist somit die Aktivität, in der die Abnahmekriterien für die Anforderungen identifiziert und spezifiziert werden. Sie beinhaltet außerdem die Prüfung der Testbasis, z.B. ein Review der Anforderungen auf Testbarkeit.

Testentwurf

Im Testentwurf wird beschrieben, WIE die identifizierten Testbedingungen zu testen sind. Dafür werden aus den Testbedingungen geeignete Testfälle abgeleitet und spezifiziert. Es werden außerdem die Anforderungen an die Testdaten, die Testumgebung(en) oder die Testinfrastruktur identifiziert.

Testrealisierung

In der Testrealisierung werden die Testmittel vorbereitet und bereitgestellt, die für die Testdurchführung benötigt werden. Dies beinhaltet die Konkretisierung und Finalisierung der Testfälle, sodass sie ausführbar sind. Automatisierte Testfälle werden im Zuge der Testrealisierung implementiert. Zudem werden die auszuführenden Testfälle für die Testdurchführung ausgewählt, gruppiert und priorisiert. Außerdem müssen die benötigten Testdaten bereitgestellt werden sowie Testumgebung und -infrastruktur realisiert werden.

Testdurchführung

In der Testdurchführung werden die Tests (manuell oder automatisiert) ausgeführt und entsprechende Testergebnisse erzeugt. Falls dabei eine Fehlerwirkung auftritt, muss diese durch den Tester analysiert und durch einen Fehlerbericht dokumentiert werden (siehe Abschnitt 6.2.2). Nach der Beseitigung des Fehlerzustands durch den Entwickler sollte ein Fehlernachtest zeigen, dass die Fehlerwirkung nicht mehr auftritt und der Fehlerzustand folglich effektiv behoben wurde. Gegebenenfalls schließt sich dann auch noch ein Regressionstest an, um sicherzustellen, dass es durch die Fehlerkorrektur keine unerwünschten Auswirkungen auf nicht geänderte Bereiche gegeben hat.

Testabschluss

Im Testabschluss werden Daten und die Ergebnisse aus den vorhergehenden Testaktivitäten zusammengetragen, um diese an die Stakeholder zu berichten (siehe Abschnitt 6.2.2), Erfahrungen auszuwerten und Verbesserungsmöglichkeiten zu identifizieren. Zudem werden die Testmittel konsolidiert und für eine spätere Wiederverwendung verfügbar gemacht.

Wechselbeziehung zwischen Businessanalyse und Testen

Die Verantwortung für diese Aktivitäten übernehmen in der Regel die Rollen Testmanager und Tester[6]. Während der Fokus des Testmanagers dabei auf der Testplanung, Testüberwachung und -steuerung sowie dem Testabschluss liegt, richtet sich der Fokus des Testers auf die Testanalyse, den Testentwurf, die Testrealisierung und Testdurchführung. Im Abnahmetest stehen die Hauptaktivitäten der Businessanalyse und die Hauptaktivitäten des Testens in einer engen Beziehung. Einige der genannten Aktivitäten betreffen sowohl die Businessanalyse als auch das Testen wodurch es starke Wechselwirkungen zwischen den beiden Disziplinen gibt (siehe Abb. 2–10). Diese Wechselwirkungen sollen im Folgenden beispielhaft aus der Perspektive des Testprozesses verdeutlicht werden.

6. Insbesondere im Kontext agiler Softwareentwicklungsmodelle sind die beiden Rollen nicht notwendigerweise getrennt bzw. finden sich auch hybride Rollen, die Aktivitäten von Testmanager und Tester vereinen.

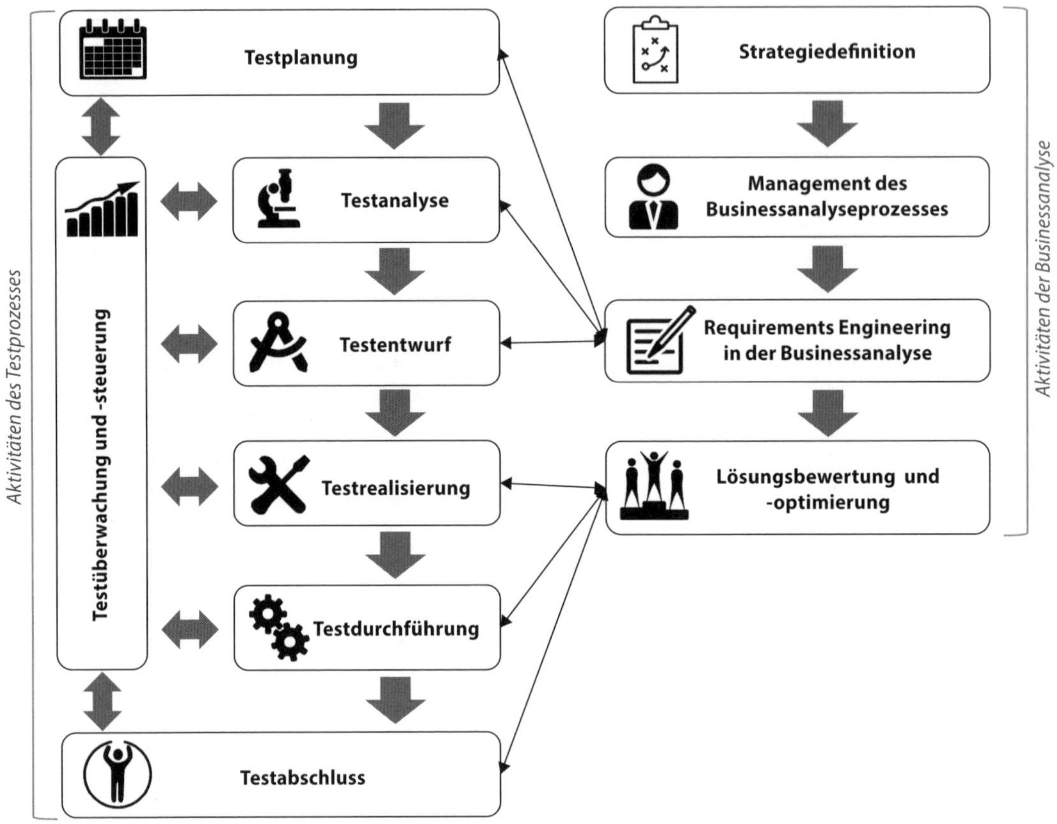

Abb. 2–10
Beziehungen zwischen Businessanalyse und Testen

Beziehungen zwischen den Testaktivitäten und dem Requirements Engineering in der Businessanalyse:

- **Anforderungen bilden die Testbasis**
  Die von den Businessanalysten erstellten detaillierten Anforderungen bilden einen wichtigen Teil der Testbasis. In der Testplanung werden u.a. auf Grundlage der Testbasis die Testziele definiert und Aufgaben geplant. In der Testanalyse wird die Testbasis geprüft, bewertet und Testbedingungen davon abgeleitet und im Testentwurf werden entsprechende Testfälle und Testabläufe entworfen.
- **Abnahmekriterien machen die Anforderungen testbar**
  Tester können im Rahmen der Testanalyse und des Testentwurfs durch die Definition und Verifizierung der Abnahmekriterien einen entscheidenden Beitrag zur Qualitätssicherung der Anforderungen leisten. In Zusammenarbeit stellen Businessanalysten und Tester sicher, dass sie ein gemeinsames Verständnis der Anforderungen haben und sich auf einen geeigneten Ansatz für die Abnahmetests verständigen.

- **Auswirkungsanalysen machen Änderungen beherrschbar**
  Wenn Anforderungen geändert werden sollen, können Businessanalysten und Tester gemeinsam die Auswirkungen dieser Änderungen bewerten. Während Businessanalysten fachliche und logische Zusammenhänge bewerten können, können Tester den Umfang der Wartungsarbeiten an den Testmitteln sowie den Umfang notwendiger Regressionstests bestimmen.

Beziehungen zwischen den Testaktivitäten und der Lösungsbewertung und -optimierung:

- **Prüfung der Testabläufe**
  In der Testrealisierung können Businessanalysten qualitätssichernd unterstützen, indem sie Testabläufe und Testskripte überprüfen, bevor diese ausgeführt werden.
- **Erstellung von Testdaten**
  Businessanalysten können bei der Erstellung von Testdaten für geschäftsbezogene Abnahmetests unterstützen.
- **Unterstützung der Testdurchführung**
  Businessanalysten können bei der Durchführung und Auswertung der Abnahmetests unterstützen oder diese sogar selbst durchführen. Sie können Fehlerwirkungen analysieren und dokumentieren, eventuelle fachliche Probleme können dadurch schneller analysiert und geklärt werden.
- **Freigaben und Empfehlungen erstellen**
  Businessanalysten können im Rahmen des Testabschlusses bei der Konsolidierung der Testergebnisse unterstützen und Freigaben und Empfehlungen aus der geschäftlichen Perspektive vornehmen.

Somit besteht für die Rollen Businessanalyst und Tester und ihre jeweiligen Aufgaben während des kompletten Entwicklungsprozesses eine symbiotische Beziehung. Eine enge Zusammenarbeit sollte vom Beginn des Projekts bis zur Abnahme bzw. Freigabe der Lösung sichergestellt werden.

2.3.2 Zusammenarbeit zwischen Businessanalysten und Testern beim Abnahmetest

Businessanalysten und Tester verfolgen ein gemeinsames Ziel: die Herstellung von Produkten, die dem Kunden bzw. Anwender den höchstmöglichen Mehrwert bieten. Mit ihren spezifischen Fähigkeiten können beide Rollen gemeinsam dazu beitragen, dieses Ziel zu erreichen. Abhängig von der jeweiligen Ausgestaltung und Positionierung der

Rollen in der Organisation bzw. dem Projekt haben sie dafür unterschiedliche Möglichkeiten. Es gibt zwischen den Rollen viele Schnittpunkte, an denen sie bei den Abnahmetestaktivitäten zusammenarbeiten können, wie z.B. gemeinsame Diskussion und Review der erstellten Arbeitsergebnisse oder eine gemeinsame Risikoanalyse als Grundlage für die Testplanung, insbesondere bei der Priorisierung der Aktivitäten, Abnahmekriterien und Testfälle.

Neben den unmittelbaren Vorteilen der Zusammenarbeit und der gegenseitigen Unterstützung bei den verschiedenen Aktivitäten sollten Businessanalysten und Tester auch immer die Möglichkeit nutzen, voneinander zu lernen und sich gegenseitig zu schulen:

- Businessanalysten können Tester über die geschäftlichen Themen informieren (z.B. Geschäftsziele, Geschäftsbedarfe, Geschäftsprozesse), sodass diese die Stakeholder besser verstehen und deren Anforderungen besser nachvollziehen können.
- Tester können Businessanalysten über systematisches Testen schulen, damit diese ein besseres Verständnis vom Testen haben und den Test an geeigneten Stellen unterstützen können (z.B. bei der Spezifikation von Abnahmekriterien).

Je mehr die beiden Rollen voneinander wissen und die jeweiligen Aufgaben und Ziele verstehen, desto größer wird die gegenseitige Wertschätzung sein und desto zielführender und effizienter ihre Zusammenarbeit im Projekt. Tester müssen gute soziale Fähigkeiten haben, um in der Lage zu sein, effektive Kommunikation zu gewährleisten [ISTQB CTFL], dies beinhaltet z.B. die folgenden guten Praktiken:

- Beginne mit Zusammenarbeit statt mit Streit. Besinne dich auf das gemeinsame Ziel, ein System von höherer Qualität mit höchstmöglichem Wert für den Kunden zu schaffen.
- Betone den Nutzen des Testens und unterstütze andere dabei, die Testergebnisse zu nutzen, um ihre Arbeiten zu verbessern.
- Kommuniziere Testergebnisse und andere Erkenntnisse neutral, objektiv und sachlich und vermeide persönliche Kritik.
- Versuche zu verstehen, wie eine andere Person sich fühlt und warum sie negativ auf die Testergebnisse reagieren könnte.

Für Businessanalysten sind diese sozialen Fähigkeiten gleichermaßen wichtig. Weitere Details zur Zusammenarbeit werden in Abschnitt 6.1 behandelt.

2.3.3 Wie der Abnahmetest den Entwicklungsprozess vorantreiben kann: ATDD und BDD

In sequenziellen Softwareentwicklungsmodellen (z.B. V-Modell, siehe Abschnitt 2.1.1) starten die Abnahmetestaktivitäten häufig erst, nachdem die Anforderungen (d.h. die Testbasis für den Abnahmetest) finalisiert wurden und die Implementierung noch im Gange oder sogar bereits abgeschlossen ist. Testanalyse, Testentwurf und Testrealisierung werden durch die Tester erst relativ lange nach der Anforderungsermittlung und relativ spät im Projektverlauf durchgeführt.

Diese Vorgehensweise bringt zwei Nachteile mit sich: Wichtige Erkenntnisse, die durch die Testaktivitäten gewonnen werden (z.B. Fehler in den Anforderungen), stehen erst spät im Projektverlauf zur Verfügung und erzeugen möglicherweise Mehraufwände und Projektverzögerungen. Dadurch liegen die Abnahmetestaktivitäten häufig auf dem kritischen Pfad des Projekts und müssen ggf. unter hohem Zeitdruck durchgeführt werden.

Die Testaktivitäten für eine Teststufe können bezüglich der Entwicklungsaktivitäten somit unterschiedlich organisiert werden: sequenziell oder entwicklungsbegleitend.

Sequenzielle Testaktivitäten

Sequenziell bedeutet in diesem Zusammenhang, dass die Testaktivitäten erst nach den zugehörigen Entwicklungsaktivitäten gestartet werden (d.h. wirklich rein sequenziell – Analyse, Entwurf, Implementierung, Test) und eine Teststufe (z.B. Abnahmetest) auch erst nach dem Abschluss der vorhergehenden Teststufe (z.B. Systemtest). Der Test kann damit nur noch auf bereits geschaffene Tatsachen reagieren und seine volle Wirksamkeit nicht entfalten. Insbesondere können Fehlerzustände in der Testbasis in den Entwicklungsprozess getragen und erst spät im Test aufgedeckt werden.

Entwicklungsbegleitende Testaktivitäten

Entwicklungsbegleitend bedeutet, dass die Testaktivitäten frühzeitig im Projekt starten und mit den korrespondierenden Entwicklungsaktivitäten »verwoben« werden. Die Ergebnisse und Erkenntnisse des Tests, insbesondere die Bewertung der jeweiligen Testbasis, liegen damit früher vor, die Feedbackzyklen sind kürzer. Fehlerzustände, die in einer Phase gefunden werden, werden weniger häufig in die nächsten Phasen weitergereicht.

V-Modell sequenziell

Am Beispiel des V-Modells wird deutlich, dass bei einer sequenziellen Vorgehensweise insbesondere beim Abnahmetest die Aktivitäten der Businessanalyse (d.h. die Anforderungsdefinition und somit Erstellung der Testbasis) und des Testens maximal weit auseinanderliegen (siehe Abb. 2–11). Der Abnahmetest ist in der Regel die letzte Teststufe, durch die späte Ausführung der Testaktivitäten liegen diese dann häufig auf dem kritischen Pfad des Projekts und die Aufdeckung von Fehlern kann zu deutlichen Mehraufwänden und Projektverzögerungen führen.

Abb. 2–11
Testaktivitäten des Abnahmetests bei einer streng sequenziellen Vorgehensweise

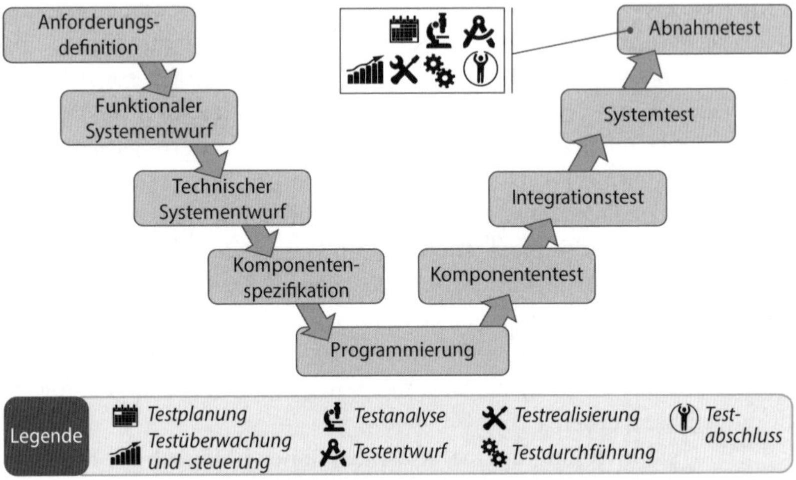

V-Modell entwicklungsbegleitend

Bei einem entwicklungsbegleitenden Abnahmetest hingegen starten die Testaktivitäten bereits zeitgleich mit der korrespondierenden Anforderungsdefinition (siehe Abb. 2–11). Die Testplanung kann früher beginnen und die Testanalyse kann durch ein Review der Testbasis und Identifikation von Testbedingungen die Anforderungsdefinition effektiv unterstützen. Testentwurf und Testrealisierung können im weiteren Projektverlauf ohne Zeitdruck durchgeführt werden, sodass nach Abschluss des Systemtests zeitnah mit der Durchführung des Abnahmetests begonnen werden kann. Im Vergleich zu den anderen Teststufen folgt daraus eine wichtige Erkenntnis: Der Abnahmetest ist die erste Teststufe, mit der in einem Projekt begonnen werden kann, sie bleibt aber dennoch die letzte, die abgeschlossen wird.

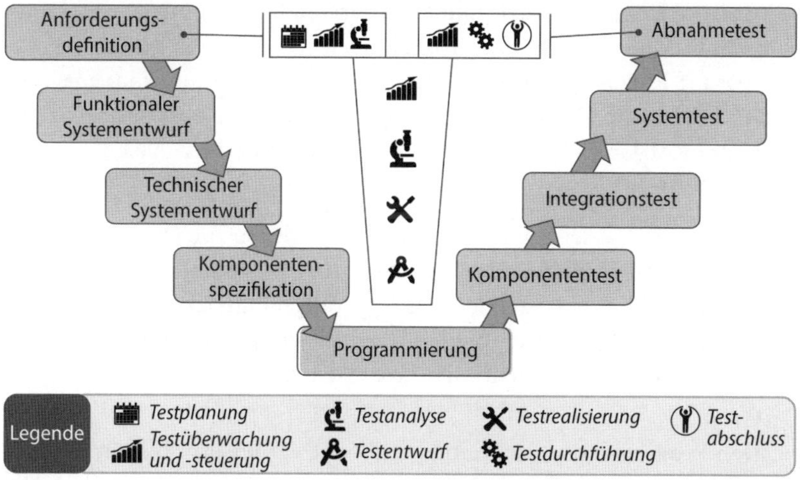

Abb. 2–12
Testaktivitäten des Abnahmetests bei einer sequenziellen Vorgehensweise

Auch in sequenziellen Softwareentwicklungsmodellen kann somit entwicklungsbegleitendes Testen organisiert werden, die Herausforderungen liegen hierbei häufig in der entsprechenden Unternehmens- bzw. Projektorganisation.

Shift-Left-Paradigma

Die starke Verbreitung und Akzeptanz agiler Softwareentwicklungsmodelle hat Einfluss darauf, wie Abnahmetestaktivitäten sich auf die Aktivitäten der Businessanalyse auswirken. Durch die Idee des »Shift-Left-Testings«, einer sehr konsequenten Umsetzung des 3. Grundsatzes des Testens (siehe Grundsatz des Testens – »Frühes Testen spart Zeit und Geld« in Abschnitt 2.1.2), werden die Abnahmetestaktivitäten viel früher ins Projekt eingebunden und können einen entsprechenden Mehrwert bieten. In vielen Ansätzen der agilen Softwareentwicklung ist diese Idee häufig ein grundlegendes Prinzip.

Der Test-First-Ansatz

Insbesondere der Test-First-Ansatz unterstützt das Shift-Left-Paradigma. Test-First ist eine grundlegende agile Entwicklungspraktik und stammt ursprünglich aus dem Extreme-Programming-Ansatz (XP, [Beck 03]). Die grundlegende – und bestechend einfache – Idee des Test-First-Ansatzes lautet »erst testen, dann programmieren« (und ist damit eine Umdrehung der klassischen Reihenfolge »erst programmieren, dann testen«.

Agile Teams nutzen häufig drei sich gegenseitig ergänzende Umsetzungen des Test-First-Ansatzes: testgetriebene Entwicklung, abnahmetestgetriebene Entwicklung (engl. Acceptance Test-Driven Development, ATDD) [Pugh 11] und verhaltensgetriebene Entwicklung (engl. Behavior-Driven Development, BDD) [Smart 14] [ISTQB CTFL-AT]. Alle drei Ausprägungen des Test-First-Ansatzes können aber auch sehr zielführend in nicht agilen Projekten eingesetzt werden.

Testgetriebene Entwicklung (Test-Driven Development – TDD) ist eine Entwicklungspraktik für Programmierer und wendet den Test-First-Ansatz auf Ebene der Implementierung und entwicklungsnaher Komponententests an. Die grundsätzliche Vorgehensweise ist dabei der sogenannte Rot-Grün-Refactoring-Zyklus [ISTQB CTAL-ATT]:

Rot-Grün-Refactoring-Zyklus

- **Rot**
  Für eine neue oder gewünschte (kleine) Funktion zunächst einen Testfall erstellen und automatisieren bzw. für eine zu ändernde Funktion zunächst einen bestehenden Testfall ändern und hernach ausführen. Dieser Testfall sollte fehlschlagen, da die zu testende Funktion noch nicht existiert bzw. nicht mehr korrekt ist.
- **Grün**
  Den Programmcode schreiben und/oder verbessern, bis der Testfall erfolgreich durchläuft. Alle zugehörigen Testfälle (bspw. andere Regressionstests) ebenfalls durchführen, um abzusichern, dass keine unerwünschten Seiteneffekte eingebracht wurden.
- **Refactoring**
  Den Programmcode, das Design und die Testfälle refaktorieren, um die Wartbarkeit frühzeitig zu erhöhen. Nach Abschluss des Refactoring absichern, dass die Testfälle weiterhin wie erwartet erfolgreich durchlaufen.

Diese Vorgehensweise bringt einige wesentliche Vorteile mit sich, u. a.:

- Testen ist ein inhärenter Bestandteil der Entwicklungsaktivität.
- Testen findet nicht unter Zeitdruck statt.
- Der komplette Code ist testbar und wird (idealerweise) vollständig getestet. Fehlerzustände im Code können entweder vermieden oder in der gleichen Phase gefunden und eingedämmt werden, in der sie eingebracht wurden.
- Code und Testfälle sind synchron, Testfälle veralten nicht.
- Entwickler beschäftigen sich ausführlicher mit den Anforderungen. Testfälle werden eher gegen die (erwartete) Spezifikation als gegen den (tatsächlichen) Code implementiert. Die Testfälle repräsentieren gewissermaßen eine ausführbare Spezifikation.

ATDD und BDD folgen ebenso dem Test-First-Ansatz, sie wenden das Prinzip jedoch auf höheren Teststufen an und beginnen dabei sogar schon bei der Anforderungsdefinition.

Abnahmetestgetriebene Entwicklung

Bei ATDD werden die Abnahmetests inkl. Abnahmekriterien[7] während der Anforderungsanalyse von Businessanalysten, Product Owner, Testern und Entwicklern gemeinsam erstellt. Abnahmetestgetriebene Entwicklung ist ein kollaborativer Ansatz, bei dem das Team und die Kunden die kundeneigene Fachsprache benutzen, um die Anforderungen besser zu verstehen, Abnahmekriterien zu formulieren und daraus Abnahmetestfälle abzuleiten. Auf diese Weise wird frühzeitig die Grundlage für die Durchführung des Abnahmetests gelegt[8].

In der agilen Softwareentwicklung werden die Abnahmekriterien und die entsprechenden Abnahmetests für eine User Story vom ganzen Team gemeinsam vor der Implementierung der User Story entwickelt. Die Abnahmetests stellen hier in erster Linie ein Qualitätssicherungsinstrument des Product Owners dar und werden häufig zur Abnahme der User Story durch den Product Owner im Rahmen des Iterationsreviews durchgeführt. Wie bereits erwähnt sind frühzeitige und validierte Abnahmetests auch äußerst hilfreich für die Entwickler, denn sie repräsentieren eine ausführbare und damit äußerst präzise Variante der User Story. Der Spielraum für Annahmen und Interpretationen durch die Entwickler wird deutlich eingeschränkt.

Die Abnahmetests können auch im Laufe der Iteration automatisiert und als Regressionstests Teil einer kontinuierlichen Integration werden, sie können aber auch manuell als explorative Tests (siehe Abschnitt 3.3.1) durchgeführt werden. Abnahmetestgetriebene Entwicklung bedeutet also nicht zwingend den Einsatz von Testautomatisierung. Spätestens nach der Abnahme einer User Story sollten allerdings die zugehörigen Abnahmetests Teil einer automatisierten Regressionstestsuite werden.

Verhaltensgetriebene Entwicklung

Bei BDD wird eine domänenspezifische Sprache, die auf natürlichsprachigen Aussagen basiert, zur Erstellung von Anforderungen verwendet. Die eingesetzte domänenspezifische Sprache basiert dabei häufig auf dem »Gherkin«-Format (weitere Details dazu in Abschnitt 3.2.2).

Diese formal beschriebenen Anforderungen können aus Testsicht gleichzeitig auch die Abnahmetestfälle repräsentieren und als Grundlage für die Testautomatisierung dienen. BDD kann also genutzt werden, um Anforderungen, Abnahmekriterien und Abnahmetestfälle formal zu beschreiben und zu automatisieren und kann daher als »automatisiertes ATDD« angesehen werden.

---

7. Im Kontext des agilen Testens spricht man häufig auch von Akzeptanzkriterien und Akzeptanztests statt von Abnahmekriterien und Abnahmetests – was am grundsätzlichen Prinzip aber nichts ändert.
8. Die grundlegende, in diesem Buch beschriebene Idee der Einbindung der Tester in die Phase der Anforderungsdefinition und die gemeinsame Spezifikation von Abnahmekriterien zu den Anforderungen folgt im Wesentlichen der Idee der abnahmetestgetriebenen Entwicklung – auch wenn der Ansatz in der Praxis am ehesten im Kontext des agilen Testens verbreitet ist.

Mithilfe der domänenspezifischen Sprache werden die Anforderungen und Abnahmetests des Systems in der jeweiligen Fachsprache beschrieben. Dies hat den Vorteil, dass Businessanalysten sowie weitere, fachliche Stakeholder sehr gut in der Lage sind, diese Anforderungen und Abnahmetests zu lesen, zu verstehen und nachzuvollziehen. Gegebenenfalls können diese sogar selbst Anforderungen bzw. Testfälle erstellen, da dafür keine technische Expertise erforderlich ist. Durch geeignete Frameworks werden aus den Anforderungen und Abnahmetests dann ausführbare Testfälle erzeugt (diese Vorgehensweise folgt prinzipiell auch dem Ansatz des schlüsselwortgetriebenen Testens, siehe dazu auch Abschnitt 3.2.2).

ATDD und BDD ähneln sich.

Beide Ansätze binden das gesamte (agile) Team ein und helfen, die Entwicklungsaufwände auf die Unternehmensziele auszurichten. Die Ansätze behandeln die Abnahmetestfälle auch als »aktive Dokumentation« des Produkts, da diese von Businessanalysten und anderen Stakeholdern gelesen und verstanden werden können. Abnahmetestfälle stellen Szenarien für die Nutzung des Produkts dar. ATDD und BDD sind recht ähnlich, der Übergang zwischen den beiden Ansätzen ist fließend und nicht immer trennscharf, sodass die beiden Begriffe manchmal synonym verwendet werden. In der Praxis wird BDD mit der Verwendung von Gherkin zur Erstellung von Abnahmetests in Verbindung gebracht, während ATDD sich auf verschiedene Formen des textuellen oder grafischen Entwurfs von Abnahmetests stützt. Beispielsweise kann durch die grafische Darstellung der Arbeitsabläufe von Anwendungen ein visueller ATDD-Ansatz realisiert werden.

3 Abnahmekriterien, Abnahmetests und erfahrungsbasierte Praktiken

In diesem Kapitel werden die Aktivitäten und Aufgaben bei der Erstellung und dem Entwurf von Abnahmekriterien dargestellt. Es werden unterschiedliche Testvorgehensweisen vorgestellt und veranschaulicht, wie erfahrungsbasierte Testverfahren den Abnahmetest unterstützen können.

3.1 Abnahmekriterien erstellen

Die Identifikation und Spezifikation von Abnahmekriterien (für Anforderungen oder User Stories[1]) ist eine wichtige Aufgabe beim Abnahmetest und ein wesentlicher Bestandteil der Testanalyse. Abnahmekriterien sind eine Untermenge der Testbedingungen (siehe Abschnitt 2.2.2), sie stellen einerseits eine Verfeinerung der Anforderungen dar und bilden andererseits die Grundlage für den Entwurf der Abnahmetests.

Kollaboration erwünscht

Sowohl Businessanalysten als auch Tester haben somit ein hohes Interesse an qualitativ hochwertigen Abnahmekriterien. Die Erarbeitung der Abnahmekriterien ist eine kollaborative Aufgabe, bei der beide Rollen eng zusammenarbeiten und die Abnahmekriterien als gemeinsames Arbeitsergebnis beider Rollen verstanden werden sollten. Dies gewährleistet einen hohen geschäftlichen Nutzen der Abnahmetests und erhöht die Wahrscheinlichkeit einer erfolgreichen Abnahme und Freigabe des Produkts.

Die Kollaboration der beiden Rollen bei der Erstellung der Abnahmekriterien fördert die Kommunikation und die Erzielung eines gemeinsamen, konsistenten Verständnisses der Anforderungen. Sie unterstützt Businessanalysten und Tester dabei, über funktionale und nicht funktionale Merkmale (z.B. Performanz, IT-Sicherheit, Gebrauchstauglich-

1. Zur Erinnerung: Im Kontext von User Stories spricht man in der Praxis in der Regel eher von Akzeptanzkriterien als von Abnahmekriterien. Das grundsätzliche Prinzip ist aber dasselbe, weshalb wir in diesem Buch der Einfachheit halber den Begriff Abnahmekriterien verwenden und den Begriff Akzeptanzkriterien als Synonym dazu.

keit) aus der Stakeholder- oder Nutzungsperspektive nachzudenken und etwaige Unklarheiten auszuräumen. Durch diese frühzeitige Verifizierung und Validierung der entsprechenden Anforderung können Fehlerzustände (z.B. Inkonsistenzen, Widersprüche, Unklarheiten, fehlende Informationen oder andere Probleme) identifiziert und innerhalb der Phase eingedämmt werden. Dies verhindert unter anderem, dass Fehlerzustände in den Arbeitsergebnissen sich in nachfolgenden Aktivitäten bzw. Phasen des Entwicklungsprozesses fortpflanzen und zu Fehlerkostenmultiplikatoren (vgl. Abb. 2–2) werden.

Perspektivisches Lesen

Hierfür eignen sich beispielsweise bestimmte Reviewverfahren, insbesondere das perspektivische Lesen [ISTQB CTFL]. Dabei nutzen die Gutachter das vorliegende Arbeitsergebnis dazu, um daraus weitere Arbeitsergebnisse abzuleiten. Zum Beispiel kann ein Tester einen Entwurf für Abnahmetests durchführen, wenn er eine Anforderungsspezifikation einem perspektivischen Review unterzieht, um zu bewerten, ob alle notwendigen Informationen, Eigenschaften oder Qualitätskriterien in den jeweiligen Anforderungen enthalten sind.

Fallbeispiel

Abnahmekriterien zu einer Anforderung erstellen

Die folgende funktionale Anforderung A-02 wurde bereits spezifiziert (siehe Abschnitt 2.2.1):

Anforderung	
ID	**A-02**
Name	Handyvertrag mit selbst konfiguriertem Handytarif abschließen
Beschreibung	*CA-Cockpit* soll dem Kunden die Möglichkeit bieten, einen Handytarif mit Laufzeit selbst zu konfigurieren (mit individuellen Datenvolumen, Zusatzoptionen, Laufzeit und Zahlungsweise) und zu buchen.
Geschäftsprozess	**[GP-02b]** Handyvertrag abschließen (mit Laufzeit)

Die Anforderung wird im Zuge der Ableitung von Abnahmekriterien vom Businessanalysten und Tester analysiert und diskutiert; etwaige Unklarheiten werden aufgedeckt, sowohl aus der geschäftlichen Sicht als auch der Testsicht.

Hier könnte sich das gesamte Team (Businessanalyst, Tester und weitere, relevante Stakeholder) z.B. folgende Fragen stellen:

- Frage: Wie viele Handyverträge darf ein Kunde maximal abschließen?
  Antwort: Ein Kunde darf maximal drei Handyverträge abschließen.
- Frage: Welche konkreten Datenvolumen soll der Kunde buchen können?
  Antwort: Dem Kunden stehen die Datenvolumen 1 GB, 5 GB, 10 GB und Flat zur Verfügung.
- Frage: Gibt es auch Zusatzoptionen, die der Kunde buchen kann? Wenn ja, welche?
  Antwort: Es gibt die Zusatzoptionen Wunschrufnummer, International SMS und Video-Streaming, wobei Video-Streaming nur für das Datenvolumen Flat verfügbar ist.
- Frage: Welche Zahlungsweisen stehen einem Kunden zur Verfügung?
  Antwort: Es stehen die Zahlungsweisen Lastschrift und Kreditkarte zur Verfügung.

Die Abnahmekriterien sollten somit die Anforderung überdecken, ohne etwas hinzuzufügen, das nicht in der Anforderung spezifiziert ist bzw. dort erwähnt wird. Es sollten alle wichtigen Aspekte der Anforderung durch Abnahmekriterien beschrieben werden[2].

Die Anforderung sieht inkl. der Abnahmekriterien dann folgendermaßen aus:

Anforderung	
ID	**A-02**
Name	Handyvertrag mit selbst konfiguriertem Handytarif abschließen
Beschreibung	*CA-Cockpit* soll dem Kunden die Möglichkeit bieten, einen Handytarif mit Laufzeit selbst zu konfigurieren (mit individuellen Datenvolumen, Zusatzoptionen, Laufzeit und Zahlungsweise) und zu buchen.
Geschäftsprozess	**[GP-02b]** Handyvertrag abschließen (mit Laufzeit)

→

2. In diesem Fallbeispiel werden für die funktionalen Anforderungen auch nur funktionale Abnahmekriterien identifiziert. Etwaige nicht funktionale Aspekte werden an spätere Stelle (siehe Kap. 4) als eigenständige Anforderungen (bspw. Gebrauchstauglichkeitsanforderungen, Performanzanforderungen) inklusive nicht funktionaler Abnahmekriterien spezifiziert. Dies muss nicht immer so sein, es ist durchaus gängige Praxis, zu funktionalen Anforderungen auch nicht funktionale Abnahmekriterien zu definieren.

Anforderung		
Abnahmekriterien	**AK-02-01**	Der Kunde darf nicht mehr als drei aktive Handytarife besitzen.
	AK-02-02	Der Kunde soll aus den Datenvolumen 1 GB, 5 GB, 10 GB und Flat auswählen können.
	AK-02-03	Der Kunde soll aus den Zusatzoptionen Wunschrufnummer, International SMS und Video-Streaming auswählen können.
	AK-02-04	Die Zusatzoption Video-Streaming darf nur mit dem Datenvolumen Flat gewählt werden.
	AK-02-05	Der Kunde soll zwischen den Zahlungsweisen Lastschrift und Kreditkarte wählen können.
	AK-02-06	Ab dem Datenvolumen 10 GB ist ausschließlich Zahlung per Kreditkarte erlaubt.
	AK-02-07	Die Vertragslaufzeit soll zwischen einem und 36 Monaten frei wählbar sein.
	AK-02-08	Die Vertragslaufzeit muss mindestens 24 Monate betragen, wenn das Datenvolumen 10 GB oder Flat gewählt wurde.
	AK-02-09	Nach dem Vertragsabschluss erhält der Kunde eine Auftragsbestätigung mit allen relevanten Details zum Vertragsabschluss.

Gute Praktiken für Abnahmekriterien

Die folgenden guten Praktiken sollten berücksichtigt werden, um qualitativ hochwertige Abnahmekriterien zu definieren [Cohn 04]:

- **Testbarkeit**
  Abnahmekriterien werden prägnant und messbar formuliert. Jedes Abnahmekriterium muss in einer Weise spezifiziert werden, durch die ein Tester entscheiden kann, ob das Testobjekt das Abnahmekriterium erfüllt oder nicht.
- **Keine vorzeitigen Entwurfsentscheidungen**
  Abnahmekriterien enthalten keine Details der technischen Lösung. Sie konzentrieren sich auf die Frage »Was soll erreicht werden?« und nicht auf die Frage »Wie wird es erreicht?«
- **Vollständigkeit**
  Die Abnahmekriterien sollten sowohl funktionale als auch nicht funktionale Aspekte abdecken.

Wie auch die Anforderungen stellen die Abnahmekriterien selbst wichtige und eigenständige Arbeitsergebnisse dar. Als solche sollten sie genauso wie andere Arbeitsergebnisse auch qualitätssichernden Maßnahmen unterzogen werden. Da Abnahmekriterien üblicherweise in natürlicher Sprache spezifiziert sind, eignen sich insbesondere statische Testverfahren, vor allem Reviews, als Qualitätssicherungsverfahren. Wird eine strukturiertere Notationsform für die Spezifikation der Abnahmekriterien verwendet (bspw. eingeschränkte natürliche Sprache oder Satzschablonen) ist es sogar möglich, statische Analysewerkzeuge einzusetzen, um Struktur und Syntax der Abnahmekriterien zu überprüfen. Weitere Details zur Qualitätssicherung im Abnahmetest werden in Abschnitt 6.2.3 behandelt.

3.2 Abnahmetests entwerfen

3.2.1 Testvorgehensweisen und Testverfahren für den Abnahmetest

Basierend auf den in der Testanalyse spezifizierten Testbedingungen und Abnahmekriterien, werden im Testentwurf des Abnahmetests entsprechende Testfälle abgeleitet und spezifiziert.

Entwurf von Abnahmetests

Beim Entwurf der Abnahmetests werden basierend auf den Abnahmekriterien (die Testbedingungen repräsentieren) geeignete Testfälle entworfen. Die Testfälle können nicht nur für den Test genutzt werden, sie können auch den Entwicklern als Beispiele dienen und ihnen damit helfen, die Anforderung besser zu verstehen und zu implementieren. Hierfür ist es dann hilfreich, die Anforderungen, Abnahmekriterien und Abnahmetests in einer Sprache zu beschreiben, die für Businessanalysten, Tester und Entwickler gleichermaßen hilfreich und verständlich ist (siehe dazu nochmal die Details zur abnahmetestgetriebenen und verhaltensgetriebenen Entwicklung in Abschnitt 2.3.3). Für einen systematischen Testentwurf stehen je nach organisationsweiten und/oder projektspezifischen Vorgaben an das Testen unterschiedliche Methoden zur Verfügung. Diese Vorgaben werden typischerweise durch Teststrategien, Testvorgehensweisen sowie Testverfahren beschrieben:

Teststrategie, Testvorgehensweise und Testverfahren

Eine Teststrategie beschreibt allgemeine Anforderungen für das Testen und Details für die Durchführung von Tests in einer Organisation, d. h. eine allgemeine, eher abstrakte und projektübergreifende Beschreibung des Testprozesses. Typische Teststrategien sind [ISTQB CTFL]:

- **Analytisch**
  Bei der analytischen Teststrategie erfolgt der Entwurf der Tests auf der Analyse eines spezifischen Faktors. Ein solcher Faktor kann beispielsweise eine Anforderung oder ein Risiko sein. Folglich sind sowohl das anforderungsbasierte als auch das risikobasierte Testen Ausprägungen einer analytischen Teststrategie.

- **Modellbasiert**
  Bei der modellbasierten Teststrategie werden Tests oder Testmittel aus formalen Modellen entworfen. Die sogenannten Testmodelle formalisieren bestimmte Aspekte des zu testenden Systems, die modellbasiert getestet werden sollen, dies können Funktionen, nicht funktionale Merkmale, aber auch Geschäftsprozesse oder das Verhalten von Anwendungsfällen sein.
- **Methodisch**
  Bei der methodischen Teststrategie werden eine vordefinierte Menge von Tests, Checklisten mit möglichen relevanten Testbedingungen oder Fehlerwirkungen, Listen mit zu überdeckenden Qualitätsmerkmalen oder sonstige branchen- oder unternehmensspezifische Standards und/oder Checklisten verwendet, um Tests zu erhalten.
- **Prozesskonform (oder standardkonform)**
  Die prozess- oder standardkonforme Teststrategie basiert auf der Einbeziehung externer Vorschriften oder branchenspezifischer Normen in die Testanalyse, den Testentwurf und/oder die Testrealisierung. Oftmals ist bei einer regulatorischen Behörde nachzuweisen, dass die Aktivitäten des Testprozesses und/oder die daraus resultierenden Arbeitsergebnisse spezifischen Regularien entsprechen. Auch wenn Konformität zu unternehmensspezifischen Standards nachzuweisen ist, spricht man von einer prozess- oder standardkonformen Teststrategie.
- **Angeleitet (oder beratend)**
  Bei der angeleiteten oder beratenden Teststrategie wird externe Testexpertise in das Unternehmen, die Abteilung oder das aktuelle Testprojekt einbezogen. Dies kann sowohl durch die Beauftragung von Dienstleistern realisiert werden als auch durch Anleitung bzw. Anweisung von Fachexperten oder sonstigen Stakeholdern.
- **Regressionsvermeidend**
  Die regressionsvermeidende Teststrategie versucht den Wunsch umzusetzen, keinen Verlust in der Leistungsfähigkeit des Testens hinzunehmen. Dies wird beispielsweise durch eine konsequente Wiederverwendung der Testmittel erreicht. Insbesondere Testfälle und Testdaten, aber auch Testbibliotheken, Testschritte und Testumgebungen haben ein hohes Wiederverwendungspotenzial.
- **Reaktiv**
  Bei der reaktiven Teststrategie wird im Gegensatz zu den vorausschauenden Strategien versucht, auf Ereignisse, die während des Tests auftreten, zeitnah zu reagieren und nachfolgende Tests entsprechend den gewonnenen Erkenntnissen hinsichtlich des Testziels zu optimieren. Exploratives Testen ist eine konkrete Vorgehensweise einer reaktiven Teststrategie.

Eine Testvorgehensweise hingegen ist die Umsetzung einer Teststrategie in einem spezifischen Projekt, d.h. eine konkrete, projektspezifische Beschreibung des Testens. Die Testvorgehensweise passt somit die Teststrategie für ein bestimmtes Projekt an. Sie umfasst u.a. den Ausgangspunkt und die anzuwendenden Testverfahren auf den verschiedenen Teststufen in dem Projekt. Für den Abnahmetest sind insbesondere analytische, modellbasierte und reaktive Teststrategien/Testvorgehensweisen geeignet und werden in der Praxis auch häufig kombiniert eingesetzt.

Ein Testverfahren beschreibt die Vorgehensweise zur Identifikation und Definition von Testbedingungen sowie zum Entwurf von Testfällen und Testdaten. Testverfahren unterstützen die Tester somit von der Testanalyse bis zur Testrealisierung. Typische Kategorien von Testverfahren sind [ISTQB CTFL]:

- Blackbox-Testverfahren:
  - Äquivalenzklassenbildung
  - Grenzwertanalyse
  - Entscheidungstabellentest
  - Zustandsübergangstest
  - Anwendungsfallbasierter Test
- Whitebox-Testverfahren
- Erfahrungsbasierte Testverfahren (Details in Abschnitt 3.3):
  - Intuitive Testfallermittlung
  - Exploratives Testen
  - Checklistenbasiertes Testen

Häufig im Abnahmetest zu finden

Die folgenden konkreten Ausprägungen der Testvorgehensweisen und Testverfahren werden häufig im Abnahmetest eingesetzt:

- **Anforderungsbasiertes Testen** ist eine analytische Vorgehensweise und basiert auf der Analyse der Anforderungen und deren Abnahmekriterien. Die Testfälle werden aus den Abnahmekriterien abgeleitet, unterstützt durch Blackbox-Testverfahren wie die Äquivalenzklassenbildung, Grenzwertanalyse oder den Entscheidungstabellentest.
- **Risikobasiertes Testen** ist ebenfalls eine analytische Vorgehensweise und basiert auf der Analyse identifizierter Produktrisiken. Die Testfälle werden aus den Produktrisiken abgeleitet, um durch die Abnahmetests die Produktrisiken zu mindern und zu beherrschen. Die Intensität und Priorität der Tests basiert dabei auf den Risikotypen und den Risikostufen. Risikobasiertes Testen findet häufig in einem sicherheitskritischen Kontext statt.

- **Geschäftsprozessbasiertes Testen** ist eine modellbasierte Vorgehensweise, bei der Tester grafische oder textuelle Modelle verwenden, um daraus Testfälle abzuleiten [ISTQB CTFL-MBT]. In diesem Fall werden die Testfälle aus Geschäftsprozess- und Geschäftsregelmodellen abgeleitet, möglicherweise unterstützt durch Entscheidungstabellentests (Details in Abschnitt 5.4.2).
- **Erfahrungsbasiertes Testen** ist eine reaktive oder methodische Vorgehensweise und nutzt die Erfahrung, das Wissen und die Intuition des Testers. Die Testfälle werden vor der Testdurchführung nicht systematisch aus der Testbasis abgeleitet, vielmehr werden die Tests während der Testdurchführung entworfen, realisiert und umgehend ausgeführt (Details in Abschnitt 3.3).

Kombination von Testvorgehensweisen und -verfahren

Die verschiedenen Testvorgehensweisen und Testverfahren ergänzen sich gegenseitig und gewährleisten ein effektives Testen. In einem Projekt werden demnach häufig Kombinationen der Vorgehensweisen und Verfahren eingesetzt. Die so entworfenen Abnahmetests sollten dabei immer den Zweck erfüllen, die Abnahmekriterien zu überdecken und zu verifizieren. Durch eine Verfolgbarkeit zwischen den Anforderungen, den Testbedingungen bzw. Abnahmekriterien sowie den zugehörigen Testfällen kann die Überdeckung sichergestellt und im Projektverlauf gesteuert werden. Des Weiteren ermöglicht eine durchgehende Verfolgbarkeit eine bessere Überwachung und Steuerung des Teststatus und -fortschritts sowie eine Auswirkungsanalyse bei Änderungen in der Testbasis.

Fallbeispiel

Testfälle zu den Abnahmekriterien

Anforderung A-01 ist inklusive der Abnahmekriterien wie folgt spezifiziert:

Anforderung	
ID	**A-01**
Name	Handyvertrag mit vorkonfiguriertem Handytarif abschließen
Beschreibung	*CA-Cockpit* soll dem Kunden die Möglichkeit bieten, aus den vorkonfigurierten Handytarifen mit Laufzeit einen Handytarif auszuwählen und zu buchen.
Geschäftsprozess	**[GP-02b]** Handyvertrag abschließen (mit Laufzeit)

→

Anforderung		
Abnahmekriterien	**AK-01-01**	Der Kunde darf nicht mehr als drei aktive Handyverträge besitzen.
	AK-01-02	Der Kunde soll aus den vorkonfigurierten Handytarifen S, M, L, XL auswählen können.
	AK-01-03	Ab dem Handytarif L ist ausschließlich Zahlung per Kreditkarte erlaubt.
	AK-01-04	Die Vertragslaufzeit soll zwischen einem und 36 Monaten frei wählbar sein.

Für das Abnahmekriterium AK-01-02 von Anforderung A-01 werden unter Anwendung geeigneter Testverfahren u.a. folgende Testfälle entworfen:

Testfall	
ID	**TF-01**
Name	Handytarif S buchen
Abnahmekriterium	**AK-01-02**

Testfall	
ID	**TF-02**
Name	Handytarif M buchen
Abnahmekriterium	**AK-01-02**

Testfall	
ID	**TF-03**
Name	Handytarif L buchen
Abnahmekriterium	**AK-01-02**

Testfall	
ID	**TF-04**
Name	Handytarif XL buchen
Abnahmekriterium	**AK-01-02**

Testfall	
ID	**TF-05**
Name	Nicht vorkonfigurierten Handytarif buchen (Negativtest)
Abnahmekriterium	**AK-01-02**

3.2.2 Testfälle mit der Gherkin-Sprache erstellen

Bei der verhaltensgetriebenen Entwicklung (und u.U. auch bei der abnahmetestgetriebenen Entwicklung) werden Abnahmetests in einer formalen, domänenspezifischen Sprache beschrieben. Hierfür wird häufig das sogenannte Gherkin-Format eingesetzt, wodurch Testfälle deklarativ nach einem standardisierten Muster unter Verwendung bestimmter Schlüsselwörter beschrieben werden:

```
Feature: [eine Beschreibung des Features]
  Scenario: [eine Beschreibung des Szenarios]
    Given [eine Situation]
    When [eine Aktion erfolgt]
    Then [wird ein Ergebnis erwartet]
```

Given-When-Then

Das erste Schlüsselwort ist immer *Feature*, es stellt eine High-Level-Beschreibung des entsprechenden Features dar, d.h. der zu testenden Funktion. Zu jedem Feature kann durch das Schlüsselwort *Scenario* ein oder mehrere Szenarien beschrieben werden. Das Szenario repräsentiert hierbei einen konkreten Testfall, der durch die Kombination der Schlüsselwörter *Given-When-Then* spezifiziert wird.

Das Schlüsselwort *Given* beschreibt die Vorbedingung(en) des Testfalls, d.h. den Zustand, in dem sich das Testobjekt befinden muss, bevor eine Aktion auf dem Testobjekt ausgeführt werden kann. Das Schlüsselwort *When* beschreibt dann die auszuführende fachliche bzw. logische Aktion auf dem Testobjekt. Das Schlüsselwort *Then* beschreibt das erwartete Verhalten bzw. die erwartete Reaktion des Testobjekts, nachdem die Aktion ausgeführt wurde.

Beim Abnahmetest beziehen sich die beschriebenen Aktionen dabei häufig auf solche, die ein Benutzer auf dem System ausführen kann. Diese Aktionen müssen jedoch nicht zwangsläufig über die Benutzungsschnittstelle ausgeführt werden, sondern können über andere Schnittstellenarten mit dem System interagieren (z.B. Programmierschnittstelle, Protokollschnittstelle, Kommandozeile).

Die Schlüsselwörter werden meistens in Englisch verwendet, es gibt jedoch auch Implementierungen mit deutschen Schlüsselwörtern (*Gegeben sei*, *Wenn*, *Dann*). Verschiedene Frameworks verwenden bzw. implementieren die Gherkin-Sprache[3] (z.B. Cucumber [URL: Cucumber], JBehave [URL: jBehave], Behat [URL: Behat], Serenity BDD [URL: Serenity]) und ermöglichen es, aus den natürlichsprachigen Beschreibungen ausführbare Testfälle zu generieren. Andere Frameworks bieten ähnli-

3. Die Gherkin-Sprache umfasst neben den vorgestellten Schlüsselwörtern noch einige weitere Schlüsselwörter, die in diesem Kontext jedoch nicht alle betrachtet werden.

che Möglichkeiten, nutzen dabei aber andere Arten von formalen Beschreibungen (z.B. FitNesse [URL: FitNesse]).

Fallbeispiel

Testfall mit Gherkin

Das Team setzt BDD ein und spezifiziert mit der Gherkin-Sprache automatisierte Testfälle. Basierend auf den Anforderungen und Abnahmekriterien werden entsprechende natürlichsprachige Skripte implementiert (hier am Beispiel von Cucumber [URL: Cucumber]):

```
Feature: Kunde schließt einen Handyvertrag mit vorkonfiguriertem
Handytarif ab.

Scenario: Handytarif S buchen
   Given der Kunde hat 0 aktive Handyverträge
   When der Kunde den Handytarif S bucht
   Then der Kunde hat danach 1 aktive Handyverträge

Scenario: Handytarif M buchen
   Given der Kunde hat 1 aktive Handyverträge
   When der Kunde den Handytarif M bucht
   Then der Kunde hat danach 2 aktive Handyverträge

Scenario: Handytarif L buchen
   Given der Kunde hat 2 aktive Handyverträge
   When der Kunde den Handytarif L bucht
   Then der Kunde hat danach 3 aktive Handyverträge

Scenario: Handytarif XL buchen
   Given der Kunde hat 1 aktive Handyverträge
   When der Kunde den Handytarif XL bucht
   Then der Kunde hat danach 2 aktive Handyverträge

Scenario: Nicht vorkonfigurierten Handytarif buchen (Negativtest)
   Given der Kunde hat 1 aktive Verträge
   When der Kunde den Handytarif Unbekannt bucht
   Then der Kunde hat danach 1 aktive Verträge
```

Die Implementierung der Funktionalität, die über die Schlüsselwörter spezifiziert wird, erfolgt dann über sogenannte *Step Definitions*. Dies sind Java-Methoden, die mit den Gherkin-Steps in dem Szenario verknüpft und entsprechend implementiert werden.

```
@Given("der Kunde hat {anzahl} aktive Verträge")
public void anzahl_vertraege_pruefen(int anzahl) {
    // Hier wird der Code implementiert
}

@When("der Kunde den Handytarif {tarif} bucht")
public void handytarif_buchen(String tarif) {
    // Hier wird der Code implementiert
}

@Then("der Kunde hat danach {anzahl} aktive Verträge")
public void anzahl_vertraege_pruefen(int anzahl) {
    // Hier wird der Code implementiert
}
```

Testfälle, die durch dieses standardisierte natürlichsprachige Muster beschrieben werden, können von allen relevanten Stakeholdern verstanden und geteilt werden. Businessanalysten, Tester und Entwickler arbeiten somit auf einer gemeinsamen Sprache und dem gleichen Arbeitsergebnis.

Durch die formalisierte, de facto standardisierte Struktur der Gherkin-Sprache können in diesem Format beschriebene Testfälle mit statischen Analysewerkzeugen automatisiert analysiert werden. Zudem können mithilfe entsprechender Werkzeuge ausführbare Testskripte automatisiert abgeleitet werden, die dem grundlegenden Prinzip des schlüsselwortgetriebenen Testens entsprechen.

Schlüsselwortgetriebenes Testen

Schlüsselwortgetriebenes Testen ist ein Ansatz für die Testautomatisierung. Dabei werden in den Testfällen die durchzuführenden Aktionen durch Schlüsselwörter (auch Aktionswörter genannt) beschrieben. Die Schlüsselwörter werden durch ein Testautomatisierungswerkzeug verarbeitet und die Testfälle entsprechend ausgeführt. Dieser Ansatz erfordert Erfahrung in der Verwendung der Skriptsprache und der Implementierung von Schlüsselwörtern als ausführbare Skripte (z.B. ein Entwickler oder Tester mit Programmierkenntnissen). Es können aber auch Tester beitragen, die mit der Skriptsprache nicht vertraut sind, indem sie Testdaten und/oder Schlüsselwörter a priori identifizieren und definieren (die dann von technisch versierten Rollen implementiert werden) oder erstellen.

Durch diesen Ansatz können Businessanalysten, Tester und Entwickler gemeinsam automatisierte Testfälle erstellen. Die fachlichen Aspekte werden von der technischen Implementierung getrennt, wodurch Businessanalysten in die Lage versetzt werden, selbst ausführbare Testfälle zu erstellen, ohne sich mit technischen Implementierungsdetails auskennen zu müssen. Diese Entkopplung von Logik und Technik erhöht außerdem die Wartbarkeit der automatisierten Tests, z.B. haben dadurch rein technische Änderungen am Testobjekt nicht unbedingt Auswirkungen auf die fachliche Beschreibung der Testfälle.

3.3 Erfahrungsbasierte Ansätze für den Abnahmetest

Bei erfahrungsbasierten Testverfahren werden die Testfälle ausschließlich aus den Kenntnissen, dem Wissen und der Intuition des Testers heraus entwickelt sowie aus seiner Erfahrung mit dem Testobjekt oder ähnlichen Anwendungen und Technologien. Typische erfahrungsbasierte Testverfahren sind intuitive Testfallermittlung, exploratives Testen und checklistenbasiertes Testen:

Ausprägungen der erfahrungsbasierten Verfahren

- Die **intuitive Testfallermittlung** ist ein Verfahren, bei dem der Tester das Auftreten von Fehlhandlungen, Fehlerzuständen und Fehlerwirkungen aufgrund seines Wissens vermutet und entsprechende Test entwirft und durchführt.
- **Exploratives Testen** ist ein Verfahren, bei dem Tests während der Testdurchführung dynamisch entworfen und ausgeführt werden.
- Das **checklistenbasierte Testen** ist ein Verfahren, bei dem der Tester die Tests auf Basis einer Checkliste entwirft und durchführt mit dem Ziel, alle Punkte der Checkliste abzudecken.

Als Ergänzung zu systematischen Verfahren

Abhängig vom gewählten Ansatz und der Erfahrung des Testers können diese Testverfahren stark unterschiedliche Überdeckungen und Effizienz erreichen. Die Überdeckung ist bei diesen Verfahren schwerer zu beurteilen als bei den systematischen Testverfahren und möglicherweise gar nicht messbar. Diese Testverfahren können Testfälle identifizieren, die durch andere systematischere Verfahren nicht so leicht zu identifizieren wären, und bilden somit eine gute Ergänzung zu den systematischen Blackbox- und Whitebox-Testverfahren. Grundsätzlich sind alle erfahrungsbasierten Testverfahren für den Abnahmetest relevant. In diesem Kapitel wird erklärt, wie insbesondere das explorative Testen sowie Beta-Tests[4] für den Abnahmetest verwendet werden können.

4. Beta-Tests sind kein Testverfahren im eigentlichen Sinne, sondern eine Art des Abnahmetests. Beta-Tests und exploratives Testen basieren jedoch beide sehr stark auf der individuellen Sicht und der Erfahrung des Testers bzw. Anwenders, weswegen sie hier gemeinsam vorgestellt werden.

3.3.1 Exploratives Testen

Das explorative Testen ist ein erfahrungsbasiertes Testverfahren und zählt zu den reaktiven Testvorgehensweisen. Beim explorativen Testen werden informelle (nicht vordefinierte) Tests während der Testdurchführung dynamisch entworfen, ausgeführt, aufgezeichnet und ausgewertet. Die Testergebnisse werden genutzt, um mehr über das Testobjekt zu erfahren (das Testobjekt also zu explorieren) und um Tests für die Bereiche zu vertiefen, die mehr Tests erfordern.

Im Gegensatz zu den systematischen Testverfahren (Blackbox- und Whitebox-Testverfahren) werden beim explorativen Testen also die Testfälle vor der Testdurchführung nicht systematisch aus der Testbasis abgeleitet und spezifiziert, sondern »entstehen« erst ad hoc während der Testdurchführung. Diese Vorgehensweise ist insbesondere geeignet, wenn eine oder beide der folgenden Randbedingungen gegeben sind:

- **Ungenügende Testbasis**
  Dem Tester steht keine oder nur eine nicht ausreichend spezifizierte Testbasis zur Verfügung, die Anforderungen an das Testobjekt sind entweder nicht oder lückenhaft oder weniger formal spezifiziert. Der Tester kann also nicht (ausschließlich) gegen die Testbasis testen, eine reine analytische Testvorgehensweise wäre hier nicht ausreichend.
- **Wenig Zeit für die Vorbereitung**
  Dem Tester steht wenig oder keine Zeit zur Vorbereitung der Testdurchführung (d.h. für Testanalyse, Testentwurf und Testrealisierung) zur Verfügung oder es gibt einen besonderen Zeitdruck für das Testen. Die Aktivitäten der Testanalyse, des Testentwurfs und der Testrealisierung müssen gemeinsam mit bzw. während der Testdurchführung erfolgen.

Speziell in der agilen Softwareentwicklung sind beides typische Randbedingungen, sodass exploratives Testen hier häufig gewinnbringend eingesetzt wird. Hinzu kommt, dass die Tester inhärenter Teil des agilen Teams sind und häufig umfangreiche Kenntnis über und Erfahrung mit dem Testobjekt haben, was ideale Voraussetzungen für den Einsatz erfahrungsbasierter Testverfahren bildet. Typischerweise führen die Tester während des explorativen Testens folgende Aufgaben aus:

1. **Testobjekt kennenlernen**
   Der Tester gewinnt einen Überblick über das Testobjekt, er versteht, wie es aufgebaut ist und prinzipiell funktioniert und welche Bereiche interessant sein könnten (z.B. neue oder geänderte Funktionen) – er erforscht das Testobjekt.

2. **Tests entwerfen**
   Der Tester entwickelt basierend auf seiner Erfahrung (und ggf. einer vorbereiteten Test-Charta, s.u.) Testideen – mentale, informelle Testbedingungen – und entwirft entsprechende Tests. Hierbei können weitere, einfache Hilfsmittel wie Notizen, Skizzen oder Checklisten zur Unterstützung eingesetzt werden.
3. **Tests durchführen**
   Der Tester führt diese Tests umgehend aus und sammelt die Ergebnisse (z.B. Abweichungen, Fehlerwirkungen) sowie seine Erkenntnisse und Eindrücke.
4. **Testergebnisse interpretieren**
   Der Tester diskutiert die Ergebnisse gemeinsam mit den Businessanalysten und Entwicklern und definiert die nächsten Schritte.

Der zweite und dritte Schritt (Tests entwerfen und durchführen) werden dabei iterativ ausgeführt: Die Erkenntnisse und Eindrücke, die der Tester bei der Testdurchführung sammelt, helfen dabei, neue Testideen zu entwickeln, weitere Tests zu entwerfen und diese dann auszuführen.

Aufbau eines mentalen Modells

Bei diesem Vorgehen baut sich der Tester während der Testdurchführung ein mentales Modell über das Testobjekt auf und reichert dieses durch die Erkenntnisse während der Testdurchführung immer weiter an. Anstelle einer formalen Testbasis testet er dann gegen dieses mentale Modell. Bei der Anwendung von erfahrungsbasierten Testverfahren werden die Testfälle aus den Kenntnissen und der Intuition des Testers heraus entwickelt sowie aus seiner Erfahrung mit ähnlichen Anwendungen und Technologien. Diese Verfahren können damit Testfälle identifizieren, die durch andere systematischere Verfahren nicht so leicht zu identifizieren sind.

Herausforderungen beim explorativen Testen

Die Vorgehensweise ist damit abhängig vom Ansatz und der Erfahrung des jeweiligen Testers. Durch diese Personenabhängigkeit können die Tests je nach Tester unterschiedlich ausfallen. Dies kann jedoch sogar ein Vorteil darstellen, da die Tests nicht immer nach denselben Testschritten durchgeführt werden und die Kreativität des Testers weitere Erkenntnisse bringen kann. Neben der Personenabhängigkeit gibt es weitere Herausforderungen des explorativen Testens:

- **Reproduzierbarkeit**
  Die Testausführung ist ggf. schwer nachzuvollziehen und zu reproduzieren (z.B. die genauen Schritte zur Reproduktion einer Fehlerwirkung).

- **Überdeckung**
  Die Überdeckung ist schwer zu beurteilen und möglicherweise nicht messbar. Eine Verfolgbarkeit zwischen Testbasis und Testergebnissen ist ggf. nicht darstellbar.
- **Dokumentation**
  Möglicherweise vorhandene Dokumentationspflichten (z.B. Protokollierung, Nachweiserbringung) lassen sich eventuell schwerer einhalten.

Explorativ heißt nicht planlos.

Trotz dieser Herausforderungen hat exploratives Testen nichts mit Chaos zu tun, die Vorgehensweise funktioniert dann gut, wenn sie einen gewissen planerischen Rahmen erhält. Hierfür empfiehlt es sich, eine Test-Charta zu verwenden. Die Test-Charta enthält Informationen über den Zweck, das Ziel und den Umfang des explorativen Tests, den Testaufbau, die Dauer der Tests und möglicherweise auch über einige während des Tests zu verwendenden Taktiken (z.B. die Art des Benutzers, die während der explorativen Testsitzung simuliert werden soll).

Test-Charta

Eine Test-Charta kann somit die folgenden Informationen enthalten [ISTQB CTFL-AT]:

- **Akteur**
  der vorgesehene Nutzer des Systems
- **Zweck**
  Angabe von Testziel und Testbedingungen
- **Setup**
  Was muss vorhanden sein, um die Testdurchführung zu beginnen
- **Priorität**
  der relative Stellenwert dieser Charta auf Grundlage der Priorität der zugehörigen User Story oder Risikostufe
- **Referenz**
  Spezifikationen (z.B. User Story), Risiken oder andere Informationsquellen
- **Daten**
  jegliche Daten, die benötigt werden, um die Charta durchzuführen
- **Aktivitäten**
  eine Liste von Testideen, was der Akteur mit dem System vielleicht tun will (z.B. als »Superuser« ins System einloggen) und was für Tests interessant wären (sowohl Positiv- als auch Negativtests)

- **Orakel-Notizen**
  Wie soll das Produkt beurteilt werden, um zu bestimmen, was korrekte Ergebnisse sind (z.B. um zu erfassen, was auf dem Bildschirm passiert, und dies mit dem zu vergleichen, was im Nutzerhandbuch steht)
- **Variationen**
  alternative Aktionen und Auswertungen, um die Ideen zu ergänzen, die unter Aktivitäten beschrieben sind

Die Definition einer guten Test-Charta hat wesentlichen Einfluss auf den Erfolg des explorativen Testansatzes. Der Zweck, und damit das eigentliche Testziel, sollte dabei weder zu generisch noch zu spezifisch sein. Zu spezifisch bedeutet, dass der Tester möglicherweise zu wenig Raum hat, um unerwartete Beobachtungen machen zu können. Zu generisch bedeutet, dass der Fokus möglicherweise zu vage ist und der Tester Zeit verschwendet [Gregory & Crispin 15].

Fallbeispiel

Test-Charta

Das Team führt explorative Tests durch und definiert für die Testsitzungen Test-Chartas. Zur Definition der Test-Chartas nutzt das Team ein einfache, in der Praxis verbreitete Vorlage nach Hendrickson [Hendrickson 14]:

```
Erforschen von <Ziel>
mit <Hilfsmittel>
um <Informationen> zu finden.
```

Demnach könnten Test-Chartas für verschiedene Testsitzungen zu der spezifizierten Anforderung »Kunde schließt einen Handyvertrag mit selbst konfiguriertem Handytarif ab« (siehe Abschnitt 2.2.1) folgendermaßen aussehen:

```
Erforschen der Buchung von Handytarifen
mit den verfügbaren Handytarifen
um die Buchung der möglichen Konfigurationen von Handytarifen zu
ermöglichen.

Erforschen der Buchung von Handytarifen
mit verschiedenen Bonitätsstufen von Kunden
um die korrekte Bonitätsprüfung der Kunden sicherzustellen.
```

Sitzungsbasiertes Testen

Noch einen Schritt weiter geht der Ansatz des sitzungsbasierten Testens. Dabei werden explorative Tests innerhalb einer Testsitzung, d.h. eines definierten, festen Zeitfensters (Timebox), durchgeführt. Dabei nutzt der Tester die Test-Charta mit Testzielen, die ihn beim Testen anleiten. Der Tester kann Sitzungsblätter (Session Sheets) verwenden, um leichtgewichtig die ausgeführten Schritte zu protokollieren und die Ergebnisse zu dokumentieren. Das Timeboxing der Sitzungen hilft, die Zeit und den Aufwand für die explorative Testsitzung zu steuern. Darüber hinaus ist es empfehlenswert, explorative Tests paarweise oder in Teamarbeit durchzuführen, z.B. können zwei Tester oder ein Tester und ein Businessanalyst gemeinsam die Testsitzung durchführen.

Unterschiedliche Sitzungsarten

Grundsätzlich lassen sich drei verschiedenen Arten von Testsitzungen unterscheiden [ISTQB CTFL-AT]:

1. **Überblickssitzung**
   Bei einer Überblickssitzung liegt das primäre Ziel des Explorierens (also des Erkundens) des Testobjekts darin, sich mit dem Testobjekt vertraut zu machen. Auch Überblickssitzungen sollten stets zeitbegrenzt sein, um fokussiert zu bleiben. Des Weiteren ist es ratsam, zielorientiert vorzugehen. Das bedeutet, dass vorab festgelegt werden sollte, welche Funktionen oder Funktionsgruppen des Testobjekts man erkunden möchte. Dies dient ebenfalls dazu, sich nicht in einer potentiell zu großen Menge an möglicher zu explorierender Funktionalität zu verlieren. Insbesondere bei neuen Testobjekten (oder neuen Teammitgliedern) werden zunächst Überblickssitzungen durchgeführt, bis die Tester sich so vertraut mit dem Testobjekt fühlen, um mehr in die Tiefe zu gehen und das Testobjekt explorativ zu testen.

2. **Analysesitzung**
   Eine Analysesitzung ist die eigentlich Testsitzung, in der die Tester das Testobjekt auf funktionale oder nicht funktionale Eigenschaften hin überprüfen. Analysesitzungen schließen sich in der Regel an Überblickssitzungen an, bzw. zwischen diesen beiden Sitzungen herrscht oftmals auch ein fließender Übergang. Bei den Analysesitzungen wird in der Regel so vorgegangen wie eingangs in diesem Kapitel beschrieben. Üblicherweise ist exploratives Testen mit der Durchführung von Analysesitzungen gleichzusetzen.

3. **Überdeckungssitzung**
   Die Überdeckungssitzung ist eine spezielle Form der Analysesitzung, in der bestimmte bekannte Aspekte des Testobjekts gezielt exploriert werden sollen. Dazu zählen beispielsweise Ausnahmesituatio-

nen oder bestimmte geschäftskritische Szenarien. Das Besondere an Überdeckungssitzungen ist, dass die zu überdeckenden Aspekte klar identifiziert sind und somit auch deren Überdeckung gemessen werden kann.

Fallbeispiel
Session Sheet

Das Team dokumentiert die Testsitzungen mithilfe von Session Sheets und hat sich dazu entschieden, diese im Projekt-Wiki zu organisieren. Ein Session Sheet für eine der Testsitzungen könnte dabei folgendermaßen aussehen:

Session Sheet

Erstellt von Florian Fieber vor Kurzem

Testsitzung: Erforsche die Buchung von Handytarifen

Sprint: 42

Dauer: 60 Minuten

Setup:

- Browser: Firefox
- Test-Kunde: Tim Tester, Kundennr. K-0123456, ohne aktive Verträge
- Konfigurierte Handytarife: S, M, L, XL

Notizen:

- Handyverträge mit Handytarifen S, L und M für Kunden angelegt (drei aktive Handyverträge)
- Ein vierter Handyvertrag konnte nicht angelegt werden

Probleme:

- Anzahl der aktiven Verträge wird dem Kunden nicht angezeigt
- Ein neu angelegter Handyvertrag wird im Kundenkonto erst nach einem erneuten Login angezeigt

---

In der agilen Softwareentwicklung können explorative Testsitzungen während einer Iteration vom Product Owner und/oder den Testern als Abnahmetest der für die Iteration vorgesehenen User Stories durchgeführt werden.

Exploratives Testen ist eine sinnvolle Ergänzung zu den formaleren und systematischen Abnahmetestverfahren. Es können Fehlerwirkungen gefunden werden, die durch die systematischen Testverfahren übersehen werden. Weiterhin kann exploratives Testen auch verwendet werden, um schnell Feedback zu neuen Features zu bekommen, noch bevor systematisch getestet wird (sog. Smoke-Tests).

3.3.2 Beta-Tests

Beta-Tests sind eine Art von Abnahmetests, die durchgeführt werden, um Feedback vom Markt zu erhalten, nachdem die Entwicklung und die Tests innerhalb der Herstellerorganisation abgeschlossen sind. Während bei sequenziellen Softwareentwicklungsmodellen der Beta-Test eher einen abschließenden Test des vollständigen Systems darstellt, kann in agilen Entwicklungsmodellen ein Beta-Test auch innerhalb der Iterationen für ausgewählte User Stories erfolgen.

Häufig für COTS-Software

Beta-Tests werden häufig für kommerzielle Standardsoftware (COTS – Commercial off-the-shelf) oder für Software-as-a-Service-Plattformen verwendet. Diese Produkte werden in der Regel in sehr vielen unterschiedlichen Produktivumgebungen betrieben und es kann für die Herstellerorganisation sehr kostenintensiv oder gar unmöglich sein, die vielen Varianten der Produktivumgebung im Systemtest nachzubilden.

Im Gegensatz zu anderen Arten des Abnahmetests (z. B. Benutzerabnahmetests, Alpha-Tests) werden Beta-Tests von potenziellen oder tatsächlichen Benutzern an ihrem eigenen Standort durchgeführt und nicht am Standort der Herstellerorganisation. Bei einem Beta-Test werden in der Regel weder vordefinierte Testabläufe noch eine Test-Charta vorgegeben, vielmehr können die Benutzer das System in ihrer täglichen Arbeit im Kontext ihrer Geschäftsprozesse nutzen. Abgesehen von den beobachteten Befunden werden die Testaktivitäten dabei in der Regel nicht dokumentiert. Damit ähnelt der Beta-Test in gewisser Weise einem leichtgewichtigen externen explorativen Test. Die Behebung von Problemen, die bei Beta-Tests festgestellt wurden, hilft Unternehmen, kostspielige Hotfixes oder Produktrückrufe in größerem Umfang zu vermeiden.

Bei einem Beta-Test wird das Produkt von den tatsächlichen Benutzern in unterschiedlichen, realistischen Konfigurationen und Szenarien getestet. Dadurch können Fehler gefunden werden, die während des Entwicklungsprozesses und in früheren Teststufen nicht gefunden wurden. Die Behebung von Problemen, die bei Beta-Tests festgestellt wurden, hilft Unternehmen, kostspielige Hotfixes oder Produktrückrufe in größerem Umfang zu vermeiden.

Fallbeispiel

Beispiel für Beta-Test

Die neue Version von CA-Cockpit wird vor dem Release einem Beta-Test unterzogen. Die Beta-Version des neuen Releases wird parallel zur aktuellen Version für ausgewählte Mitarbeiter und Kunden freigeschaltet.

Die ausgewählten Mitarbeiter sind sehr erfahren im Umgang mit dem System, sie besitzen viel Wissen über das System (sie sind sogenannte *Key-User*) und übernehmen auch die Einarbeitung und Schulung der Kollegen. Die Key-User nutzen die Beta-Version in ihrer täglichen Arbeit über einen Zeitraum von zwei Wochen. Das System wird dadurch getestet, indem die Key-User reguläre Geschäftsprozesse durchführen. Der Entwurf spezifischer Testfälle ist dafür nicht erforderlich. Als Kunden werden ausgewählte Mitarbeiter des Unternehmens eingesetzt.

Das System gilt als abgenommen, wenn innerhalb der zwei Wochen keine schweren bzw. nicht akzeptablen Fehlerwirkungen durch die Key-User bzw. Kunden beobachtet werden.

Beta-Tests sind in der Regel nicht systematisch.

Abnahmetests sollten nicht auf Beta-Tests beschränkt sein. Beta-Tests sind in der Regel nicht systematisch und eine Überdeckung der Anforderungen ist nur schwer messbar. Es kann nicht garantiert werden, dass alle Anforderungen von den Beta-Tests abgedeckt werden. Darüber hinaus werden Beta-Tests eher später im Entwicklungsprozess bzw. der Iteration durchgeführt, während Tests, die auf Abnahmekriterien basieren, eher früher erfolgen und das Prinzip des frühen Testens unterstützen.

4 Nicht funktionale Anforderungen im Abnahmetest

Funktionalität ist für die meisten Stakeholder das offensichtlichste Merkmal eines abzunehmenden Produkts. Dass Funktionalität jedoch nicht alles ist, sollte jedem bewusst sein, der schon einmal Frustration bei der Bedienung eines Systems über dessen Benutzungsschnittstelle empfunden oder sich über gestohlene persönliche Daten wie Kreditkarteninformationen und/oder Zugangsdaten erschrocken oder geärgert hat. Die nicht funktionalen Anforderungen eines Produkts können einen großen Einfluss darauf haben, wie ein Benutzer (also der Kunde oder Anwender) die Arbeit mit dem Produkt erlebt, d.h., ob das Produkt erfolgreich ist oder gar vollständig abgelehnt wird. In diesem Kapitel werden die für den Benutzerabnahmetest wichtigsten nicht funktionalen Anforderungen diskutiert und es wird beschrieben, wie der Abnahmetest den Umgang mit den dazugehörigen Abnahmekriterien unterstützt.

4.1 Nicht funktionale Qualitätsmerkmale und Nutzungsqualität

Die Qualität eines Softwaresystems ist definiert als die Erfüllung von Anforderungen. Es gibt jedoch nicht per se *die* Qualität, sprich, Qualität ist kein einzelner Aspekt, sondern beschreibt sich durch eine Menge von einzelnen Qualitätsmerkmalen, die auf unterschiedliche Aspekte eines Softwaresystems abzielen, beispielsweise Performanz oder Gebrauchstauglichkeit. Jedes einzelne Qualitätsmerkmal trägt einen Teil zur gesamten Qualität des Softwaresystems bei, indem für die relevanten Qualitätsmerkmale entsprechende Anforderungen definiert werden, deren Erfüllung zu dem angestrebten Qualitätsniveau beitragen. Anforderungen können jedoch nur erfüllt werden, wenn sie testbar sind, d.h., es eindeutig nachweisbar ist, ob die Anforderungen erfüllt wurden oder nicht. Zu diesem Zweck werden messbare Abnahmekriterien bestimmt, die wiederum die Grundlage für Abnahmetests bilden. Die Ergebnisse der Abnahmetests liefern Erkenntnisse über der Erfüllungsgrad der überdeckten Anforderungen eines Qualitätsmerkmals. Aus dem Erfüllungsgrad aller Qualitätsmerkmale ergibt sich wiederum ein Abbild der Qualität des Softwaresystems. Abbildung 4–1 illustriert diesen Zusammenhang.

Abb. 4–1
Zusammenhang von Qualität, Qualitätsmerkmalen und Anforderungen

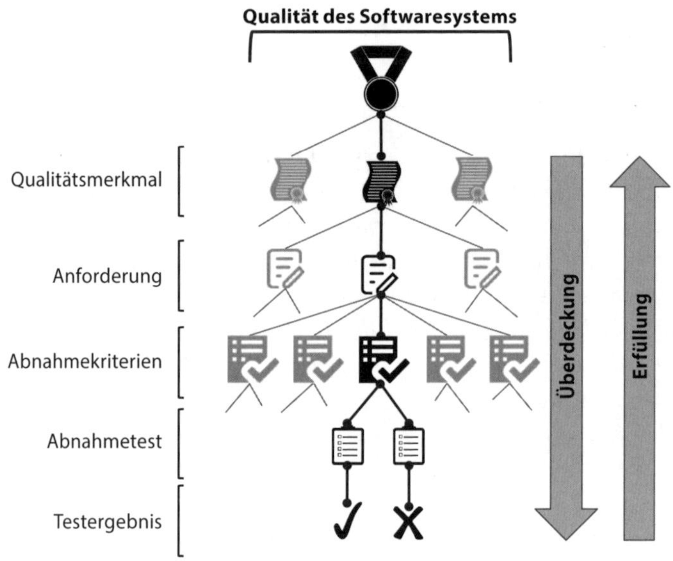

Anforderungen an Softwaresysteme lassen sich grundsätzlich nach funktionalen und nicht funktionalen Eigenschaften kategorisieren. Funktionale Anforderungen spezifizieren, *was* das System leisten soll. Sie sind der Grund, warum Softwaresysteme überhaupt konzipiert und implementiert werden. Von ihrer Umsetzung erhofft man sich einen vorteilhaften Geschäftsnutzen. Sie bilden damit die Voraussetzung dafür, dass das System überhaupt einsetzbar ist. Ihnen gegenüber stehen die nicht funktionalen Anforderungen. Sie spezifizieren, *wie* das System die Leistung erbringen soll. Nicht funktionale Anforderungen beschreiben also Attribute des funktionalen Verhaltens, sprich, mit welcher Qualität das (Teil-)System seine Funktion erbringen soll (siehe [Spillner & Linz 19], Abschnitt 3.5.1 und 3.5.2).

4.1.1 Das ISO-25010-Qualitätsmodell

Qualitätsmerkmale können in Qualitätsmodellen zusammengefasst werden. Neben firmen- oder branchenspezifischen Softwarequalitätsmodellen existiert mit der ISO 25010 [ISO 25010], dem sogenannten »Systems and software Quality Requirements and Evaluation (SQuaRE)«-Standard, ein Qualitätsmodell, das acht Qualitätsmerkmale samt Untermerkmalen definiert (siehe Abb. 4–2).

ISO 25010 Qualitätsmerkmale			
Funktionale Eignung	**Zuverlässigkeit**	**Performanz**	**Gebrauchstauglichkeit**
funktional	*nicht funktional*	*nicht funktional*	*nicht funktional*
IT-Sicherheit	**Wartbarkeit**	**Portabilität**	**Kompatibilität**
nicht funktional	*nicht funktional*	*nicht funktional*	*nicht funktional*

Abb. 4–2
ISO-25010-Qualitätsmodell

ISO 25010 definiert die Qualitätsmerkmale wie folgt[1]:

- **Funktionale Eignung**
  Der Grad, zu dem eine Komponente oder ein System Funktionen zur Verfügung stellt, welche unter festgelegten Bedingungen explizit genannte und implizite Bedürfnisse erfüllen. Die funktionale Eignung (oder auch Funktionalität) ist das wohl sichtbarste Merkmal eines Softwaresystems – sowohl für Anwender als auch Hersteller. Funktionale Eignung und Funktionalität sind synonym zu verstehen, der Gewohnheit wegen wird in Diskussionen zumeist der Begriff Funktionalität verwendet. Dies mag auch daran liegen, dass der Vorgänger von ISO 25010, der ISO-Standard 9126, diesen Begriff verwendet hat. Funktionale Eignung trifft den Sachverhalt allerdings besser, da durch das Wort *Eignung* bereits impliziert wird, dass Funktionalität immer zweckgebunden ist und ungeeignete, aber korrekt implementierte Funktionen dennoch zu einem niedrigen Grad an funktionaler Eignung führen.

---

1. Die deutschen Definitionen der Qualitätsmerkmale stammen aus dem ISTQB®-Glossar [ISTQB Glossar], da der ISO-Standard 25010 keine deutschen Definitionen beinhaltet.

- **Performanz**
  Der Grad, zu dem eine Komponente oder ein System Zeit, Ressourcen und Kapazität verbraucht, während sie/es seine vorgesehenen Funktionen ausführt. Unter Performanz wird üblicherweise das Zeitverhalten eines Softwaresystems verstanden. Performanz ist ein nicht funktionales Qualitätsmerkmal, das auf Funktionalität aufsetzt. Es wird detaillierter in Abschnitt 4.3 besprochen.
- **Kompatibilität**
  Der Grad, zu dem eine Komponente oder ein System Informationen mit anderen Komponenten oder Systemen austauschen kann, und/oder ihre geforderten Funktionen bei einer gemeinsamen Benutzung einer Hardware- oder Softwareumgebung ausführen kann. Kompatibilität ist eines der beiden Qualitätsmerkmale, die in ISO 25010 neu hinzugekommen sind (das andere ist IT-Sicherheit). Durch die fortwährende Vernetzung und dynamische Konnektivität in Softwaresystemen, insbesondere bei cyberphysischen Systemen und Internet-of-Things-Anwendungen (IoT), wird die Kompatibilität von Systemen, Teilsystemen, Komponenten oder schlichtweg *Things* immer wichtiger.
- **Gebrauchstauglichkeit**
  Der Grad, zu dem eine Komponente oder ein System durch bestimmte Benutzer in einem bestimmten Nutzungskontext genutzt werden kann, um festgelegte Ziele effektiv, effizient und zufriedenstellend zu erreichen. Gebrauchstauglichkeit hängt stark mit der funktionalen Eignung zusammen, da Anwender mit einem Softwaresystem interagieren müssen, um die Funktionalität auszuführen. Die Gestaltung einer Mensch-Maschine-Schnittstelle mit hoher Gebrauchstauglichkeit ist ein nicht trivialer, erfolgskritischer Prozess. Gebrauchstauglichkeit ist ein nicht funktionales Qualitätsmerkmal und wird detaillierter in Abschnitt 4.2 besprochen.
- **Zuverlässigkeit**
  Der Grad, zu dem eine Komponente oder ein System seine spezifizierten Funktionen unter den festgelegten Bedingungen während einer bestimmten Zeitspanne ausführt. Zuverlässigkeit spielt insbesondere bei sicherheitskritischen Systemen eine tragende Rolle. Zuverlässige Softwaresysteme sind robust gegenüber Fehleingaben und weisen eine hohe Verfügbarkeit auf. Zuverlässigkeit ist ein nicht funktionales Qualitätsmerkmal.

- **IT-Sicherheit**
  Der Grad, zu dem eine Komponente oder eine System Informationen und Daten schützt, sodass Personen oder andere Komponenten oder Systeme nur einen solchen Grad an Zugriff erhalten, der ihrer Berechtigungsart und -stufe entspricht. In Zeiten zunehmender Vernetzung (siehe Qualitätsmerkmal *Kompatibilität*) nimmt die IT-Sicherheit mehr und mehr an Bedeutung zu. Das kontinuierliche Fortschreiten der Digitalisierung führt dazu, dass mehr und mehr Geschäftsprozesse und Informationen des alltäglichen Lebens rechnergestützt umgesetzt bzw. gespeichert werden. IT-Sicherheit ist ein nicht funktionales Qualitätsmerkmal und wird detaillierter in Abschnitt 4.4 besprochen.
- **Wartbarkeit**
  Der Grad, zu dem eine Komponente oder ein System von den dafür vorgesehenen Personen gewartet werden kann. Die Wartbarkeit eines Softwaresystems ist üblicherweise kein Qualitätsmerkmal, an dem die späteren Anwender großes Interesse haben. Gute Wartbarkeit wird von den Anwendern zumeist kaum wahrgenommen. Schlechte Wartbarkeit macht sich vor allem durch zahlreiche Updates und Patches bemerkbar. Dies kommt daher, dass sich schlecht wartbare Softwaresysteme schlechter analysieren und modifizieren lassen und daher die Wahrscheinlichkeit zur Einbringung neuer Fehler oder unerwünschter Seiteneffekte sehr groß ist. Aus diesem Grund sollte Wartbarkeit insbesondere im Interesse des Herstellers sein, da sie sich auf Weiterentwicklungen und Anpassungen entweder unterstützend oder erschwerend auswirkt.
- **Portabilität** (Übertragbarkeit)
  Der Grad, zu dem eine Komponente oder ein System von einer Hardware, Software oder einer anderen Betriebs- oder Nutzungsumgebung auf eine andere übertragen werden kann. Portabilität bzw. Übertragbarkeit ist insbesondere für Hersteller relevant, die eine möglichst große Marktdurchdringung anstreben. Daher ist es nicht verwunderlich, dass in erster Linie Hersteller kommerzieller Produkte, wie beispielsweise Text- oder Videoverarbeitung, aber auch Computerspiele[2], danach streben, auf möglichst vielen Plattformen (also Betriebs- oder Nutzungsumgebungen) präsent und somit konkurrenzfähig zu sein. Portabilität spielt daher auch bei mobilen Anwendungen und Endgeräten eine gewichtige Rolle.

---

2. Einige Computerspielehersteller bieten ihren Spielern sogar Crossplay an, also die Möglichkeit, dass Spieler unterschiedlicher Plattformen gemeinsam spielen können. Crossplay vereint Aspekte der Portabilität und Kompatibilität.

Nicht alle Qualitätsmerkmale haben die gleiche Wichtigkeit für die Qualität eines Softwaresystem. Vielmehr gilt es zu ermitteln, welches Qualitätsmerkmal für den Erfolg des Softwaresystems wichtiger ist und welches eher vernachlässigt werden kann. Dies zu ermitteln ist üblicherweise die Aufgabe des Auftraggebers bzw. der Stakeholder. So spielt das Qualitätsmerkmal *Gebrauchstauglichkeit* für eingebettete Systeme gewöhnlich eine geringere Rolle als *Performanz* oder *Zuverlässigkeit*. Ein Softwaresystem, das keinerlei vertrauliche Daten zu schützen hat, muss auf die *IT-Sicherheit* weniger Wert legen als ein Softwaresystem, das vertrauliche oder personenbezogene Daten verarbeitet. Ein Softwaresystem, das nur in einer Zielumgebung eingesetzt werden soll, kann das Qualitätsmerkmal *Portabilität* vernachlässigen. Ein Softwaresystem, für das ein langer Einsatz vorgesehen wird mit dem Bedarf, sich stets an neue Anforderungen anpassen zu müssen, sollte sich durch geringe Wartungsaufwände, also eine gute *Wartbarkeit*, auszeichnen.

Wartbarkeit der Testmittel

Testmittel unterliegenden fortwährenden Anpassungen. Sie existieren einzig und alleine zu dem Zweck, ein bestimmtes System in einer bestimmten Version und bestimmten Konfiguration zu testen. Unterliegt dieses System nun Änderungen, ganz gleich ob technischer oder fachlicher Art, so schlagen sich diese sofort und unmittelbar auf die korrespondierenden Testmittel durch. Daher sollten Tester ein großes Bedürfnis entwickeln, dass die entworfenen Testmittel für den Test eines Softwaresystems eine hohe Wartbarkeit aufweisen. Schlechte Wartbarkeit von Testmitteln resultiert zumeist in langen Anpassungszyklen, die zu einem potenziellen Projektrisiko werden können.

Es gibt einige bewährte konstruktive Praktiken, die die Wartbarkeit von Testmittel unterstützen bzw. forcieren. Die Etablierung von bidirektionaler Verfolgbarkeit zwischen den konstruktiven Artefakten und Testmitteln unterstützt die Änderungsauswirkungsanalyse. Durch Einbringung von Abstraktion in automatisierte Testskripte wie es beispielsweise bei der verhaltensgetriebenen Entwicklung oder dem schlüsselwortgetriebenen Testen der Fall ist, wird die Wartbarkeit dieser Testskripte hinsichtlich rein technischer Änderungen verbessert (wie bereits in Abschnitt 2.3.3 erläutert).

Neben den konstruktiven Möglichkeiten gibt es auch bewährte Praktiken auf Prozessebene, die die Wartbarkeit der Testmittel adressieren. Der Test-First-Gedanke geht beispielsweise davon aus, dass die Erstellung oder Anpassung eines Testfalls vor der eigentlichen Entwicklung des zu testenden Codes erfolgt. Dadurch wird die Erstellung bzw. Aktualisierung von Testfällen inhärenter Bestandteil des Prozesses, was zur Folge hat, dass Testfälle stets aktuell und durchführbar sind. Dies trifft u.a. auf die testgetriebene Entwicklung und die abnahmetestgetriebene Entwicklung zu.

Im Abnahmetest müssen sowohl funktionale als auch nicht funktionale Qualitätsmerkmale durch entsprechende Anforderungen und Abnahmekriterien berücksichtigt werden. Die Herausforderung bei nicht funktionalen Qualitätsmerkmalen ist häufig, dass die Auftraggeber sich nicht darüber im Klaren sind, welche nicht funktionalen Qualitätsmerkmale für das Projekt von Relevanz sind. Wie lassen sich beispielsweise Anforderungen an die Wartbarkeit eines Softwaresystems formulieren? Wie identifiziert und spezifiziert man die Anzahl der gleichzeitig zu unterstützenden Benutzer mit ihren spezifischen operationalen Profilen? Weil die Antwort auf diese Fragen den meisten Auftraggebern schwerfällt, sind nicht funktionale Merkmale im Vergleich zu den funktionalen Merkmalen oftmals unterrepräsentiert und – deutlich schwerwiegender – unterspezifiziert. Häufig existieren sie nur als implizite Annahmen aufseitens des Auftraggebers. Die Software soll *schnell* reagieren (Performanz), bei Fehleingaben *nicht abstürzen* (Zuverlässigkeit) bzw. diese *gar nicht erst zulassen* (Gebrauchstauglichkeit) und die Datenintegrität auf *jeden Fall gewähren* (IT-Sicherheit). Diese vagen Angaben seitens des Auftraggebers führen dazu, dass Entwickler und Tester ihrerseits Annahmen darüber treffen müssen, was der Auftraggeber von dem Softwaresystem genau erwartet. Diese Annahmen können mit den impliziten oder unterspezifizierten Erwartungen der Stakeholder übereinstimmen, müssen es aber nicht (siehe auch Abschnitt 2.2.3). Diese Situation ist umso schwieriger, als nicht funktionale Merkmale von Softwaresystemen in unserer vernetzten und digitalisierten Welt an Bedeutung zunehmen. Zuverlässigkeit, IT-Sicherheit, Kompatibilität sind nur einige wenige nicht funktionale Qualitätsmerkmale, auf denen moderne Dienste und Lösungen aufsetzen. Eine unzureichende Berücksichtigung nicht funktionaler Qualitätsmerkmale kann zu Unzufriedenheit der Kunden bzw. Anwender oder sogar zur Ablehnung des Produkts führen – genauso wie das bei falscher, fehlerhafter oder fehlender Funktionalität der Fall ist. Ferner können Umsatzrückgang, Haftungsrisiken, unerwünschte Berichterstattung über die Organisation in den Medien und damit verbundene Imageschäden die Folge unzureichender Qualität auch von nicht funktionalen Qualitätsmerkmalen sein.

Da die in Abbildung 4–2 aufgeführten Qualitätsmerkmale ein sehr hohes Abstraktionsniveau besitzen und der Vielfalt der verschiedenen Merkmale nicht gerecht werden, unterteilt ISO 25010 [ISO 25010] die Qualitätsmerkmale in spezifischere Teilmerkmale. Diese Teilmerkmale sind nachfolgend dargestellt (siehe Abb. 4–3):

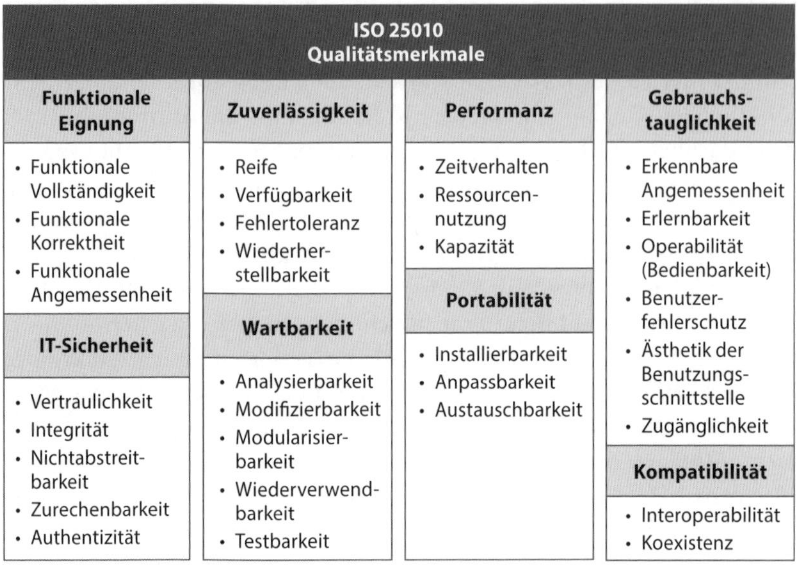

Abb. 4–3
Untermerkmale des ISO-25010-Qualitätsmodells

Jedes dieser Teilmerkmale lässt sich hinsichtlich seiner Qualität durch statische und/oder dynamische Tests bewerten – wenn die korrespondierenden Anforderungen testbar sind, beispielsweise durch die Bestimmung von Abnahmekriterien. Einige Merkmale eignen sich insbesondere für statische Tests wie beispielsweise die Teilmerkmale der *Wartbarkeit* oder die *Ästhetik der Benutzungsschnittelle*. Die meisten der Teilmerkmale lassen sich jedoch durch dynamisches Testen direkt oder indirekt durch weiterführende dynamische Analysen während der Durchführung dynamischer Tests bewerten.

Die Qualitätsmerkmale der ISO 25010 und ihre Teilmerkmale sind hierbei nicht als Selbstzweck zu verstehen. Zum einen helfen die Qualitätsmerkmale dabei, eine gemeinsame Sprache zu sprechen, wenn es um die Definition und Bewertung von Qualität geht. Stakeholder bekommen dadurch ein Verständnis, wie sich Qualität definiert. Zugleich können die relevanten und irrelevanten Qualitätsmerkmale identifiziert, kommuniziert und dokumentiert werden, was insbesondere für eine optimierte Testplanung von Belang ist. Testressourcen sind traditionell knappe Ressourcen. Dadurch, dass man sich bei der Testplanung auf die »richtigen«, d.h. die relevanten Qualitätsmerkmale konzentrieren kann, können die knappen Ressourcen zielführend eingesetzt werden. Die Dokumentation der relevanten nicht funktionalen Qualitätsmerkmale sollte dabei nicht ausschließlich, aber auch für den Abnahmetest im Testkonzept erfolgen. Daraus ergeben sich dann unter anderem auch weitere zu dokumentierende Informationen wie die Prioritäten der relevanten nicht funktionalen Qualitätsmerkmale sowie die anzuwendenden Teststrategien, -vorgehensweisen und -verfahren. So beeinflusst die Priorisierung der nicht funktionalen Qualitätsmerkmale beispielsweise bereits die Testanalyse. Anforderungen, die sich auf Qualitätsmerkmale oder Teilmerkmale mit geringerer Priorität beziehen, sollten später adressiert werden als solche mit höherer Priorität.

4.1.2 Das ISO-25010-Modell der Nutzungsqualität

Neben dem standardisierten Qualitätsmodell, das die funktionalen und nicht funktionalen Qualitätsmerkmale von Softwaresystemen beschreibt, definiert die Norm ISO 25010 auch ein Modell der Nutzungsqualität. Nutzungsqualität und Gebrauchstauglichkeit sind eng miteinander verwoben, so eng, dass sie in der Norm sich sogar die gleiche Definition teilen. Wie Gebrauchstauglichkeit, so definiert sich auch Nutzungsqualität als der Grad, zu dem eine Komponente oder ein System durch bestimmte Benutzer in einem bestimmten Nutzungskontext genutzt werden kann, um festgelegte Ziele effektiv, effizient und zufriedenstellend zu erreichen. Stellt sich also die Frage, worin der Unterschied zwischen Gebrauchstauglichkeit und Nutzungsqualität liegt?

Mehr als »nur« Gebrauchstauglichkeit

Die Norm liefert als Antwort darauf eine zusätzliche Anmerkung zur Definition von Gebrauchstauglichkeit. Dort heißt es: »Gebrauchstauglichkeit kann entweder indirekt als Qualitätsmerkmal der entsprechenden Teilmerkmale spezifiziert, gemessen und evaluiert werden oder direkt durch die Teilbereiche der Nutzungsqualität.« Abbildung 4–4 illustriert die fünf Merkmale, die die Nutzungsqualität in Bezug auf die Ergebnisse der Interaktion des Benutzers mit einem System definiert.

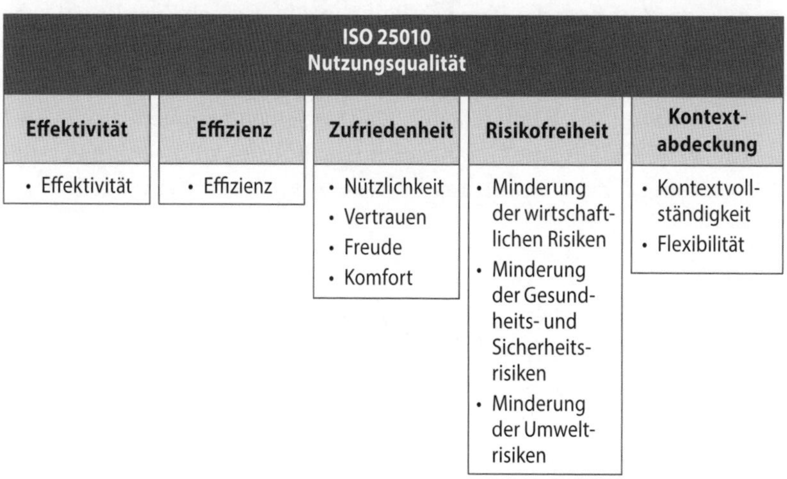

Abb. 4–4
ISO-25010-Modell der Nutzungsqualität

Diese Merkmale sind wie folgt definiert[3]:

- **Effektivität**
  Der Umfang, in dem richtige und vollständige Ziele erreicht werden. Effektivität ist eng mit der Funktionalität des Systems verknüpft und kann nicht weiter relativiert werden. Entweder ist die Benutzungsschnittstelle effektiv und der Benutzer erreicht sein Ziel oder sie ist es nicht.
- **Effizienz**
  Der Grad, zu dem Mittel verwendet werden im Verhältnis zu den erzielten Ergebnissen. Im Gegensatz zur Effektivität ist Effizienz ein relatives Maß und ändert sich fortlaufend aufgrund der Erwartungshaltung der Kunden. Allerdings gibt es auch Benutzungsschnittstellen, die sich seit Jahrzehnten nicht ändern und daher auch heute noch als ausreichend effizient gelten (bspw. die Google-Suchseite). Effizienz ist jedoch ein subjektives Maß und erfordert daher im Gegensatz zur Effektivität einen klaren Schwellenwert, um mess- bzw. vergleichbar zu sein. Diese sind üblicherweise als Abnahmekriterien bei den Nutzungsanforderungen hinterlegt (siehe Abschnitt 4.2.1).
- **Zufriedenheit**
  Der Grad, zu dem die Bedürfnisse der Benutzer zufriedengestellt werden, wenn das Produkt oder System in einem definierten Nutzungskontext eingesetzt wird. Zufriedenheit der Benutzer ist gegeben, wenn der Benutzer während der Interaktionen mit der Benutzungsschnittstelle zur Erreichung seines Ziels keine negativen Wahrnehmungen verspürt hat. Um die Zufriedenheit der Benutzer effektiv bewerten zu können, ist jedoch eine Benutzerbefragung mit einem Fragebogen zwingend notwendig [Geis & Polkehn 18]. Fragebogen ist ein sehr formaler Begriff, ganz so formal wird es üblicherweise nicht gehandhabt. Jedwede Rückfrage mit einer einfachen Skala (bspw. die Sterne bei Amazon oder einfach nur Daumen-hoch/Daumen-runter-Button bzw. Gefällt-mir/Gefällt-mir-nicht-Button) und optionaler Begründung für die Bewertung ist in gewisser Weise ein Fragebogen.

3. Die deutschen Definitionen der Merkmale der Nutzungsqualität stammen aus dem ISTQB®-Glossar [ISTQB Glossar], da der ISO-Standard 25010 keine deutschen Definitionen beinhaltet. Diese Definitionen decken sich nicht mit den Definitionen des UXQB-Glossars [UXQB CPUX-F], die ihrerseits wieder auf dem ISO-Standard DIN EN ISO 9241-11 [ISO 9241-11] basieren.

- **Risikofreiheit**
  Der Grad, zu dem eine Komponente oder ein System das potenzielle Risiko für den wirtschaftlichen Status, Lebewesen, Gesundheit oder die Umwelt mindert. Die beiden unten genannten Fallbeispiele zu Risikofreiheit zeigen deutlich, dass Nutzungsqualität mehr als nur Gebrauchstauglichkeit ist. Die Sicherheit personenbezogener Daten ist ein essenzielles Merkmal für die Nutzungsqualität und durch die Anforderungsanalyse für die IT-Sicherheit explizit gemacht. Die Bedeutung der Risikofreiheit für die Gebrauchstauglichkeit hingegen wird üblicherweise während der Nutzungsanforderungsanalyse bestimmt und ist durch das Gebrauchstauglichkeitsteilmerkmal Benutzerfehlerschutz reflektiert.
- **Kontextüberdeckung**
  Der Grad, zu dem ein Produkt oder System mit Effektivität, Effizienz, Risikofreiheit und Zufriedenheit sowohl in einen definierten Nutzungskontext eingesetzt werden kann als auch in Nutzungskontexten, die über die a priori definierten Kontexte hinausgehen. Der Nutzungskontext von *CA-Cockpit* wäre ausreichend überdeckt, wenn Kunden mit den gängigen Mobilfunkgeräten, Tablets und PCs in der Lage sind, die Geschäftsprozesse erfolgreich und zufrieden abzuschließen.

Fallbeispiel

Analyse der Nutzungsqualitätsmerkmale

Effektivität

Für den Geschäftsprozess *GP-02b Handyvertrag abschließen (mit Laufzeit)* wäre eine Benutzungsschnittstelle effektiv, wenn der Kunde den für ihn passenden Handyvertrag über *CA-Cockpit* gekauft hat.

Für den Geschäftsprozess *GP-03 Handyvertrag verwalten* wäre eine Benutzungsschnittstelle effektiv, wenn die Kunden ihr spezifisches Ziel im Mitgliederbereich erreicht haben.

Effizienz

Für den Geschäftsprozess *GP-02b Handyvertrag abschließen (mit Laufzeit)* wäre eine Benutzungsschnittstelle effizient, wenn der Kunde den für ihn passenden Handyvertrag aus einer Vielzahl möglicher Tarifkonfigurationen mit wenigen Interaktionen identifizieren kann.

Für den Geschäftsprozess *GP-03 Handyvertrag verwalten* wäre eine Benutzungsschnittstelle effizient, wenn die Kunden bei der Verwaltung ihrer laufenden Verträge keine überflüssigen Schritte ausführen müssen.

Zufriedenheit

Für den Geschäftsprozess *GP-02b Handyvertrag abschließen (mit Laufzeit)* wäre ein Kunde zufriedengestellt, wenn er einem Bekannten von der Einfachheit des Bestellprozesses bei *CA-Cockpit* berichtet, sodass dieser Bekannte eventuell seinen nächsten Handytarif über *CA-Cockpit* abschließt.

Für den Geschäftsprozess *GP-03 Handyvertrag verwalten* wäre ein Kunde zufriedengestellt, wenn er bei der Bewertung des Mitgliederbereichs angibt, dass er für die Verwaltung seiner Verträge den Mitgliederbereich der telefonischen Kundenbetreuung durch einen Callcenter-Agenten vorzieht.

Risikofreiheit

Für den Geschäftsprozess *GP-02b Handyvertrag abschließen (mit Laufzeit)* wäre eine Benutzungsschnittstelle risikofrei, wenn der Kunde sichergehen kann, dass der Vertrag erst wirklich dann zustande kommt, wenn er die Allgemeinen Geschäftsbedingungen bestätigt hat und den Vertrag verbindlich abschließt. Das Risiko eines unbeabsichtigten Vertragsabschlusses muss unter allen Umständen minimiert werden.

Für den Geschäftsprozess *GP-03 Handyvertrag verwalten* wäre ein System risikofrei, wenn sensible personenbezogene Daten wie Bankverbindung, Kreditkartennummer oder aber auch die Benutzername-Passwort-Kombination des Kunden vor unberechtigten Zugriffen effektiv geschützt sind.

Nutzungsqualität und Qualitätsmerkmale in verschiedenen Standards

Gebrauchstauglichkeit und Nutzungsqualität teilen sich in der Norm ISO 25010 dieselbe Definition, dennoch sind sie keine synonymen Konzepte, sondern eher komplementär zu betrachten. In der Definition werden die Adjektive *effizient*, *effektiv* und *zufriedenstellend* aufgeführt, diese aber nicht als Teilmerkmal von Gebrauchstauglichkeit, sondern von Nutzungsqualität gelistet. Wie passt dies zusammen, und auch interessant, wie passt die Nutzungsqualität generell mit den Qualitätsmerkmalen zusammen?

Um diese Fragen beantworten zu können, hilft ein Blick in die Norm ISO 9241-220 [ISO 9241-220], die sich mit Prozessen »... zur Ermöglichung, Durchführung und Bewertung menschzentrierter Gestaltung für interaktive Systeme in Hersteller- und Betreiberorganisationen« beschäftigt. In dieser Norm wird das Modell der Nutzungsqualität durch die Teilmerkmale *Gebrauchstauglichkeit, Barrierefreiheit, Benutzererlebnis und Vermeidung von Schäden durch die Nutzung* (was synonym zur *Risikofreiheit* des Modells der Nutzungsqualität nach ISO 25010 ist) beschrieben. Gebrauchstauglichkeit ist also ein Teilmerkmal der Nutzungsqualität nach ISO 9241-220 und gleichzeitig ein Qualitätsmerkmal nach ISO 25010.

→

In dem Buch »Praxiswissen User Requirements« [Geis & Polkehn 18] werden die beiden Standards zu einem gewissen Grad integriert, indem die verbleibenden ISO-25010-Qualitätsmerkmale (also alle außer Gebrauchstauglichkeit) als »Technische Qualität« beschrieben werden. Die Nutzungsqualität beschreibt also die Qualität, die vom Benutzer durch die Interaktion mit dem System aktiv wahrgenommen wird, während die technische Qualität die Grundlagen dafür schafft, dass überhaupt etwas wahrgenommen werden kann. Die Nutzungsqualität beschreibt also die Wahrnehmung des Systems »über der Haube«, während die technische Qualität die Fähigkeiten des Systems »unter der Haube« beschreiben (vgl. Abb. 4–5).

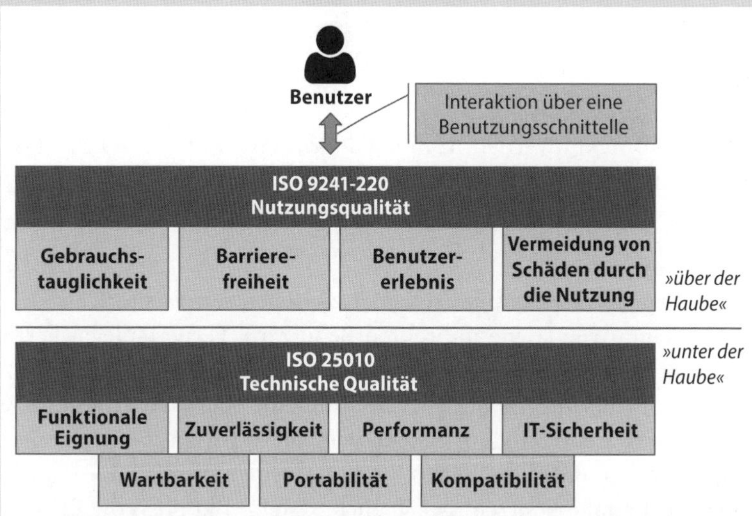

Abb. 4–5
Integration von Nutzungsqualität und technischer Qualität nach Geis [Geis & Polkehn 18]

Aus dieser Zweiteilung der Qualität in die Komponenten Nutzungsqualität und technische Qualität resultiert auch die Tatsache, dass die Qualitätsniveaus beider Komponenten schlussendlich zur Gesamtqualität des Systems beitragen. Ist die technische Qualität eines Systems hoch, die Nutzungsqualität aber gering, ist die Gesamtqualität des Systems eher gering – dies gilt auch andersherum.

Überdeckung des Nutzungskontextes

Die Anforderungen an den Nutzungskontext werden während der Nutzungskontextanalyse erhoben. Die Überdeckung des Nutzungskontextes von *CA-Cockpit* kann beispielsweise erfüllt werden, indem bei der Ausgestaltung der Benutzungsschnittstelle des Frontends ein sogenanntes *responsive design* realisiert wird, also eine automatische Anpassung der Anordnung und Darstellung der Benutzungsschnittstelle je nach Displaygröße. Nutzungskontexte setzen sich aus unterschiedlichen Eigenschaften zusammen (Abb. 4–6).

Abb. 4–6
Eigenschaften des Nutzungskontextes

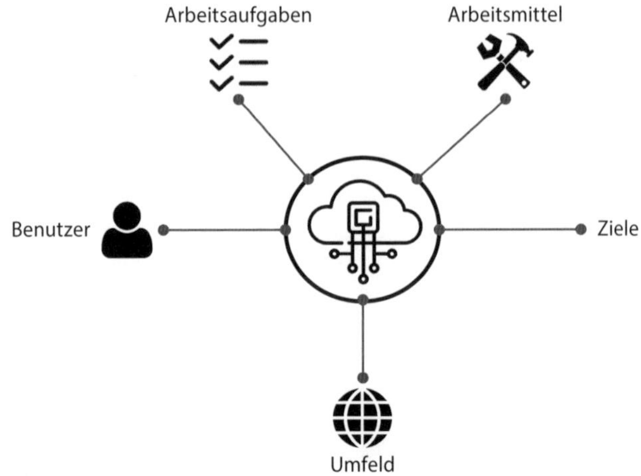

Nutzungskontexte werden nach der Norm ISO 9241[4] [ISO 9241-11] (von der sich viele der Definitionen und Konzepte in ISO 25010 ableiten) durch die folgenden Eigenschaften abgebildet:

- **Benutzer**
  Der Benutzeraspekt unterscheidet zwischen repräsentativen, nicht repräsentativen sowie indirekten Benutzern. Ferner spielen Fertigkeiten, Wissen und Erfahrungen der repräsentativen Benutzer eine Rolle – Erfahrungen mit der Arbeitsaufgabe oder dem Produkt bzw. Softwaresystem. So kann es sein, dass ein Expertensystem durchaus auch für Benutzer vorgesehen wird, die weniger Erfahrungen mit der Arbeitsaufgabe besitzen. Bei solchen Systemen können die Benutzer üblicherweise zwischen verschiedenen vordefinierten und auch benutzerdefinierten Komplexitätsprofilen auswählen. Jedes Komplexitätsprofil ist dann mit einer bestimmten Ausgestaltung der Benutzungsoberfläche verknüpft, sodass einige der eher komplexen Funktionen ausgeblendet werden. Durch diese Flexibilität können die Werkzeuge in verschiedenen Nutzungskontexten eingesetzt werden und erzielen damit in den jeweiligen Kontexten eine hohe Nutzungsqualität. Weitere Charakteristika des Benutzeraspekts betreffen die persönlichen, psychischen und physischen Merkmale der Benutzer.
- **Ziele**
  Die Ziele beschreiben, was die Benutzer durch Anwendung des Produkts oder des Softwaresystems erreichen wollen. Ziele werden durch Arbeitsaufgabe und Teilaufgaben erreicht.

4. Die Norm ISO 9241 besteht aus einer Vielzahl von Teilnormen, die die Richtlinien von Mensch-Maschine-Interaktionen standardisieren.

- **Arbeitsaufgaben**
  Arbeitsaufgaben werden für die Bestimmung des Nutzungskontextes häufig in Form von Aufgabenmodellen beschrieben. Das Aufgabenmodell zerlegt eine Kernaufgabe in eine Menge von Teilaufgaben, die zur Erledigung der Kernaufgabe beitragen. Eine Kernaufgabe durchläuft dabei immer die folgenden Schritte: Planung, Vorbereitung, Durchführung, Ergebnisbewertung, Ergebnisweitergabe. Der Nutzungskontext variiert bezüglich der Arbeitsaufgaben hinsichtlich der Aufgabenzerlegung, Aufgabenhäufigkeit, Aufgabendauer, Handlungsspielräume bei der Erfüllung der Aufgabe, physische und mentale Anforderungen, die die Aufgaben erfordern, der Auswirkungen von Fehlern bei der Aufgabendurchführung, der Aufgabenergebnisse u. v. m.
- **Arbeitsmittel**
  Unter Arbeitsmitteln werden jedwede Formen von Hardware, Software und weiterer Materialien zusammengefasst, die dazu beitragen, die Aufgaben zu erfüllen bzw. die für die Benutzung des Produkts oder Softwaresystems erforderlich sind.
- **Physische und soziale Umgebung**
  Die physische und soziale Umgebung, in der ein Produkt oder Softwaresystem eingesetzt wird, bestimmt schlussendlich, welche externen Einflussfaktoren auf die Benutzung einwirken. Ein Polarforscher, der mit dicker Kälteschutzausrüstung ein Messgerät bedienen bzw. konfigurieren muss, hat mit anderen Einflussfaktoren des Umfelds zu tun als ein im Sitzen arbeitender Flugsicherungslotse, der die Einflugrouten ankommender Flugzeuge koordinieren muss. Je sicherheitskritischer die Arbeitsaufgabe und risikoreicher das soziale Umfeld, desto höher sollte das Merkmal *Risikofreiheit* der Nutzungsqualität priorisiert werden.

Produkte und Softwaresysteme, die in einem Nutzungskontext eine hohe Nutzungsqualität aufweisen, können für einen anderen Nutzungskontext gänzlich ungeeignet sein. Die Bewertung der Nutzungsqualität ist für den Abnahmetest von besonderer Bedeutung, da im Abnahmetest das abzunehmende Produkt idealerweise in seiner späteren Produktivumgebung evaluiert wird. Es lässt sich also hoffentlich einfach bewerten, ob das abzunehmende Produkt im Nutzungskontext eine hohe Nutzungsqualität aufweist.

4.1.3 Nicht funktionale Qualitätsmerkmale im Abnahmetest

Wie bereits in Abschnitt 1.2 erläutert liegt der Fokus dieses Buches vor allem auf dem Benutzerabnahmetest, dem vertraglichen/regulatorischen Abnahmetest sowie dem Alpha- und Beta-Test. Aus diesem Grund gibt es Qualitätsmerkmale, die für einige Arten des Abnahmetests wichtiger sind als für andere. So sind die Qualitäts(teil)merkmale Installierbarkeit, Kompatibilität, Austauschbarkeit, Notfallwiederherstellung und Fehlertoleranz, einige Merkmale der Performanz (wie Verhalten bei Überlast, Skalierbarkeit oder Ressourcenverbrauch), Integrität, Softwarereife und Verfügbarkeit eher im betrieblichen Abnahmetest relevant. Die Qualitätsmerkmale Gebrauchstauglichkeit, einige Aspekte der Performanz (wie Lastverhalten) sowie IT-Sicherheit sind dagegen eher im Benutzer- und regulatorischen/vertraglichen Abnahmetest relevant. Nachfolgend werden diese eben aufgezählten, für den Benutzerabnahmetest relevanten nicht funktionalen Qualitätsmerkmale ausführlicher diskutiert.

Im Vorgängerstandard ISO 9126 gab es zu jedem Qualitätsmerkmal auch noch das Teilmerkmal Konformität, also die Einhaltung und Übereinstimmung mit gesetzlichen und regulatorischen Einschränkungen. Dieses wurde jedoch in ISO 25010 entfernt, da Konformität eher eine Eigenschaft der Systemanforderungen ist als ein Aspekt der Qualität. Schlussendlich basieren diese Systemanforderungen auf Qualitätsmerkmalen, sodass Konformität implizit auch für jedes Qualitätsmerkmal gegeben sein muss.

4.2 Gebrauchstauglichkeit und Benutzererlebnis

Gebrauchstauglichkeit und Benutzererlebnis sind zentrale Konzepte, wenn es um den Entwurf von Mensch-Maschine-Schnittstellen geht, die eine hohe Nutzungsqualität aufweisen sollen.

4.2.1 Gebrauchstauglichkeit

Gebrauchstauglichkeit (Usability) ist das Ausmaß, in dem ein Softwareprodukt durch bestimmte Benutzer in einem bestimmten Nutzungskontext genutzt werden kann, um bestimmte Ziele *effektiv, effizient* und *zufriedenstellend* zu erreichen [ISTQB Glossar]. Die drei Teilmerkmale Effektivität, Effizienz und Zufriedenheit sind gleichzeitig auch Merkmale des Modells der Nutzungsqualität. Tatsächlich definiert ISO 25010 Gebrauchstauglichkeit als Untermenge der Nutzungsqualität [ISO 25010].

Wie bei allen Qualitätsmerkmalen, so ergibt sich die Qualität der Gebrauchstauglichkeit durch Erfüllung entsprechender Anforderungen. Diese werden Benutzeranforderungen (nach ISTQB® [ISTQB CTFL-UT]) oder Nutzungsanforderungen (nach UXQB [UXQB CPUX-F]) genannt. Sie repräsentieren Anforderungen an die Nutzung eines Produkts, die die Grundlage für die Gestaltung und die Usability-Evaluierung der Mensch-Maschine-Schnittstelle eines interaktiven Systems bildet (nach UXQB).

Mangelnde Gebrauchstauglichkeit kann zu Frustration, Verweigerung der Verwendung der Software und in den kritischsten Fällen zu Verletzungen oder zum Tod des Benutzers führen. Die Mensch-Maschine-Schnittstelle von industriellen Schneidemaschinen ist beispielsweise darauf ausgelegt, den Benutzern dieser Schneidemaschinen die maximale Risikofreiheit während der Nutzung angedeihen zu lassen. Dies erfolgt zumeist durch verschiedene konstruktive bzw. funktionale Sicherheitsmechanismen wie einrastende Schutzvorrichtungen oder mehrere Knöpfe, die gedrückt und gehalten werden müssen, damit der Schneideprozess überhaupt erst ausgelöst werden kann. Damit soll unter allen Umständen verhindert werden, dass die Benutzer während der Benutzung des Systems verletzt werden.

Teilmerkmale der Gebrauchstauglichkeit

Die Teilmerkmale der Gebrauchstauglichkeit nach ISO 25010 (siehe Abb. 4–3) bestimmen die einzelnen Aspekte, die bei der Interaktion eines Benutzers bzw. einer Benutzergruppe mit dem Produkt zur Qualität beitragen:

- **Erkennbare Angemessenheit**
  Der Grad, zu dem Benutzer erkennen können, ob eine Komponente oder ein System für ihre Bedürfnisse angemessen ist. Eine hohe erkennbare Angemessenheit fördert beim Benutzer ein zuversichtliches Gefühl hinsichtlich der Interaktion mit dem Produkt. Erkennbare Angemessenheit geht daher stark einher mit dem funktionalen Teilmerkmal *Funktionale Angemessenheit* (definiert als: *Der Grad, zu dem Benutzer erkennen können, ob eine Komponente oder ein System für ihre Bedürfnisse angemessen ist*). Während also die funktionale Angemessenheit bewertet, ob das Produkt hinsichtlich der zu erwarteten Aufgaben die entsprechenden Funktionen anbietet, bezieht sich die erkennbare Angemessenheit darauf, wie dem Benutzer die Funktionalität des Produkts dargeboten wird bzw. ob der Benutzer erkennt, ob er seine Aufgaben mit dem Produkt erledigen kann. Produkte können demnach ein hohes Maß an funktionaler Angemessenheit innehaben, aber nur ein Mindestmaß an erkennbarer Angemessenheit (was wahrscheinlich zum Scheitern bzw. zur Ablehnung des Produkts führt).

- **Erlernbarkeit**
  Der Grad, zu dem eine Komponente oder ein System durch bestimmte Anwender genutzt werden kann, um bestimmte Ziele des Lernens zufriedenstellend und risikofrei in einem spezifizierten Nutzungskontext zu erreichen. Erlernbarkeit zielt darauf ab, den Benutzer bei der Interaktion mit dem Produkt über die Benutzungsschnittstelle anzuleiten, damit der Benutzer sein Wissen über die Benutzung des Produkts stetig erweitern kann. Dazu zählen mitunter so einfache Dinge wie Tooltipps, Hilfsdialoge oder Tutorials.
- **Operabilität**: *Der Grad, zu dem eine Komponente oder ein System Eigenschaften aufweist, die einen einfachen Betrieb und eine einfache Steuerung ermöglichen.* Die Operabilität erweitert die erkennbare Angemessenheit dahingehend, dass sie dem Benutzer eine effiziente und effektive Nutzung ermöglicht. Während die erkennbare Angemessenheit in erster Linie Vorfreude oder Skepsis bei den Benutzern auslöst, werden diese Empfindungen durch die Operabilität entweder verstärkt oder abgeschwächt. Operabilität ist ebenfalls eng mit der Funktionalität eines Produkts verknüpft. Dabei ist es nicht immer notwendig, dass tatsächlich auch jedwedes kleinste Detail der Funktionalität dargeboten wird. Eine Überfrachtung der Mensch-Maschine-Schnittstelle mit Funktionalität schränkt mitunter die Operabilität ein und führt zum Scheitern des Produkts. Als Beispiel eines im Vergleich zu aktuellen Smartphones gescheiterten Produkts war die Verbreitung und Akzeptanz damaliger Handhelds als digitale Assistenten. Diese Geräte boten bereits ein hohes Maß an Funktionalität an, die man seinerzeit auch von PCs und Laptops kannte. Benutzer konnten schon damals mit Tabellenkalkulationsprogrammen, Textverarbeitungsprogrammen etc. mit einem Handheld und einem Eingabestift arbeiten, Kalendereinträge vornehmen, ja sogar Spiele konnte auf diesen Geräten gespielt werden. Den Durchbruch zum Massenmarkt schafften diese Vorgänger unserer heutigen Smartphones jedoch nicht. Sie haben schlichtweg zu wenig Benutzer erreicht, bzw. die Arbeit mit diesen Geräten hat einfach keinen Spaß gemacht. Es fühlte sich umständlich und irgendwie nicht richtig an, Teile seiner Arbeit auf diesen Handhelds zu erledigen.
- **Benutzerfehlerschutz**
  Der Grad, zu dem eine Komponente oder ein System den Benutzer davor schützt, Fehler zu begehen. Benutzerfehlerschutz kann eine essenzielle, wenn nicht die essenzielle Rolle spielen, wenn Produkte oder Softwaresysteme den regulatorischen oder vertraglichen Abnahmetest nicht bestehen. Die Wichtigkeit, fehlerhafte Eingaben des

Benutzers zu erkennen und ggf. gar nicht erst zuzulassen, variiert mit der Kritikalität des Nutzungskontextes. Vereinfachend kann man sagen, dass der Benutzerfehlerschutz an Stellenwert gewinnt, je kritischer die Auswirkungen möglicher Fehleingaben durch die Benutzer sind. Aus diesem Grund verwundert es auch nicht, dass Mensch-Maschine-Schnittstellen in diesen Nutzungskontexten, beispielsweise im Cockpit eines Flugzeugs oder in Zügen, hinsichtlich ihrer Operabilität vergleichsweise einfach gehalten sind, wenngleich sie für die meisten Benutzergruppen sehr komplex wirken. Die Vielzahl von einzelnen Knöpfen und Schaltern ohne Display oder weiteren Eingabemöglichkeiten sind ein wesentlicher Bestandteil, um Benutzerfehleingaben vorzubeugen. So steht jeder Schalter für eine bestimmte Form der (technisch gesehen bereits parametrierten) Eingabe des Benutzers. Dieser effektive und äußerst effiziente Schutz vor Fehleingaben kommt mit einer wenig ästhetischen Gestaltung daher, diese hat jedoch gegenüber dem Fehlerschutz eine nachrangige Rolle. Aber auch für weniger sicherheitskritische Produkte kann der Benutzerfehlerschutz zu Frustration oder Freude während der Benutzung des Produkts führen. Benutzerfehlerschutz ist im ISO-25010-Modell der Nutzungsqualität (siehe Abb. 4–4) durch das Merkmal *Risikofreiheit* reflektiert.

- **Ästhetik der Benutzungsschnittstelle**
  Der Grad, zu dem eine Benutzungsschnittstelle eine angenehme und zufriedenstellende Interaktion für den Benutzer ermöglicht. Die Ästhetik einer Benutzerschnittstelle kann bis zu einem gewissen Grad eine schlechte Erlernbarkeit oder Operabilität kaschieren. Menschen, denen Design wichtiger ist als Funktionalität, fühlen sich von ästhetischen Aspekten deutlich mehr angezogen als Menschen, denen es eher auf eine einfache Erreichbarkeit der angemessenen Funktionalität ankommt. Die Wichtigkeit der Ästhetik der Mensch-Maschine-Schnittstelle wurde durch das Aufkommen mobiler Geräte wie Smartphones und Tablets neu geordnet. Das Erscheinungsbild einer App entscheidet heutzutage oftmals viel schneller über Akzeptanz oder Ablehnung als die dargebotene Funktionalität.

- **Zugänglichkeit**
  Der Grad, zu dem eine Komponente oder ein System von Menschen mit den unterschiedlichsten Eigenschaften und Fähigkeiten gebraucht werden kann, um ein gegebenes Ziel in einem gegebenen Nutzungskontext zu erreichen. Dem Teilmerkmal Zugänglichkeit[5] kommt in dieser Liste eine Sonderstellung zu. Zugänglichkeit ist ein essenziel-

5. Ein geläufiges Synonym zu Zugänglichkeit ist Barrierefreiheit.

les Teilmerkmal, da hier die vorweg definierten Teilmerkmale ebenfalls subsumiert sind. Zugänglichkeit besagt, dass Menschen mit besonderen Bedürfnissen einen angemessenen Zugang zu dem Produkt erhalten sollen. Dies können Menschen mit körperlichen Beeinträchtigungen sein (mit verminderter Seh-/Hör-/Sprechfähigkeit), aber auch Benutzer, die beispielsweise das Produkt mithilfe von externen Steuergeräten benutzen müssen.

Ein Beispiel aus der Welt des modellbasierten Testens

Testgeneratoren, wie sie vor gut zehn Jahren vermehrt durch die Popularität des modellbasierten Testens auf den Markt strömten, operieren üblicherweise auf Verhaltensbeschreibungen des zu testenden Systems. Ein Testgenerator ist also auf die Erstellung eines syntaktisch korrekten Modells angewiesen. Die meisten Testgeneratoren boten (und bieten) jedoch keine dedizierte Modellierungsumgebung an. Aus Marktsicht ist dies absolut nachvollziehbar, kann man doch so argumentieren, dass der Testgenerator auf den Modellen verschiedener Modellierungswerkzeuge arbeiten kann, solange diese nur syntaktisch korrekt im Sinne des Testgenerators[6] sind. Dies hat jedoch zur Folge gehabt, dass die Testmodellierer ohne zielführende Unterstützung seitens des Modellierungswerkzeugs die für den Testgenerator syntaktisch korrekten Modelle erzeugen mussten. Dies wiederum führte dazu, dass die Anzahl der Benutzerfehler üblicherweise sehr hoch war, ehe man sich daran gewöhnt hatte, welche Konstrukte der Modellierungssprache man wie verwenden konnte. Ein Fakt, der leider nicht dazu beigetragen hat, dass sich modellbasiertes Testen trotz seiner Potenziale großflächig in der Praxis durchgesetzt hat.

4.2.2 Benutzererlebnis (UX)

Benutzererlebnis (UX – User eXperience) erweitert den Begriff der Gebrauchstauglichkeit um ästhetische und emotionale Faktoren wie eine ansprechende, wünschenswerte Gestaltung, Aspekte der Vertrauensbildung oder die Zufriedenheit bei der Verwendung (z.B. Vergnügen, Komfort). Es beschreibt die »Wahrnehmungen und Reaktionen einer Person, die aus der tatsächlichen und/oder der erwarteten Benutzung eines Softwareproduktes resultieren« [ISTQB Glossar]. Gebrauchstauglichkeit hingegen konzentriert sich vorrangig auf das subjektive Empfinden des Benutzers während der Interaktion mit dem Produkt bzw. dem Softwaresystem (siehe Abb. 4–7).

6. Damit ist gemeint, dass nur die Modellierungselemente verwendet werden dürfen, die der Testgenerator interpretieren und ausführen kann.

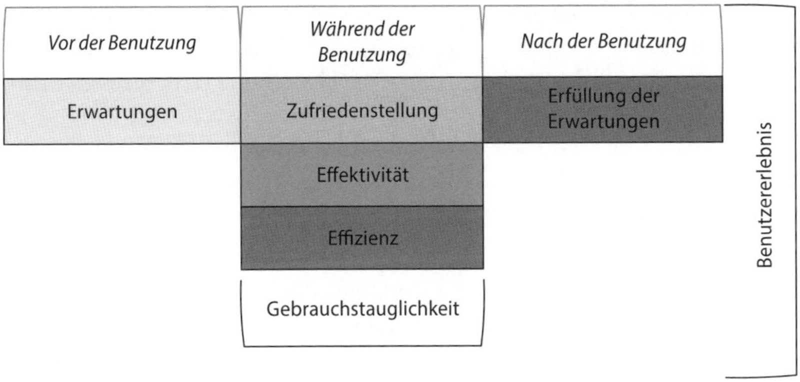

Abb. 4-7
Beziehung zwischen Gebrauchstauglichkeit und Benutzererlebnis

Benutzererlebnis charakterisiert sich durch die folgenden Teilmerkmale [ISTQB CTFL-UT]:

- Emotionen
- Überzeugungen
- Vorlieben
- Wahrnehmungen
- Physiologische und psychologische Reaktionen
- Verhalten und Erfolge

Zudem wird das Benutzererlebnis durch folgende Aspekte beeinflusst:

- Markenimage (d.h. das Vertrauen des Nutzers in den Hersteller)
- Gestaltung (d.h. Erscheinungsbild des Softwareprodukts, einschließlich Verpackung und Dokumentation)
- Funktionalität
- Leistungsmerkmale des Softwareprodukts
- Interaktives Verhalten
- Hilfe/Unterstützung durch das Softwareprodukt, einschließlich Hilfesystem, Systemsupport und Trainingsunterstützung
- Erlernbarkeit
- Individueller Nutzerstatus (physiologisch/psychologisch), der sich aus gesammelten Erfahrungen, Einstellungen, Fähigkeiten, Persönlichkeit, Bildung und Intelligenz ergibt
- Nutzungskontext

Der Nutzungskontext, in dem das System verwendet wird, hat einen starken Einfluss auf das Benutzererlebnis, da sich dieses aufgrund einer Reihe von Faktoren sehr stark unterscheiden kann. Hierzu gehört z.B.

der Standort (z.B. der Benutzer sitzt am Schreibtisch, fährt Auto oder wandert), das Wetter (z.B. Sonne, Regen, Kälte), der Gesundheitszustand des Benutzers (z.B. Müdigkeit, Alter), die Umgebung (z.B. Stress, Lärm).

Fallbeispiel
Benutzererlebnis vor und nach der Benutzung

Eine Neuerung von *CA-Cockpit* ist die Möglichkeit, dass Kunden die Details ihres Handyvertrags selbst einsehen, verändern, sprich verwalten können. Faktoren, die das Benutzererlebnis noch vor der Benutzung wahrscheinlich positiv beeinflussen, jedoch nichts mit der Gebrauchstauglichkeit zu tun haben:

- Die Möglichkeit, Anpassungen am Tarif ohne das Callcenter vornehmen zu können.
- Die Möglichkeit, Rechnungen auch nach Monaten noch einsehen und ausdrucken zu können.

Faktoren, die das Benutzererlebnis nach der Benutzung wahrscheinlich negativ beeinflussen, jedoch nichts mit der Gebrauchstauglichkeit zu tun haben:

- Wenn sich herausgestellt hat, dass tarifspezifische Anpassungen nicht in dem erwarteten Umfang möglich sind bzw. die erneute Kommunikation mit dem Callcenter notwendig wird.

Nutzungsanalyse und Nutzungsanforderungen

Nutzungsanforderungen ergeben sich durch die spezifischen Erfordernisse, die für die Erreichung der jeweiligen Ziele im Nutzungskontext gegeben sind. Erfordernisse sind ein Zwischenarbeitsprodukt, das helfen soll, die vorliegenden Ausprägungen der Nutzungskontextaspekte in entsprechende Nutzungsanforderungen zu transformieren. Ein Erfordernis ist dabei losgelöst von der technischen Lösung und entspricht daher im Grunde Anforderungen, die in einem Lastenheft aufgeführt sind. Die Nutzungsanforderungen werden aus den Erfordernissen abgeleitet, bringen diese mit anderen relevanten Anforderungsarten (bspw. der funktionalen und IT-Sicherheit) zusammen und schaffen die Grundlage für die Evaluierung des Benutzererlebnisses und der Gebrauchstauglichkeit.

Um sowohl Erfordernisse als auch Nutzungsanforderungen zu identifizieren, können die vier Säulen der Anforderungsanalyse für das Benutzererlebnis und der Gebrauchstauglichkeit eingesetzt werden (Abb. 4–8).

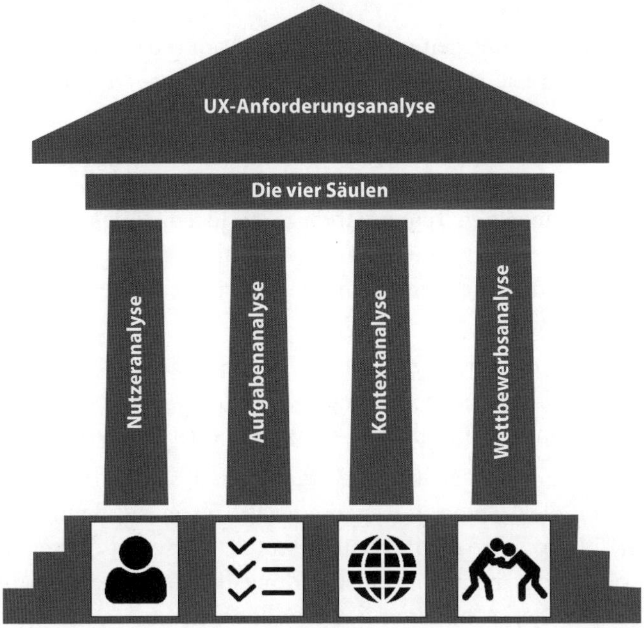

Abb. 4–8
Die vier Säulen der UX-Anforderungsanalyse

Diese vier Analysearten ähneln stark den Aspekten des Nutzungskontextes und führen auch zu ähnlichen Erkenntnissen. Auch wenn die Tester üblicherweise an der Analyse und der Spezifikation der Nutzungsanforderungen nicht oder nur in der Rolle eines Reviewers teilnehmen, hilft es Testern für die Spezifikation von Gebrauchstauglichkeits- und Benutzererlebnistest zu verstehen, auf welche Weise bestimmte Erfordernisse erhoben wurden:

- **Nutzeranalyse**
  Benutzer werden nach physischen und intellektuellen Merkmalen, technischen Fähigkeiten, betrieblichen Kenntnissen, sozioökonomischem und kulturellem Hintergrund kategorisiert. Businessanalysten können zu diesem Zweck auch auf Benutzergruppenprofile oder Personas zurückgreifen und sie als Modelle von Benutzern verwenden. Ein Benutzergruppenprofil ist eine verallgemeinerte Beschreibung einer Sammlung von Benutzern mit den gleichen oder ähnlichen persönlichen Eigenschaften und Nutzungskontext in Bezug auf die Benutzung des Produkts oder Softwaresystems. Ein anderes Wort für Benutzergruppenprofil ist Zielgruppe. Personas sind Beschreibungen fiktiver, aber realistischer Personen, die stellvertretend für eine bestimmte Benutzergruppe sind.

- **Aufgabenanalyse:**
  Benutzer haben in den meisten Fällen konkrete Aufgaben im Sinn, wenn sie ein Produkt oder Softwaresystem benutzen. In der Aufgabenanalyse geht es darum, diese konkreten Aufgaben zu identifizieren und zu formalisieren (z.B. anhand von Anwendungsfällen oder User Stories). Jede Aufgabenanalyse beruht darauf, eine Kernaufgabe in ihre einzelnen Teilaufgaben zu zerlegen, sodass Erfordernisse abgeleitet werden können, um ein optimiertes System oder Produkt zu entwerfen. Aufgabenanalyse zerfällt üblicherweise in zwei Teilbereiche:
  - Die aktionsgetriebene Aufgabenanalyse adressiert die erforderlichen Handlungen der Benutzer, um die Aufgaben zu erfüllen (z.B. manuelle Tätigkeiten, Bewegung oder Objektmanipulation).
  - Die kognitionsgetriebene Aufgabenanalyse untersucht hingegen die intellektuellen und mentalen Prozesse, die Benutzer bei der Erfüllung der Aufgaben durchlaufen. Diese beinhalten wichtige kognitive Aspekte der Entscheidungsfindung, des Problemlösens, der Aufmerksamkeit und des Gedächtnisses.
- **Kontextanalyse**
  Der Nutzungskontext hat, wie bereits erwähnt, einen maßgeblichen Einfluss auf die Nutzungsqualität, die Gebrauchstauglichkeit und das Benutzererlebnis. Äußere Bedingungen (z.B. Licht, Temperatur, Bewegung, Feuchtigkeit oder Staub), physische Bedingungen (z.B. Sitzen, Stehen, Liegen, Bewegen, Freihändigkeit) oder »psychologische« Bedingungen (z.B. Stresslevel, Motivation oder der Unterschied zwischen privatem und professionellem Gebrauch) werden dabei in Erfordernisse zerlegt und in Nutzungsanforderungen überführt, um die nachfolgenden Entwurfsschritte in eine bestimmte Richtung zu lenken. Geräte, Plattformen und Formfaktoren (gerätespezifische Anzeige) werden ebenfalls als Teil des Nutzungskontextes betrachtet.
- **Wettbewerbsanalyse**
  Die Analyse eines bereits auf dem Markt angebotenen Konkurrenzprodukts eignet sich immer dann als kostengünstige Möglichkeit, Nutzungsanforderungen zu erheben, solange kein völlig neuartiges, disruptives Design angestrebt wird. Dies können erfolgreiche Lösungen aus ähnlichen oder sogar ganz anderen Branchen sein. Ziel ist es hier, zu verstehen, was Benutzer eines bestimmten Nutzungskontextes erwarten, was man ggf. besser machen kann und was man unbedingt vermeiden sollte.

Aufgrund allgemeiner menschlicher Einschränkungen und Voreingenommenheit (z.B. kognitive oder perzeptive Voreingenommenheit, Sehbehinderung, Unerfahrenheit) [ISTQB CTFL-UT] können einige Benutzer mit spezifischeren und manchmal herausfordernden Schwierigkeiten bei der Verwendung von Software oder Produkten konfrontiert sein, die als Teil der Geschäftslösung vorgesehen sind. Businessanalysten und Tester sollten beurteilen, ob Produkte oder Dienste für alle Benutzer zugänglich sind, indem sie diese Einschränkungen beim Entwurf von Abnahmekriterien und Testfällen berücksichtigen.

Fallbeispiel

Nutzungskontextanalyse des Geschäftsprozesses
GP-02b Handyvertrag abschließen (mit Laufzeit)

Nutzeranalyse

Die Analyse der zu erwartenden Benutzer für den Geschäftsprozess *Handyvertrag abschließen (mit Laufzeit)* ergab drei repräsentative bzw. zu erwartende Benutzergruppen. Die Analyse wurde gemeinsam vom Businessanalysten und dem Marketing durchgeführt. Diese Benutzergruppen sind nachfolgend kurz umrissen.

- **Benutzergruppe 1**
  Benutzer dieser Gruppe sind Bestandskunden mit Prepaid-Tarifen, die diese in einen Handytarif mit Vertrag umwandeln möchten. Der Großteil dieser Benutzergruppe ist zwischen 20 und 30 Jahren alt, hat umfassende Erfahrungen mit Online-Shops und Online-Bestellvorgängen. Als Bestandskunden kennen diese Benutzer zudem auch die Geschäftsprozesse des Unternehmens, die üblichen Kommunikationsmöglichkeiten sowie das CI des Unternehmens.
- **Benutzergruppe 2**
  Benutzer dieser Benutzergruppe sind Neukunden, die bereits über Erfahrungen im Umgang mit Onlineshops und -Bestellvorgängen haben. Die Feinheiten der angebotenen Tarife sind jedoch überwiegend nicht bekannt. Diese Benutzergruppe zeichnet sich dadurch aus, dass sie viele verschiedene Angebote auf dem Markt vergleichen und dadurch bestrebt sind, möglichst einfach die angebotenen Tarife eines Unternehmens miteinander vergleichen zu können. Diese Benutzergruppe legt Wert auf eine möglichst große Flexibilität bei der Zusammenstellung der Tarifdetails, während die Laufzeit des Vertrages keine große Rolle bei diesen Überlegungen spielt. Die Altersspanne dieser Benutzergruppe liegt zwischen 30 und 50 Jahren.

- **Benutzergruppe 3**
  Benutzer dieser Benutzergruppe sind potenzielle Neukunden, die bislang kaum oder wenig Erfahrungen mit Onlineprozessen gemacht haben und Online-Bestellvorgängen grundsätzlich skeptisch gegenüberstehen. Die Altersspanne dieser Benutzergruppe ist 60+. Diese Benutzergruppe legt Wert auf möglichst übersichtlich vorkonfigurierte Tarife ohne besondere Details oder Konfigurationsmöglichkeiten.

Aufgabenanalyse

Das Ziel der Nutzung ist der Abschluss eines Handytarifs mit Vertrag zur vollsten Zufriedenheit der Benutzer. Um dieses Ziel zu erreichen, hat der Benutzer die Aufgabe, den Bestellprozess in Interaktion mit dem System durchzuführen und vertragsrechtlich (sprich erfolgreich) abzuschließen. Diese Aufgabe lässt sich in eine Menge von Teilaufgaben zerlegen, die sich ihrerseits wiederum in Teilaufgaben zerlegen ließen. Aus Gründen der Übersichtlichkeit wurde die weitere Dekomposition von Teilaufgaben nur für die Teilaufgabe »Finanzielle Details klären« illustriert (siehe Abb. 4–9).

Abb. 4–9
Aufgabenzerlegung des Geschäftsprozesses GP-02b Handytarif abschließen (mit Laufzeit)

Kontextanalyse

Die Kontextanalyse wurde überwiegend vom Marketing durchgeführt. Die relevanten Aspekte der Kontextanalyse für den Geschäftsprozess sind die Arbeitsmittel, die zur Durchführung der Aufgaben und Teilaufgaben benötigt werden, sowie das Umfeld, in dem die Aufgaben und Teilaufgaben üblicherweise durchgeführt werden. Dazu wurde unter anderem auch ausgewertet, mit welchen Gerätetypen Kunden und Besucher das Webportal bislang besucht haben.

- **Arbeitsmittel**
  Die Auswertung der Nutzungsdaten aus dem Webportal hat ergeben, dass zu 80 % mobile Endgeräte eingesetzt werden, um Tarife zu vergleichen und den Bestellvorgang durchzuführen. Weitere 15 % entfallen auf PCs, die restlichen 5 % sind Tablets.
- **Umfeld**
  Die Verweildauer der Benutzer/Besucher auf dem Webportal und die durchschnittlichen Zeiten beim Vergleich der Tarife und Durchführung eines Bestellprozesses weisen darauf hin, dass kein zeitlicher Drang bzw. Hektik bei den Benutzern/Besuchern vorliegt.

Wettbewerbsanalyse

Die Wettbewerbsanalyse wurde gemeinsam vom Marketing und dem Businessanalysten durchgeführt. Es wird nicht nach einem disruptiven Ansatz für die Gebrauchstauglichkeit gestrebt. Die durch Rückmeldungen von Bestandskunden bewertete Nutzungsqualität des Geschäftsprozesses *Handyvertrag abschließen* ist bereits hoch, sodass die Gebrauchstauglichkeitsaspekte des bestehenden Geschäftsprozesses *Handyvertrag abschließen (ohne Laufzeit)* für den neuen Geschäftsprozess *Handyvertrag abschließen (mit Laufzeit)* übernommen werden sollen.

Vereinzelte Rückmeldungen der Bestandskunden enthielten Beschwerden oder Empfehlungen, zwischen den verschiedenen Teilaufgaben des Buchungsprozesses einfacher navigieren zu können. Es wird daher empfohlen, die verschiedenen Teilaufgaben auf jeweils verschiedene Masken aufzuteilen und eine einfache Navigation zwischen den Masken zu ermöglichen. Vor dem Abschluss des Bestellprozesses sollen zudem sämtliche relevante Informationen abschnittsweise dem Benutzer präsentiert werden und ihm die Möglichkeit gegeben werden, über einen direkten Link zu der entsprechenden Maske der Teilaufgabe zu springen.

Erfordernisse und Nutzungsanforderungen

Die Ergebnisse der Nutzungskontextanalyse werden weiterhin verwendet, um konkrete Erfordernisse der tarifsuchenden Benutzer (kurz: Tarifsuchende) abzuleiten, aus denen sich im Anschluss konkrete Nutzungsanforderungen und Abnahmekriterien ergeben.

Erfordernisse

- **Erfordernis E-01**
  Ein Tarifsuchender muss so einfach wie möglich durch den Such- und Bestellprozess geleitet werden, um einen Handytarifvertrag abzuschließen.
- **Erfordernis E-02**
  Ein Tarifsuchender muss jederzeit zwischen unterschiedlichen Tarifoptionen wechseln können, um die jeweiligen Auswirkungen auf die Berechnung der Vertragssumme bei einem Tarifabschluss bewerten zu können.

- Erfordernis E-03
  Ein Tarifsuchender muss die Möglichkeit haben, verschieden konfigurierte Handytarife miteinander zu vergleichen, um stets den jeweils passendsten Handytarif für sich auswählen zu können.

Anforderung		
ID	**A-38**	
Titel	Einfachheit des Bestellprozesses	
Beschreibung	Das System muss dem Tarifsuchenden das Ausfüllen der relevanten Informationen der Teilaufgaben Persönliche Daten, Tarifkonfiguration, Bankverbindung und Bestellzusammenfassung sowie rechtliche Bestätigungen während des Bestellprozesses so einfach wie möglich machen.	
Art	**UX**	
Erfordernis	**E-01**	
Abnahmekriterien	**A-38-01**	Ein Tarifsuchender der Benutzergruppe 1 muss den Bestellprozess bei einer zuvor bekannten Tarifkonfiguration innerhalb von 5 Minuten erfolgreich abschließen.
	A-38-02	Ein Tarifsuchender der Benutzergruppe 2 muss den Bestellprozess bei einer zuvor bekannten Tarifkonfiguration innerhalb von 10 Minuten erfolgreich abschließen.
	A-38-03	Ein Tarifsuchender der Benutzergruppe 3 muss den Bestellprozess bei einer zuvor bekannten Tarifkonfiguration durch Verwendung der Hilfsfunktionen innerhalb von 10 Minuten erfolgreich abschließen.
	A-38-04	Die einzugebenden Informationen für die verschiedenen Teilaufgaben des Bestellprozesses sollen auf separaten Bildschirmmasken dem Benutzer präsentiert werden und eine nahtlose Navigation zwischen den Benutzermasken ermöglichen.
	A-38-05	Die Zufriedenheitsbewertung der Tarifsuchenden soll nach Vertragsabschluss erfragt werden und mindestens durch eine Bewertungsnote 4 (auf einer 5-stelligen Bewertungsskale) nachweisbar sein.

Abnahmekriterien der Nutzungsanforderungen werden auch *quantitative Nutzungsanforderungen* genannt, während die funktionalen Beschreibungen der Aufgaben als *qualitative Nutzungsanforderungen* bezeichnet werden.

4.2.3 Gebrauchstauglichkeitstest

Anhand der erhobenen und spezifizierten Nutzungsanforderungen kann die Gebrauchstauglichkeit und das Benutzererlebnis evaluiert werden. Dabei konzentriert sich der Gebrauchstauglichkeitstest auf die Nutzungsqualitätsmerkmale Effizienz, Effektivität und Zufriedenheit.

Die Ziele der Gebrauchstauglichkeitsevaluierung sind:

- Beurteilen, ob die Nutzungsanforderungen erfüllt wurden
- Aufdecken von Gebrauchstauglichkeitsproblemen, damit diese behoben werden können
- Messen der Gebrauchstauglichkeit eines Produkts oder Softwaresystems

Die eingesetzten Verfahren zur Evaluierung der Gebrauchstauglichkeit werden in formative und summative Evaluierungen unterschieden. Formative (oder explorative) Evaluierung wird durchgeführt, um Schwierigkeiten bzw. Probleme mit der Gebrauchstauglichkeit zu verstehen und den Entwurf von Mensch-Maschine-Schnittstellen zu formen. Formative Bewertungen werden zumeist frühzeitig im Entwicklungsprozess anhand von Entwurfsdokumenten und Prototypen durchgeführt. Dazu kann es auch notwendig sein, den Nutzungskontext physisch in einem Testlabor nachzubauen, um zu sehen, ob die Operabilität effizient möglich ist. Labore und physische Prototypen werden vor allem in sicherheitskritischen, eingebetteten oder cyber-physischen Systemen eingesetzt.

Summative Evaluierung wird zu einem späteren Zeitpunkt im Entwicklungsprozess durchgeführt mit dem Ziel, die Implementierung der Mensch-Maschine-Schnittstelle gegen die Nutzungsanforderungen zu prüfen. Die summative Evaluierung ist quantitativ, d.h., der Schwerpunkt liegt auf der Messung von Effektivität, Effizienz oder Zufriedenheit des Benutzers bei der Interaktion mit dem Produkt oder Softwaresystem.

Die Evaluierung der Gebrauchstauglichkeit besteht aus drei Verfahren, die für unterschiedliche Ziele eingesetzt werden können [ISTQB CTFL-UT]:

- **Benutzerbefragungen**
  Eine Benutzerbefragung ist eine Usability-Evaluierung, bei der eine repräsentative Auswahl von Benutzern gebeten wird, ihre subjektive Bewertung in einem Fragebogen zu berichten, der ihre Erfahrungen bei der Interaktion mit einem Produkt oder Softwaresystem dokumentiert. Entsprechende Fragebogen können entweder standardmäßige oder proprietäre Fragebogen sein, es wird jedoch dringend empfohlen, einen Standardfragebogen zu verwenden, wenn dies

möglich ist. Beispiele von Standardfragebogen sind System Usability Scale (SUS), Software Usability Measurement Inventory (SUMI) und Website Analysis and MeasureMent Inventory (WAMMI). Benutzerbefragungen eignen sich vor allem, um die Zufriedenheit der Benutzer nach der Benutzung des Produkts oder Softwaresystems zu bewerten.

- **Reviews auf Gebrauchstauglichkeit**
  Gebrauchstauglichkeitsreviews basieren häufig auf Benutzeranforderungen, geltenden Richtlinien für die Benutzungsschnittstelle, GebrauchstauglichkeitssStandards und/oder frühere Erfahrungen von Nutzern mit Gebrauchstauglichkeitsproblemen. Bei einem Gebrauchstauglichkeitsreview werden häufig Heuristiken verwendet. [Rubin & Chisnell 08] [Nielsen 94]. Eine Gebrauchstauglichkeitsheuristik ist eine Liste mit »Daumenregeln«, die helfen, die Gebrauchstauglichkeit von Produkten und Softwaresystemen zu bewerten. Eine Heuristik hat den Zweck, dem Gutachter eine verlässliche und nützliche Hilfestellung für die Evaluierung der Gebrauchstauglichkeit eines Softwareprodukts zu geben. Reviews können sowohl formativ als auch summativ eingesetzt werden. Generell sind Reviews einfacher durchzuführen, wenn man die Mensch-Maschine-Schnittstelle sehen kann. Ein Review sollte daher durch Prototyping oder Wireframing (oder eine andere Form der Visualisierung) unterstützt werden. Dazu zählen auch Mensch-Maschine-Schnittstellen, die mit Stift und Papier skizziert wurden, wie es beispielsweise in einer agilen Vorgehensweise häufig für die Sprint-Planung der Fall ist.
- **Usability-Tests**
  Gebrauchstauglichkeitstests eignen sich zur Bewertung der Effektivität, aber vor allem zur Überprüfung, ob alle Anforderungen an die Effizienz des Produkts oder Softwaresystems erfüllt wurden. Gebrauchstauglichkeitstests, insbesondere im Abnahmetest, sollten unter Bedingungen durchgeführt werden, die den Bedingungen der antizipierten Produktivumgebung soweit es geht entsprechen. Im Gegensatz zu den ersten beiden Verfahren sind Gebrauchstauglichkeitstests dynamische Tests.

Das beste Ergebnis bei der Evaluierung der Gebrauchstauglichkeit wird erzielt, wenn die drei Evaluierungsverfahren kombiniert werden und sowohl formativ als auch summativ durchgeführt werden.

Die Verfahren können zu unterschiedlichen Zeitpunkten im Entwicklungsprozess eingesetzt werden. Gebrauchstauglichkeitsreviews lassen sich beispielsweise schon früh im Projekt durchführen, um möglichst viele Befunde frühzeitig zu identifizieren, bevor es in den vergleichsweise aufwendigen dynamischen Gebrauchstauglichkeitstest geht. In diesem

Sinne steht die Evaluierung der Gebrauchstauglichkeit der allgemeinen Empfehlung, möglichst frühzeitig mit dem Test eines Systems zu beginnen, in nichts nach.

Folgende Methoden werden im Abnahmetest häufig für die Evaluierung der Gebrauchstauglichkeit eingesetzt:

- **Checklistenbasierte Evaluierungen**
  Benutzer bewerten das zu testende System oder Produkt anhand von Checklisten [Rubin & Chisnell 08], um ihre Erfahrungen zu bewerten, zu vergleichen und zu qualifizieren. Zu diesen Checklisten zählen auch Heuristiken, beispielsweise die anerkannten Heuristiken von Jakob Nielsen [Nielsen 94]. Eine Kategorie der Nielsen-Heuristiken ist beispielsweise die Empfehlung, dass keine Fehlercodes als Fehlermeldung verwendet werden sollen, sondern natürlichsprachige Fehlermeldungen. Checklisten und Heuristiken können sowohl in Gebrauchstauglichkeitsreviews als auch für Gebrauchstauglichkeitstests verwendet werden.
- **Expertenreviews der Gebrauchstauglichkeit**
  Gebrauchstauglichkeitsexperten bewerten die Gebrauchstauglichkeit des Systems oder Produkts anhand vordefinierter Kriterien oder Checklisten auf der Grundlage von Gebrauchstauglichkeitsheuristiken, um die Stärken und Schwächen einer Mensch-Maschine-Schnittstelle zu identifizieren. Expertenreviews werden, wie der Name suggeriert, von Gebrauchstauglichkeitsexperten durchgeführt. Ein Expertenreview der Gebrauchstauglichkeit ist eine konkrete Reviewart der Gebrauchstauglichkeitsreviews.
- **Walkthrough und Think-Aloud-Techniken**
  Benutzer erkunden das Produkt oder das Softwaresystem und teilen dabei ihre Handlungen, Eindrücke und Erwartungen laut mit [ISTQB CTFL-UT], während sie eine Gebrauchstauglichkeits-Testaufgabe durchführen. Diese Methode wird insbesondere bei Gebrauchstauglichkeitstests eingesetzt. Der Vorteil dieses Verfahrens ist, dass auf diese Weise Verständnis bei den Gebrauchstauglichkeitsexperten geschaffen wird, wie Benutzer mit dem Produkt interagieren, und mehr über Erwartungen oder Schwierigkeiten erfahren wird.
- **Biometrische Evaluierungen**
  Das Benutzerverhalten wird mit speziellen biometrischen Geräten (z.B. zur Aufzeichnung von Augenbewegungen, Aufzeichnung von Mausbewegungen) überwacht, um zu verstehen, wie der Benutzer mit einer Webseite oder einer anderen Mensch-Maschine-Schnittstelle interagiert, was seine Aufmerksamkeit erregt oder was für Benutzer mehr oder weniger sichtbar ist.

- **Protokolldateianalyse**
  Eine nachträgliche Analyse wird durchgeführt, um die Interaktion der Benutzer mit dem System zu überprüfen, um Bereiche für mögliche Verbesserungen zu ermitteln und um zu verifizieren, ob die tatsächliche Nutzung mit dem beabsichtigten Profil bzw. der Nutzung korreliert.

Das Thema Gebrauchstauglichkeit und Benutzererlebnis wird von einer ganzen Reihe an Gremien und Lehrplänen behandelt. Neben dem ISTQB®-Lehrplan Usability Testing befasst sich auch das UXQB (International Usability and User Experience Qualification Board [URL: UXQB]) mit einer Ausbildung im Bereich der Gebrauchstauglichkeit und des Benutzererlebnisses.

4.3 Performanz

Die Performanz eines Produkts oder Softwaresystems beschreibt die Reaktionsfähigkeit und Stabilität eines Systems unter bestimmten Nutzungsbedingungen. Sie ist ein wesentlicher Aspekt, um Benutzern ein »gutes Erlebnis« zu bieten, wenn sie für ihre Aufgaben eine Vielzahl mobiler und nicht mobiler Plattformen nutzen [ISTQB CTFL-PT]. Das »gute Erlebnis« deutet bereits darauf hin, dass Performanz eng mit der Gebrauchstauglichkeit zusammenhängt, denn Benutzer können ihre Aufgaben im jeweiligen Nutzungskontext nur dann effizient und zufriedenstellend erledigen, wenn das Zeitverhalten und die Verarbeitungsgeschwindigkeit des Produkts angemessen sind. Dabei ist die Erwartungshaltung der Benutzer in vielen Nutzungskontexten bereits so hoch, dass schlechte Performanz bei Anwendungen kaum mehr toleriert wird.

Performanz ist ein nicht funktionales Qualitätsmerkmal der ISO 25010 mit den folgenden Teilmerkmalen (siehe Abb. 4–3):

- **Zeitverhalten**
  Der Grad, zu dem eine Komponente oder ein System ihre bzw. seine erforderlichen Funktionen innerhalb der erforderlichen Antwortzeiten, Verarbeitungszeiten und Durchsatzraten erfüllen kann. Das Teilmerkmal Zeitverhalten ist unweigerlich mit dem Begriff *Performanz* verwoben. Für Benutzer ist das Zeitverhalten ein maßgebliches Merkmal während der Interaktion mit einem System. Das Zeitverhalten umfasst gemeinhin die Zeit, die es benötigt, bis eine Reaktion des Systems auf ein auslösendes Ereignis – eine Benutzeranfrage oder eine Zustandsänderung der Umgebung – erfolgt. Gutes Zeitverhalten wird üblicherweise honoriert und wertgeschätzt. Schlechtes Zeitverhalten führt rasch zu Ablehnung eines Systems. In den Zeiten

von schnellem Internet immer und überall wird schlechtes Zeitverhalten durch die Benutzer nur wenig toleriert.

- **Ressourcennutzung**
  Der Grad, bis zu dem die Ressourcen gemäß den in den Anforderungen definierten Mengen und Arten genutzt werden können, wenn eine Komponente oder ein System ihre bzw. seine Funktionen ausführt. Ressourcennutzung ist ein Teilmerkmal, das von den Benutzern eines Systems immer nur dann bemerkt wird, wenn die Ressourcennutzung nicht optimal ist. Lange Wartezeiten, verlangsamte Verarbeitungsgeschwindigkeit oder abstürzende Server infolge von ungeplant hoher Anzahl an Anfragen an ein System sind die typischen Auswirkungen von unzureichender Ressourcennutzung.
- **Kapazität**
  Der Grad, zu dem die Höchstgrenzen eines Komponenten- oder Systemparameters Anforderungen erfüllen. Die Kapazität eines Systems hat vor allem Bedeutung für das operative Personal eines Systems. Die Bestimmung der Kapazität ist wichtig, um herauszufinden, wo die ressourcenbedingten Grenzen des Systems liegen. Zum einen dient diese Information zur Erstellung von Lastprofilen, die beim Stresstest eingesetzt werden, zum anderen können konstruktive Maßnahmen installiert werden, die das operative Team alarmieren, wenn die Ressourcen kurz davor sind, die Kapazitätsgrenzen im Produktivbetrieb zu überschreiten, oder sie bereits überschritten haben. Auf diese Weise soll schlechter Ressourcennutzung eines Systems vorgebeugt werden.

Zeitverhalten als Ideengeber neuer Dienste

Herausragendes Zeitverhalten ist die Grundlage für immer neue und spektakuläre Dienste. Autonomes oder teilautonomes Fahren ist nur deshalb möglich, weil die Systeme in der Lage sind, kontinuierliche Ströme an Informationsdaten umgehend auszuwerten und auf den Informationsgehalt *schnell* zu reagieren. Dies wird vor allem durch Machine Learning, künstliche Intelligenz und Mehrprozessorrechner ermöglicht. Durch immer schnellere Kommunikationsprotokolle, Durchsatzraten und Antwortzeiten (Stichwort: 5G und in ferner Zukunft 6G) dringt die Digitalisierung sukzessive in viele industrielle Bereiche und Bereiche des öffentlichen Lebens vor. Das Auslesen und Integrieren von Maschinendaten zum Zwecke optimierter Wartungs- oder Fertigungsprozesse ist nur ein Beispiel. Durch immer größere Datenmengen, die prinzipiell verarbeitet werden müssen, sind neben dem mittlerweile gut verstandenen Cloud Computing Forschungsbereiche wie das sogenannte *Edge Computing* [URL: Edge Computing] entstanden, um auch bei großen zu durchsuchenden Datenmengen eine schnelles Zeitverhalten bei vernetzten Systemen zu gewährleisten.

Die verschiedenen Arten des Performanztests

Der Begriff *Performanztest* steht repräsentativ für eine Menge von verschiedenen Testarten, wobei sich jede Testart auf eine der drei Teilmerkmale konzentriert [ISTQB CTFL-PT]. Tests, die sich auf die Bewertung des Zeitverhaltens eines Produkts oder Softwaresystems konzentrieren, sind vermutlich die am häufigsten durchgeführte Art der Performanztests. Das Zeitverhalten ist insbesondere in Echtzeitsystemen, also Systemen mit fest definierten Antwortzeiten, von enormer Bedeutung. Allerdings müssen auch bei Nicht-Echtzeitsystemen vertraglich festgelegte Antwortzeiten, die häufig in Form von Service Level Agreements (SLAs) vorliegen, eingehalten werden. Diese werden üblicherweise in Form von Performanzanforderungen und -abnahmekriterien spezifiziert. Ziel eines Performanztests ist es, sicherzustellen, dass das Zeitverhalten konform zu den entsprechenden Anforderungen des Produkts oder Softwaresystems ist. Im Folgenden sind einige der üblichen Performanztestarten knapp umrissen.

Lasttest

Der Lasttest ist eine Ausprägung des Performanztests, der üblicherweise gemeint wird, wenn ganz allgemein von Performanztests gesprochen wird. Der Lasttest zielt darauf ab, das Zeitverhalten des zu testenden Systems in den Grenzen der zu erwartenden Last zu prüfen. Die zu erwartende Last wird durch Lastprofile verschiedener realistischer Benutzer erzeugt. Ein Lasttest wird daher häufig auch implizit durchgeführt, wenn beim Benutzerabnahmetest die abzunehmenden Geschäftsprozesse oder Anwendungsfälle, also Ende-zu-Ende-Szenarien, validiert werden.

Lastspitzentest

Der Lastspitzentest ist eine besondere Form des Lasttests, der darauf abzielt, den Umgang des zu testenden Systems mit plötzlich auftretender, aber noch spezifikationskonformer Spitzenlast zu prüfen. Da schlagartig eine Vielzahl von Ressourcen allokiert werden müssen, kann es sein, dass es zu Problemen kommt. Insbesondere die Fähigkeit des Systems, nach der bewältigten Spitzenlast wieder in einen stabilen Zustand zurückzukehren, ist hierbei von Interesse.

Stresstest

Der Stresstest überprüft das Zeitverhalten des zu testenden Systems, wenn die tatsächlich anfallende Last außerhalb der spezifizierten, erlaubten Grenzen liegt. Stresstests werden insbesondere auch mit dynamischen Analysen kombiniert, um den Umgang des zu testenden Systems mit knapper werdenden Systemressourcen zu überwachen. Stresstests werden üblicherweise vor oder während des betrieblichen Abnahmetests durchgeführt.

Dauertest

Das Ziel des Dauertests ist es, sicherzustellen, dass auch bei einer langfristigen Nutzung des zu testenden Systems in üblichen Nutzungskontexten (also konform zu der Spezifikation des Systems) keine Probleme mit den Ressourcenkapazitäten auftreten. Dauertests werden gemeinhin nicht im Benutzerabnahmetest durchgeführt, sind aber als Teil der vereinbarten Service Level Agreements und zur Bestimmung der Verfügbarkeit von großer Bedeutung. Diese Art des Performanztests wird überwiegend vom operativen Personal durchgeführt. In seiner Natur ist der Dauertest sehr eng mit Zuverlässigkeitstests verwandt. Eine Ausprägung für einen langlaufenden Zuverlässigkeitstest ist beispielsweise der Dauertest.

Skalierbarkeitstest

Der Skalierbarkeitstest ist in seiner Natur ein informativer Test, da er auslotet, bis zu welchen Leistungsgrenzen das zu testende System skalieren kann, bevor es zu ersten Fehlverhalten oder problematischen Situationen kommt. Der Skalierbarkeitstest hat dadurch auch Ähnlichkeiten mit dem Stresstest, da bewusst die spezifizierten Lastgrenzen ausgereizt und überschritten werden. Durch Einsatz dynamischer Analysewerkzeuge lässt sich beispielsweise auch herausfinden, welche Ressource als Erstes einen Flaschenhals darstellt. Zudem lassen sich auf diese Weise auch technische Schwellenwerte definieren, bei deren Annäherung oder Überschreitung Warnungen an das operative Personal gemeldet werden. Der Skalierbarkeitstest ist üblicherweise kein Test, der während des Benutzerabnahmetests durchgeführt wird, sondern im betrieblichen Abnahmetest oder auch als kontinuierlicher Wartungstest, während das System produktiv ist.

Kapazitätstest

Der Kapazitätstest ähnelt in der Art und Weise dem Skalierbarkeitstest, allerdings hat der Kapazitätstest eine kritisierende Funktion. Beim Kapazitätstest wird eruiert, wie viel Last das zu testende System bewältigen kann unter Berücksichtigung der vereinbarten Leistungsgrenzen. Es wird also die Menge der zu erzeugenden Last bewertet, die notwendig ist, um das System an seine Leistungsgrenzen zu bringen, und nicht das Verhalten des zu testenden Systems, wenn die Leistungsgrenze erreicht oder überschritten wird. Der Kapazitätstest lässt sich auch hervorragend als Vorbereitung für einen Stresstest durchführen, da auf diese Weise schnell ersichtlich ist, welche Last der Stresstest erzeugen muss, um die vereinbarten Leistungsgrenzen zu überschreiten. Der Kapazitätstest wird in der Regel auch nicht im Benutzerabnahmetest durchgeführt, sondern eher im betrieblichen Abnahmetest.

Performanztests und dynamische Analysen

Gerade die letzten drei genannten Performanztestarten – Dauertest, Skalierbarkeits- und Kapazitätstest – gehen immer auch einher mit einer kritischen Bewertung oder zumindest informativen Überwachung der Ressourcennutzung eines Systems. Die Ressourcennutzung wird vor allem durch dynamische Analysewerkzeuge überprüft. Sogenannte Monitoring-Werkzeuge liefern ein Abbild der technischen Ressourcennutzung der zugrunde liegenden Hardware, um mögliche Fehlerzustände zu identifizieren, die sich mit funktionalen Tests oder statischer

Analyse nur schwer nachvollziehen ließen. Eine treffende Kategorie von Fehlerursachen, die durch dynamische Analyse der Ressourcennutzung aufgedeckt werden können, sind Speicherlecks, die kontinuierlich zu Fehlerwirkungen des Produkts führen können. Häufig werden dynamische Analysen bei langlaufenden Zuverlässigkeitstests eingesetzt, um sicherzustellen, dass derartige Fehlerursachen ausgeschlossen werden können. Allerdings spielt die Ressourcennutzung auch bei Stress- und Lasttests eine große Rolle, da sichergestellt werden soll, dass das Produkt oder Softwaresystem bei fehlenden oder zumindest einem Mangel an Ressourcen nicht abstürzt, sondern kontinuierlich in seinem Zeitverhalten zurückgeht, bis sich die Ressourcenverfügbarkeit verbessert hat. Die dynamische Analyse eines Stresstests kann Aufschluss darüber geben, wann und warum ein System abgestürzt ist.

Teststufen

Generell sollten Performanztests auf allen Teststufen berücksichtigt werden. Je nachdem, was gemessen werden muss, können verschiedene Testarten durchgeführt werden. Dazu gehören Lasttests, Stresstests und Dauer-/Stabilitätstests. Performanztests werden auf den verschiedenen Teststufen gewöhnlich zu verschiedenen Zwecken eingesetzt:

- **Komponententest**
  Im Komponententest geht es überwiegend darum, die Verarbeitungsgeschwindigkeit einzelner Komponenten zu bewerten und Flaschenhälse in der Ressourcenverwendung innerhalb dieser Komponenten zu identifizieren. Wenn die Verarbeitungsgeschwindigkeit einer einzelnen Komponente für sich genommen nicht optimal erscheint, lohnt es sich ggf., die Performanz der Komponente zu optimieren. Kommen zu einem späteren Zeitpunkt, beispielsweise im Komponentenintegrationstest, weitere Komponenten in den Verarbeitungsprozess hinzu, kann sich durch die Aufsummierung der einzelnen Verarbeitungszeiten durchaus ein relevantes Performanzproblem ergeben.
- **Komponentenintegrationstest**
  Je nach Integrationsstrategie werden die Komponenten integriert und so zu immer größeren Teilsystemen zusammengesetzt. Der Performanztest auf dieser Stufe konzentriert sich darauf, zu überwachen, ob durch die Integration einzelner Komponenten Performanzprobleme vorhanden sind oder wahrscheinlich vorhanden sein werden. Die Aussagekraft eines Performanztests auf Integrationsteststufe ist mit Vorsicht zu genießen, da noch nicht alle Komponenten integriert sind. Dies ist erst beim Systemtest der Fall. Es gibt daher keine Gewähr, dass ein auf den ersten Blick sehr gutes Zeitverhalten eines teilintegrierten Systems durch Hinzunahme einer weiteren Komponente gleich gut bleibt. Die Durchführung von Performanztests auf Komponententestebene verringert das Risiko eines plötzlich schlechten Ergebnisses jedoch ganz erheblich.

- **Systemtest**
  Beim System erfolgt die Bewertung verschiedener Performanzaspekte durch Verwendung realistischer bzw. zu erwartender Ende-zu-Ende-Szenarien. Anwendungsfälle bieten eine gute Grundlage, um die Performanztests zu entwerfen und durchzuführen. Das primäre Ziel des Performanztests auf Systemteststufe ist es, Fehler bezüglich der Performanzanforderungen in den Ende-zu-Ende-Szenarien vor der anstehenden Abnahme des Produkts durch den Auftraggeber zu identifizieren.
- **Systemintegrationstest**
  Der Systemintegrationstest testet das System im Zusammenspiel mit Drittsystemen. Auch hier bilden Anwendungsfälle und vor allem Anwendungsfalldiagramme eine solide Grundlage, da sie den Systemkontext und die Schnittstellen der relevanten Umgebungssysteme mit dem Produkt oder Softwaresystem spezifizieren.
- **Abnahmetest**
  Bei den verschiedenen Varianten des Abnahmetests geht es primär stets darum, das Vertrauen der Benutzer, Kunden und des operativen/betreibenden Personals in die ordnungsgemäße Performanz des Systems aufzubauen und um eine Feinabstimmung des Systems im Betrieb unter realen Bedingungen durchzuführen. Wie bereits erwähnt ist es nicht mehr das primäre Ziel, Performanzfehler aufzudecken.

Die meisten Ausprägungen der Performanztests werden während des betrieblichen Abnahmetests bzw. von den operativen Teams durchgeführt. An der Entwicklung von Abnahmekriterien und der zugehörigen Testfälle sollten jedoch auch Businessanalysten und Tester mitwirken. Abnahmekriterien für Performanzanforderungen sollten genauso wie für funktionale Anforderungen objektive Maße bereitstellen, anhand derer man eindeutig bewerten kann, ob das Performanzabnahmekriterium erfüllt wurde oder nicht. Damit wird eine subjektive Performanzbewertung während der Ausführung der Abnahmetests vermieden.

Neben den betrieblichen Performanzabnahmetests, zu denen insbesondere Stresstests, Dauertests und Kapazitätstest gehören, werden im Benutzerabnahmetest insbesondere Lasttests (oftmals implizit) im Zuge der Abnahme durchgeführt. Das Ziel besteht dabei aber nicht primär darin, Performanzfehler zu finden, sondern Vertrauen der Benutzer in die ordnungsgemäße Performanz des abzunehmenden Produkts zu generieren.

4.3.1 Anforderungen und Abnahmekriterien für Performanzabnahmetests

Performanztests sollen in erster Linie die Reaktionsfähigkeit (zeitliches Antwortverhalten) und den Durchsatz eines Produkts oder Softwaresystems unter bestimmter Arbeitslast ermitteln. Performanztests werden auch von anderen Testarten (bspw. Zuverlässigkeitstests und IT-Sicherheitstests) eingesetzt. Dauertests helfen bei der Bewertung der Zuverlässigkeit eines Systems, Stresstests werden für Denial-of-Service-Angriffe (DoS) eingesetzt, die häufig bei IT-Sicherheitstests durchgeführt werden, um die Verfügbarkeit und somit die Integrität eines Systems oder einzelner Komponenten zu beschädigen.

Dabei ist für die Benutzer primär die Antwortzeit des Produkts relevant, der Durchsatz (also die Anzahl der Transaktionen eines bestimmten Typs, die innerhalb einer bestimmten Zeiteinheit verarbeitet werden können) ist ein Geschäftsanliegen der Businessanalysten und die Ressourcennutzung ein technisches Anliegen der operativen/betreibenden Teams. Diese drei Perspektiven (Benutzerperspektive, Geschäftsperspektive, Betriebsperspektive) sollten bei der Entwicklung von Abnahmekriterien und Abnahmetests für Performanzanforderungen berücksichtigt werden:

- Aus Sicht des Benutzers spiegelt die wahrgenommene Antwortzeit die tatsächliche Erfahrung des Benutzers mit dem System wider. Im Benutzerabnahmetest werden inakzeptable Antwortzeiten eher implizit durch die Abnahme der zugrunde liegenden Geschäftsprozesse und Anwendungsfälle gefunden. Das Antwortzeitverhalten des abzunehmenden Produkts wirkt sich zudem bedeutend auf das Benutzererlebnis aus. Beispielsweise kann es passieren, dass Benutzer eine Website verlassen, wenn die Antwortzeit mehr als zehn Sekunden beträgt[7].
- Aus geschäftlicher Sicht sind die Anzahl der gleichzeitigen Benutzer, die Art der durchgeführten Szenarien oder Transaktionen und die erwarteten Antwortzeiten Faktoren, die berücksichtigt werden müssen. Eine höhere Anzahl gleichzeitiger Benutzer, die ressourcenintensive Transaktionen ausführen, führt zu längeren Antwortzeiten. Auch andere Faktoren können die Antwortzeit je nach Ort, Uhrzeit oder Zeitzone beeinflussen.

7. Ein akzeptabler Wert für das Antwortzeitverhalten von Webseiten liegt im Durchschnitt bei nur sieben Sekunden [ISTQB CTFL-PT].

- Aus technischer Sicht sind die verfügbaren Systemressourcen (z. B. Netzwerkbandbreite, Prozessorauslastung, Speicherkapazität) und Systemarchitektur (z. B. Lastverteilung zwischen Servern, Verwendung von Daten-Caching) Faktoren, die die Performanz beeinflussen. Beispielsweise weisen webbasierte Systeme mit begrenzter Netzwerkbandbreite tendenziell eine geringere Performanz auf, insbesondere, wenn sie hoher Last ausgesetzt sind, die durch eine große Anzahl von Benutzern verursacht wird, die Aufgaben ausführen, die erheblichen Netzwerkverkehr erzeugen.

Fallbeispiel

CA-Cockpit Performanzanforderungen und -abnahmekriterien

Für *CA-Cockpit* sind unter anderem die folgenden Performanzanforderungen und -abnahmekriterien spezifiziert:

- Geschäftsprozess *GP-02b Handyvertrag abschließen (mit Laufzeit)*

Anforderung		
ID	**A-57**	
Titel	Durchschnittliches Antwortzeitverhalten Buchungsaktivität	
Beschreibung	Das System muss dem Kunden während einer Buchungsaktivität innerhalb von drei Sekunden antworten.	
Art	Performanz – Zeitverhalten	
Abnahmekriterien	**A-57-01**	Von 1000 gleichzeitig stattfindenden Buchungsaktivitäten darf die Antwortzeit von 80 % aller Anfragen nicht länger als eine Sekunde betragen.
	A-57-02	Bei 3000 gleichzeitig stattfindenden Buchungsaktivitäten darf die Antwortzeit von 90 % aller Anfragen nicht länger als zwei Sekunden betragen.
	A-57-03	Bei 5000 gleichzeitig stattfindenden Buchungsaktivitäten darf die Antwortzeit von 95 % aller Anfragen nicht länger als drei Sekunden betragen.

- Geschäftsprozess *GP-03 Handyvertrag verwalten*

Anforderung		
ID	**A-62**	
Titel	Durchschnittliches Antwortzeitverhalten Kundenbereich	
Beschreibung	Das System muss dem Kunden bei Anfragen im Kundenbereich innerhalb von sieben Sekunden antworten.	
Art	Performanz – Zeitverhalten	
Abnahmekriterien	**A-62-01**	Bei 10.000 gleichzeitig stattfindenden Anfragen aus dem Kundenbereich darf die Antwortzeit von 75% aller Anfragen nicht länger als sieben Sekunden betragen.
	A-62-02	Bei mehr als 10.000 gleichzeitiger Anfragen werden Anfragen per Prioritätenliste von dem System verarbeitet. Für alle Anfragen der Priorität 1 und 2 gelten weiterhin die Antwortzeiten von A-62-01. Alle anderen Anfragen werden bis zur Abarbeitung der hoch priorisierten Anfragen zurückgestellt.

Das Abnahmekriterium A-62-02 geht davon aus, dass eine existierende Spezifikation bezüglich. der Prioritäten von Anfragen im Kundenbereich existiert.

4.3.2 High-Level-Performanzabnahmetests

Ähnlich wie andere Testarten, so verifizieren auch Performanzabnahmetests, dass die Performanz des Systems die ursprünglich spezifizierten Benutzerbedürfnisse und Abnahmekriterien erfüllt. Darüber hinaus kann die Bewertung der funktionalen Eignung, der Gebrauchstauglichkeit und anderer Qualitätsmerkmale unter Lastbedingungen, z.B. während der Durchführung eines Performanztests, lastspezifische Probleme aufdecken, die sich auf diese Qualitätsmerkmale auswirken [ISTQB CTFL-PT].

In einem typischen Performanztest wird die für eine bestimmte Ausprägung eines Performanztests benötigte Last mit spezifischen Werkzeugen generiert. Während die Realitätsnähe der simulierten Last auf den unteren Teststufen noch nicht zwingend gegeben sein muss, ist es zu empfehlen, dass die erzeugte Last in den verschiedenen Abnahmetests die tatsächlichen Bedingungen mit echten Benutzern und realistischen Interaktionen so genau wie möglich nachahmt. Diese realistischen Interaktionen werden durch sogenannte operationale Profile beschrieben.

Nutzungsprofile, Lastprofile und Last

Ein operationales Profil eines Benutzers (auch Nutzungsprofil genannt) spezifiziert das realistische bzw. zu erwartende oder analysierte (bspw. aus Logdateien) Verhalten des Benutzers im Umgang mit dem System. Dazu zählen zum einen der Zugriff auf verschiedene Funktionen des Produkts, zum anderen die Daten, die von bestimmten Benutzergruppen oder Personas mit dem System ausgetauscht werden. Es kann auch mehrere verschiedene Nutzungsprofile für die gleiche Benutzergruppe geben, die das Verhalten dieser Gruppe zu unterschiedlichen Tageszeiten oder zu besonderen Anlässen widerspiegelt. So könnte bei einem Nachrichtenportal bei Tagesbeginn eine hohe Nutzungslast anfallen, während diese bis zum Abend geringer ist und abends wieder ansteigt. Nutzungsprofile lassen sich auch adäquat aus Anwendungsfällen gewinnen, da diese ja die zu erwartenden Interaktionen der Akteure mit dem Produkt spezifizieren. Handelt es sich bei den Akteuren um menschliche Benutzer, dann sollten auch Bedenkzeiten dieser Benutzer in dem Nutzungsprofil reflektiert sein. Bedenkzeiten sind immer dann sinnvoll, wenn der Benutzer während der Interaktionen Entscheidungen treffen muss. Wird einem Kunden beispielsweise die Option geboten, für einen Onlinekauf eine kostenpflichtige Versicherung abzuschließen, dann wird dies üblicherweise zu einer Verzögerung bedingt durch die Entscheidungsfindung des Benutzers führen.

Ableiten von Lastprofilen

Aus Nutzungsprofilen werden dann mit einem entsprechenden Werkzeug sogenannte Lastprofile erzeugt, also technische Abbilder der zuvor spezifizierten Nutzungsprofile zum Zwecke der Lasterzeugung. Lastprofile können dabei mehrere Nutzungsprofile unterschiedlicher Benutzergruppen oder Personas kombinieren, um ein möglichst realistisches Abbild der zu erwartenden oder üblicherweise anfallenden Last zu simulieren (da es zu erwarten ist, dass nicht immer nur eine Benutzergruppe mit dem Produkt zu jedem Zeitpunkt interagiert).

Erzeugung effektiver Last

Lastgeneratoren erzeugen die spezifizierten Lastprofile und führen diese dann in Form von Testfällen aus. Performanz ist ein nicht funktionales Qualitätsmerkmal, das auf Funktionalität aufsetzt. Daher sind funktionale Testfälle häufig eine gute Grundlage für die Durchführung von Performanztests.

Monitoring

Um die Performanz eines Produkts oder Softwaresystems gegen die objektiv spezifizierten Abnahmekriterien messen zu können, ist es unerlässlich, das Antwortzeitverhalten oder den Ressourcenverbrauch zu überwachen und aufzuzeichnen. Zu diesem Zweck werden dynamische Analysewerkzeuge eingesetzt, im Falle von Performanztests sogenannte Test- oder Performanzmonitore. Diese Werkzeuge überwachen bestimmte Schlüsselelemente wie Durchsatz oder Antwortzeitverhalten des Produkts oder Softwaresystems während eines Performanztests. Die Antwortzeiten dieser Schlüsselelemente des zu testenden Systems oder Komponenten (z.B. Webserver, Applikationsserver, Datenbanken) werden nach der Messung mit den vordefinierten Performanzabnahmekriterien verglichen. Es können auch andere Schlüsselelemente überwacht, aufgezeichnet und verglichen werden, beispielsweise die Speichernutzung, Systemeingaben und -ausgaben, die Prozessorauslastung und der Zugriff auf Sicherheitsgeräte, jeweils abhängig davon, welches Schlüsselelement der (erwartete) Flaschenhals ist bzw. getestet werden soll.

Basierend auf der Analyse der Ergebnisse können bestimmte Elemente in der Architektur (Hardware und Software) geändert werden (z.B. die Bereitstellung zusätzlicher Serverkapazität). Der Zyklus des Testens, Analysierens und Verbesserns sollte wiederholt werden, bis die angestrebte Performanz erreicht ist [ISTQB CTFL-AcT].

Der ISTQB®-Lehrplan Performance Testing [ISTQB CTFL-PT] behandelt vertieft und umfangreich das Thema Performanztests.

4.4 IT-Sicherheit

In einer zunehmend digitalisierten und vernetzten Welt, in der sich internetfähige Geräte scheinbar nach Belieben miteinander verbinden können, in der autonom fahrende Autos pausenlos ihre Umgebung analysieren und mit entsprechenden Entitäten kommunizieren, in der quasi immer und überall Zugang zu Netzwerken, Cloud-Speichern und Informationen besteht, ist die Absicherung von Informationssystemen gegen unerlaubte, oftmals böswillige Zugriffe zu einem zentralen Qualitätsmerkmal geworden. Sicherheit muss für den Betrieb eines alltagsgebräuchlichen IT-Systems gewährleistet werden. Im Kontext von IT-Systemen gibt es zwei Ausprägungen von *Sicherheit*, die unterschiedliche, aber komplementäre Eigenschaften beschreiben:

Sicherheit vs. Sicherheit

- **Funktionale Sicherheit (safety)**
  Von funktionaler Sicherheit spricht man, wenn elektronische oder elektrische Schutzsysteme implementiert werden, damit ein softwareintensives System seine Funktionalität zuverlässig erbringen kann. Durch die Schutzsysteme wird die relevante Umgebung des softwareintensiven Systems vor möglichen durch fehlerhaften Betrieb ausgelösten Schäden geschützt. Die relevante Umgebung kann dabei sehr unterschiedliche Ausmaße annehmen. So kann etwa nur der unmittelbare Benutzer des Systems betroffen sein, beispielsweise ein Industriearbeiter, der an einer Automatisierungszelle arbeitet; eine kleine Gruppe von Personen, beispielsweise Passagiere in einem Flugzeug oder Zug; aber auch die gesamte (teil)globale Umwelt, beispielsweise durch eine Explosion eines Kernkraftwerks. Die Tragweite möglicher durch ein fehlerhaftes softwareintensives System verursachter Schäden skaliert je nach Einsatzgebiet des Systems.

- **IT-Sicherheit (security)**
  Von IT-Sicherheit spricht man, wenn ein softwareintensives System vor zufälligen oder bewusst boshaften Handlungen der Akteure der relevanten Umgebung des Systems geschützt werden soll. Ziel ist es, die Informationen, Dateien, Architekturen, kurz Assets, die für ein Unternehmen oder eine Privatperson einen Wert besitzen, vor der relevanten Umwelt zu schützen. Je wertvoller die zu schützenden Assets eines Unternehmens oder einer privaten Person sind, desto umfassender sollten auch die Schutzmechanismen für die IT-Sicherheit sein.

Die Begriffe beschreiben also unterschiedliche Wirkungsrichtungen fehlerhafter bzw. bösartiger Auslöser (vgl. Abb. 4–10). Dies führt zu der Erkenntnis, dass funktionale Sicherheit nur durch IT-Sicherheit zu gewährleisten ist. Ein gutes Beispiel, das diesen Zusammenhang beschreibt, ist die erfolgreiche Ausnutzung einer IT-Sicherheitslücke eines Jeep Cherokee, durch die die Hacker Zugriff auf die Kontrollsysteme des fahrenden Wagens und somit auf kritische Funktionen wie Getriebesteuerung, Bremssysteme etc. erhielten [URL: Jeep]. Durch diese IT-Sicherheitslücke und einen ausnutzenden IT-Sicherheitsangriff hätte der relevanten Umgebung – in diesem Fall den Insassen des Wagens sowie den zu der Zeit des Angriffs erreichbaren Entitäten (andere Autos, Zweiradfahrer, Fußgänger) – ein kritischer Schaden zugefügt werden können. Eine verbeulte Motorhaube oder Blechschäden wären sicherlich noch die geringsten Schadensausmaße.

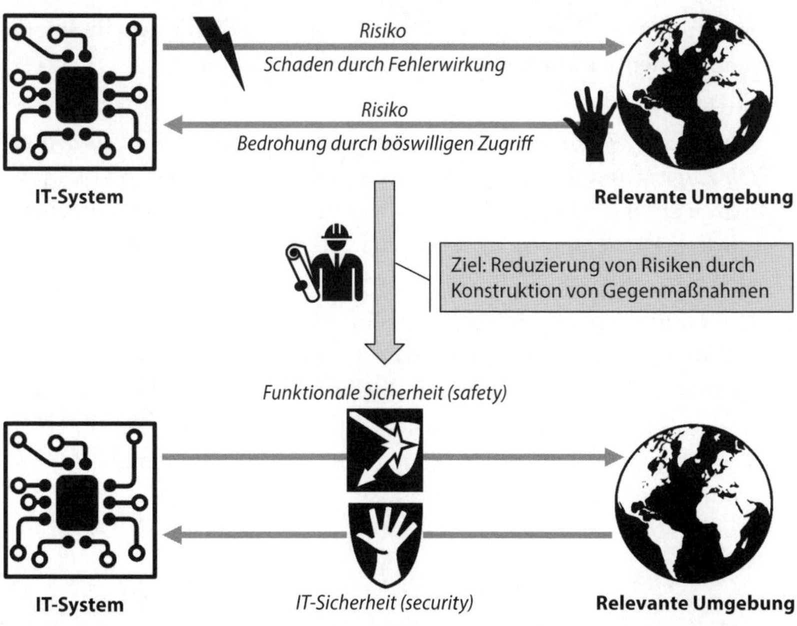

Abb. 4–10
Wechselwirkung von funktionaler und IT-Sicherheit

Diese Beziehung von IT-Sicherheit und funktionaler Sicherheit lässt sich zwar andersherum nicht auf ähnliche Weise argumentieren, dennoch gibt es hier zumindest Überschneidungen, was die Vermeidung der entsprechenden Sicherheitsrisiken betrifft. Funktionale Sicherheit wird insbesondere durch sogenannte funktionale Gegenmaßnahmen sichergestellt. Das heißt, eine besondere Funktion (das sogenannte Schutzsystem) des softwareintensiven Systems ist dafür zuständig, einen möglichen Schaden durch Ausführung der Funktionalität des softwareintensiven Systems vorzubeugen. So sind automatische medizinische Infusionspumpen beispielsweise mit Sensoren ausgerüstet, die einen Alarm anschlagen, wenn Luft im Schlauch oder der Kanüle festgestellt wird. Für funktionale Gegenmaßnahmen werden gewöhnlich Anforderungen formuliert und umgesetzt. Diese werden vereinzelt auch Safety-Anforderungen genannt, sind aber im Prinzip nichts anderes als funktionale Anforderungen. Als solche lassen sie sich hinsichtlich Umsetzung natürlich verifizieren und validieren. Gegenmaßnahmen gibt es auch bei der IT-Sicherheit, beispielsweise Mehrfaktor-Authentifizierung [URL: Multi-Faktor-Authentisierung], Verschlüsselung [ISTQB Glossar], Vier-Augen-Prinzip [URL: Vier-Augen-Prinzip] oder die Vermeidung von Account Harvesting (Benutzerkonto-Einfangen [ISTQB Glossar]).

Teilmerkmale von IT-Sicherheit

IT-Sicherheit gehört zu den nicht funktionalen Qualitätsmerkmalen der ISO 25010 mit den folgenden Teilmerkmalen:

- **Vertraulichkeit**
  Der Grad, zu dem eine Komponente oder ein System sicherstellt, dass Daten nur für diejenigen zugänglich sind, die über eine Zugangsberechtigung verfügen. Vertraulichkeit hängt stark mit dem Teilmerkmal Authentizität und der Autorisierung zusammen.
- **Integrität**
  Der Grad, zu dem eine Komponente oder ein System nur autorisierten Zugriff und Änderung einer Komponente, eines Systems oder von Daten zulässt. Dabei sollte jede Änderung durch eine entsprechend autorisierte Person nicht abstreitbar protokolliert werden.
- **Nichtabstreitbarkeit**
  Der Grad, zu dem Aktionen oder Ereignisse nachweislich stattgefunden haben, sodass die Aktionen oder Ereignisse später nicht abgestritten werden können. Nichtabstreitbarkeit verhindert ein unzulässiges Abstreiten durchgeführter Aktionen, beispielsweise durch die Verwendung elektronischer Signaturen, wie es beim Abschluss elektronischer Anträge oder Verträge häufig der Fall ist.

- **Zurechenbarkeit**
  Der Grad, zu dem Aktionen eines Akteurs eindeutig zu diesem verfolgt werden können. Zurechenbarkeit steht damit in engem Verhältnis zu Nichtabstreitbarkeit und Authentizität.
- **Authentizität**
  Der Grad, zu dem die Identität eines Subjekts oder einer Ressource als die behauptete nachgewiesen werden kann. Es wird gewöhnlich zwischen Authentizität, Authentisierung (Echtheit) und Authentifizierung unterschieden. Authentisierung beschreibt die Art und Weise, wie eine Identifikation nachweislich erbracht wird. Authentifizierung beschreibt die Überprüfung, ob eine Authentisierung glaubhaft ist. Auch wenn Authentizität und Autorisierung häufig zusammen aufgeführt wird, so handelt es sich doch um unterschiedliche Aspekte. Erst wird ein Subjekt authentifiziert, dann autorisiert. Die Autorisierung vertraut also darauf, dass die Authentifizierung erfolgreich abgeschlossen wurde. Was insbesondere bei gestohlenen Kreditkarten, Zugangspasswörtern oder sonstigen Authentifizierungsmethoden problematisch ist. Allerdings muss an einer bestimmten, sinnvollen Stelle bei der Verwendung eines IT-Systems darauf vertraut werden, dass ein Subjekt auch dasjenige ist, das es vorgibt zu sein.

Das Management der Informationssicherheit sowie allgemeine IT-Sicherheitsanforderungen sollten Teil einer umfassenden IT-Sicherheitsrichtlinie eines Unternehmens sein (weitere Informationen sind im »Sicherheitstester«-Lehrplan [ISTQB CTAL-ST] und im ISO-Standard 27005 [ISO 27005] zu finden).

IT-Sicherheit bezieht sich dabei nicht nur auf rein technische Aspekte eines zu schützenden IT-Systems, sondern umfasst daneben noch geschäftliche und regulatorische IT-Sicherheitsrichtlinien, die etabliert, umgesetzt und gelebt werden müssen, um ein IT-System ausreichend vor Sicherheitsangriffen zu schützen. In Anlehnung an ISO 27034-1 [ISO 27034-11] illustriert Abbildung 4–11 ein Rahmenwerk für IT-Sicherheit (adaptiert von [Simon et al. 19]).

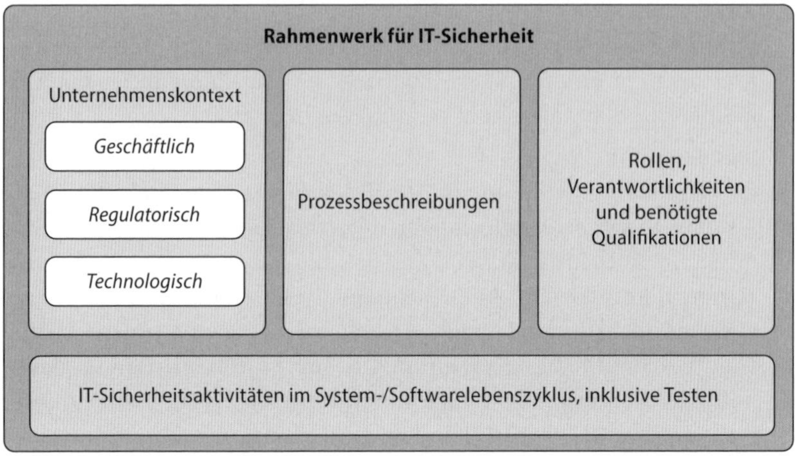

Abb. 4–11
IT-Sicherheitsrahmenwerk nach ISO 27034

Es wird deutlich, dass IT-Sicherheit – im Gegensatz zu allen anderen Qualitätsmerkmalen der ISO 25010 – ein Alleinstellungsmerkmal besitzt, nämlich, dass IT-Sicherheit nicht nur durch Überdeckung rein technischer Aspekte des Produkts zu garantieren ist, sondern auch organisatorische Gegebenheiten (Prozesse, Personen) mittels entsprechender IT-Sicherheitsrichtlinien umfasst. Businessanalysten und Tester sollten die IT-Sicherheitsrichtlinien für Empfehlungen und Orientierungshilfen sowie als Grundlage für das Management von IT-Sicherheitsrisiken in ihren Projekten verwenden. IT-Sicherheitsrichtlinien wenden sich in erster Linie an die Personen, die mit IT-Systemen einer Organisation interagieren, und stellen Verhaltensregeln im Umgang mit der IT-Infrastruktur des Unternehmens auf. Durch IT-Sicherheitsrichtlinien werden Prozesse bestimmt, die die entsprechenden Richtlinien implementieren und die dann auch gelebt werden müssen.

Social Engineering

Ein spannender Teilbereich der IT-Sicherheit ist das sogenannte Social Engineering. Darunter versteht man die Umgehung von IT-Sicherheitsrichtlinien, indem die (allergrößte) Sicherheitsschwachstelle *Mensch* von anderen Menschen ausgenutzt wird, um an sensible Informationen zu gelangen. Das BSI definiert Social Engineering ([URL: BSI Glossar], Stichpunkt Social Engineering) wie folgt:

> *»Social Engineering ist eine Methode, um unberechtigten Zugang zu Informationen oder IT-Systemen durch soziale Handlungen zu erlangen. Beim Social Engineering werden menschliche Eigenschaften wie z.B. Hilfsbereitschaft, Vertrauen, Angst oder Respekt vor Autorität ausgenutzt. Dadurch können Mitarbeiter so manipuliert werden, dass sie unzulässig handeln.«*

→

Ein typisches Beispiel für Social Engineering sind Phishing-Mails oder ein (boshafter bzw. scheinbarer) Administrator, der wegen eines Systemfehlers bei einem Kunden anruft, da er zur Fehlerbehebung noch das Passwort des Benutzers benötigt.

IT-Sicherheit als komplexes Thema

Zusammengenommen deckt IT-Sicherheit ein gewaltiges Spektrum potenziell relevanter Aspekte für Organisationen und IT-Systeme ab. Dies macht IT-Sicherheit zu einem komplexen und vielschichtigen Qualitätsmerkmal, für dessen Gütenachweis eine ganze Reihe von Methoden, Werkzeugen und vor allem Wissen benötigt wird. Zudem ist die Sicherstellung der IT-Sicherheit ein niemals endender Prozess. Ein Produkt, das heute produktiv geht und vergleichsweise guten Schutz vor bekannten Angriffsmustern bietet, kann morgen durch neue Angriffsmuster bereits veraltet sein und als unsicher gelten. Es ist unerlässlich, dass IT-Systeme sich ständig an das Gefahrenpotenzial anpassen und neu identifizierte Schwachstellen so schnell wie möglich schließen.

In allen Phasen der Businessanalyse, des Requirements Engineering und der zugehörigen Abnahmetests sollten daher IT-Sicherheitsanforderungen und deren Abnahmekriterien wie folgt berücksichtigt werden:

- Die Informationssicherheit sollte Teil des Risikomanagements und der Erhebung und Analyse nicht funktionaler Anforderungen sein. Der Wert von schützenswerten Informationen (Assets) im getesteten System oder in einem bestimmten Geschäftsprozess sollte bewertet werden, gefolgt von einer Bewertung und Priorisierung der IT-Sicherheitsrisiken.
- Für die identifizierten IT-Sicherheitsanforderungen sollten messbare Abnahmekriterien definiert werden. Sie adressieren gemeinhin eine große Bandbreite technischer Aspekte wie Authentifizierungs-, Autorisierungs- und Zurechenbarkeitsverfahren, Bereinigung von Eingabedaten, Verwendung von Kryptografie sowie Datenschutzbeschränkungen.
- High-Level-IT-Sicherheitstests sollten basierend auf den IT-Sicherheitsanforderungen und -abnahmekriterien entworfen werden. Diese dynamischen IT-Sicherheitstests definieren den Kontext bzw. die Umgebung des Tests, die auszuführenden Schritte sowie die erwarteten Ergebnisse.

Einige IT-Sicherheitstests werden unter Zuhilfenahme anderer Testarten umgesetzt. So ist der Stresstest beispielsweise hilfreich dabei, bestimmte IT-Sicherheitsangriffe zu simulieren, etwa eine Denial-of-Service-Attacke (DoS), also das gezielte Überfrachten von Servern mit Anfragen mit dem Ziel, den Server ressourcentechnisch zu überlasten und zum Absturz zu bringen.

Fallbeispiel

IT-Sicherheitsanforderungen für den Geschäftsprozess *GP-03 Handyvertrag verwalten*

Aus den IT-Sicherheitsrichtlinien von *ComAccept AG* sowie den rechtlichen und regulatorischen Anforderungen an die Datensicherheit personenbeziehbarer und personenbezogener Daten ergeben sich unter anderem die nachfolgenden IT-Sicherheitsanforderungen:

Anforderung	
ID	**A-85**
Titel	Sicherheits-PIN-Abfrage
Beschreibung	Das System muss den Kunden zwingen, eine separate Sicherheits-PIN einzugeben, um sich zu authentifizieren, wenn ungewöhnliche Verhaltensmuster des Kunden identifiziert wurden.
Art	Die Sicherheits-PIN wird an die mit dem Kundenaccount verbundene Mobilfunknummer per SMS übermittelt.

Anforderung		
ID	**A-86**	
Titel	Inaktivitätsabmeldung	
Beschreibung	Das System muss den Kunden aus seinem Zugangsbereich abmelden, wenn der Kunde innerhalb des Innaktivitätszeitraums von fünf Minuten keine Anfrage an das System übermittelt hat.	
Art	IT-Sicherheit	
Abnahmekriterien	**A-86-01**	Die Zeit des Inaktivitätszeitraums soll bei jeder Anfrage des Kunden an das System wieder auf fünf Minuten zurückgesetzt werden.
	A-86-02	Die verbleibende Zeit des Inaktivitätszeitraums soll dem Kunden angezeigt werden.
	A-86-03	Nach Ablauf des Inaktivitätszeitraums soll der Kunde automatisch vom System abgemeldet werden und die Meldung INAKTIV_ABMELDUNG[8] angezeigt bekommen.

→

8. Die Meldung INAKTIV_ABMELDUNG ist ein logischer Platzhalter für Systemmeldungen, deren Inhalt sich üblicherweise häufig ändert. Es wird davon ausgegangen, dass ein externer Katalog mit allen Systemmeldungen existiert, der den logischen Platzhalter konkretisiert. Dadurch wird das Abnahmekriterium A-86-03 messbar und testbar.

Anforderung		
Abnahmekriterien (Fortsetzung)	**A-86-04**	Jeder Versuch, zu einer URL zu springen (per Rücksprungfunktion des Browsers oder per manueller Eingabe der URL), führt dazu, dass der Kunde auf die Login-Seite des Kundenportals umgeleitet wird.

Anforderung		
ID	**A-87**	
Titel	Vermeidung von Account Harvesting	
Beschreibung	Das System darf unter keinen Umständen den Grund eines fehlgeschlagenen Anmeldeversuchs dem Kunden mitteilen.	
Art	IT-Sicherheit	
Abnahmekriterien	**A-87-01**	Wird die Anmeldung mit einem unbekannten Benutzernamen durchgeführt, muss das System dem Kunden die Meldung UNGÜLTIGE_ANMELDUNG anzeigen.
	A-87-02	Wird die Anmeldung mit einem ungültigen Passwort zu einem existierenden Benutzernamen durchgeführt, muss das System dem Kunden die Meldung UNGÜLTIGE_ANMELDUNG anzeigen.

Anforderung		
ID	**A-88**	
Titel	Authentifikation per Authentifizierungs-PIN telefonischer Kundenbetreuung	
Beschreibung	Bei telefonischer Betreuung eines Kunden durch einen Kundenmitarbeiter ist durch den Kundenbetreuer die Authentifizierungs-PIN des Kunden einzuholen.	
Art	IT-Sicherheit	
Abnahmekriterien	**A-88-01**	Der Kundenbetreuer muss den Kunden zu Beginn des Gesprächs nach seiner Authentifizierungs-PIN fragen.
	A-88-02	Der Kundenbetreuer darf keinerlei weitere Informationen über die Vertragsdetails des Kunden preisgeben, wenn die telefonische Authentifizierung mittels der Authentifizierungs-PIN nicht erfolgreich war.

Die letzte IT-Sicherheitsanforderung zeigt, dass nicht alle IT-Sicherheitstests zwingend technisch durchzuführen sind. Mittels klassischer Social Engineering-Methoden ließe sich gut überprüfen, ob die Kundenbetreuer sich an die IT-Sicherheitsrichtlinien der telefonischen Beratung halten.

4.4.1 Anforderungen und Abnahmekriterien für IT-Sicherheitsabnahmetests

Sicherheitsrelevante Abnahmekriterien beschreiben entsprechende Maßnahmen im Kontext eines IT-Systems wie Authentifizierung, Zugriffsschutz und Rechteverwaltung, die verwendeten kryptografischen Verfahren und Algorithmen inklusive der geforderten Schlüsselstärken und -längen oder auch das Vorhandensein einer durchgängigen und konsistenten Fehlerbehandlung sowie Logging- und Audit-Schnittstellen [Simon et al. 19].

Abnahmekriterien für IT-Sicherheitsanforderungen können sich dabei auf globale sicherheitsrelevante Maßnahmen wie den eben beschriebenen beziehen oder auf konkrete Szenarien bzw. konkrete Funktionen. So erfasst der DFB die Spielberichte aller Profi- und Amateurspiele seit einigen Jahren komplett digital. Der Schiedsrichter ist dafür zuständig, den Spielbericht zu verfassen und diesen mit seiner Zugangskennung zu bestätigen (Zurechenbarkeit, Nichtabstreitbarkeit). Nachfolgend müssen beide Trainer ebenfalls mit ihren Zugangskennungen den Spielbericht bestätigen. Erst wenn alle involvierten Parteien den Spielbericht bestätigt haben, gilt er für den DFB als abgenommen. Das Prinzip, das dieser Funktion zugrunde liegt, ist das zuvor schon erwähnte »Vier-Augen-Prinzip«, das die Bestätigung einer Aussage durch einen (oder in diesem Fall sogar zwei) andere autorisierte Personen verlangt.

4.4.2 High-Level-IT-Sicherheitsabnahmetests

Die zuvor definierten Abnahmekriterien dienen als Grundlage für den Entwurf von IT-Sicherheitstests. Insofern unterscheiden sich IT-Sicherheitstests nicht wesentlich von anderen Testarten. Es gibt vier allgemeine Ziele von IT-Sicherheitstests [ISTQB CTAL-ST]:

- Risiken (z.B. Schwachstellen in einem Produkt bzw. IT-System) zu identifizieren
- Existierende Gegen- bzw. Schutzmaßnahmen zu bewerten
- Einen Nachweis zu liefern, dass die IT-Sicherheitsrichtlinien des Unternehmens mit der gebotenen Sorgfalt umgesetzt worden sind und auch gelebt werden
- Vertrauen bei Kunden und Anwendern in die eigene Organisation zu schaffen

Bezogen auf den IT-Sicherheitsabnahmetest eines Produkts oder Softwaresystems sind vor allem das zweite und das letzte Ziel dieser Auflistung relevant. Das erste Ziel wird dabei implizit durch die Testanalyse umgesetzt. Das dritte Ziel wird überwiegend in Form von Audits eruiert und bezieht sich vor allem auf die Komponente *Mensch*.

Funktionale IT-Sicherheitstests

Im Abnahmetest geht es auch beim IT-Sicherheitstest, wie auch bei den zuvor besprochenen Qualitätsmerkmalen, nicht mehr primär um das systematische Aufdecken von IT-Sicherheitslücken. Dennoch sollten im regulatorischen und Benutzerabnahmetest insbesondere die funktionalen IT-Sicherheitsanforderungen überprüft werden sowie die zutreffenden IT-Sicherheitsrichtlinien der zu testenden Geschäftsprozesse. Dazu gehört im Zweifelsfall auch das Testen der IT-Sicherheitsprozesse gegen Social-Engineering-Angriffe.

IT-Sicherheit auf unterschiedlichen Ebenen

Die Schwierigkeit bei IT-Sicherheitstests ist, dass der Bereich IT-Sicherheit sich über verschiedene Ebenen spannt. Neben den organisatorischen IT-Sicherheitsrichtlinien, die im Grunde nicht viel mit den dynamischen IT-Sicherheitstests der funktionalen Gegenmaßnahmen eines Produkts oder Softwaresystems gemein haben, hat auch eine Vielzahl rein technischer Maßnahmen ein hohes Gewicht, um IT-Sicherheitsschwachstellen abzusichern wie Firewalls, Intrusion Detection Systems (IDS), Verschlüsselung, Virenscanner, Logfile-Analyse, um Angriffsmuster frühzeitig zu erkennen. Darüber hinaus befasst sich IT-Sicherheit nicht immer nur damit, Schwachstellen abzusichern, sondern es geht auch darum, die wertvollen Informationen des Unternehmens abzusichern, sodass im Falle eines Exploits (der Ausnutzung einer Schwachstelle durch einen Sicherheitsangriff) ein Angreifer keinen Nutzen daraus ziehen kann. Darunter fallen beispielsweise die Konzepte der Datenmaskierung. Auch die Konformität mit der entsprechenden Gesetzeslage (Stichwort: EU-DSGVO) bezüglich personenbeziehbarer und personenbezogener Daten gehört zu dem umfassenden Gebiet der IT-Sicherheit.

Umfangreiche Expertise oft gefordert

Dadurch ergibt sich eine derart große Bandbreite an notwendigem Wissen, um IT-Systeme vor einem böswilligen Zugriff durch die Umwelt zu schützen, dass es nahezu unmöglich ist, alle relevanten Aspekte der IT-Sicherheit in einer Person zu vereinen. Zudem reichen sich statische und dynamische Sicherheitstests oftmals die Klinke in die Hand. Durch statische Analyse werden potenzielle Schwachstellen identifiziert, dynamische Tests versuchen diese Schwachstellen mit den entsprechenden Verfahren auszunutzen.

Neben der fachlichen Vielseitigkeit hinsichtlich der IT-Sicherheit gibt es darüber hinaus eine breite Palette von technischen Verfahren, die für die Simulation unterschiedlicher Gefährdungen eingesetzt werden können. Dazu gehören, wie schon erwähnt, Performanztestwerkzeuge, mit denen DoS-Attacken simuliert werden können. Penetrationstests sind Tests, die IT-Sicherheitsangriffe nachahmen mit dem Ziel, in das zu schützende System einzudringen, es zu penetrieren. Penetrationstests zielen in der Regel darauf ab, ein bereits produktives IT-System auf bestimmte IT-Sicherheitsaspekte zu prüfen, um ggf. Maßnahmen zur Systemhärtung abzuleiten. Penetrationstests werden häufig von externen Dienstleistern erbracht.

Die Zunahme der fachlichen und technischen Komplexität führt dazu, dass einige der anstehenden IT-Sicherheitsabnahmetests durchaus von Abnahmetestern durchgeführt werden können – dazu zählen insbesondere Tests, die die Wirksamkeit von IT-sicherheitsrelevanten funktionalen Gegenmaßnahmen betreffen. Andere Ausprägungen der IT-Sicherheitstests erfordern aber sehr wahrscheinlich Nischenwissen und werden daher eher von spezialisierten IT-Sicherheitstestern durchgeführt.

Der »Sicherheitstester«-Lehrplan [ISTQB CTAL-ST] vertieft das Thema IT-Sicherheitstests. Das zugehörige Lehrbuch »Basiswissen Sicherheitstest« [Simon et al. 19] dringt noch deutlich tiefer in die Materie ein als der Lehrplan und wartet sowohl mit fundierter Theorie, wissenschaftlichen Ausblicken als auch einschlägigen Praxisbeispielen auf.

5 Modellierung von Geschäftsregeln und Geschäftsprozessen

In diesem Kapitel werden zwei standardisierte Modellierungssprachen eingeführt, die für die Analyse und Realisierung von Geschäftsprozessen und Geschäftsregeln häufig eingesetzt werden: zum einen der Standard Business Process Model and Notation (BPMN), zum anderen der Standard Decision Model and Notation (DMN). Im Abnahmetest werden Modelle und Modellierungssprachen vor allem während der Testanalyse und des Testentwurfs eingesetzt. Businessanalysten und Tester sollten daher die elementaren Eigenschaften beider Modellierungssprachen kennen, um die Vorteile eines visuellen bzw. modellbasierten Abnahmetests nutzen zu können.

5.1 Grundlagen der Modellierung

Ein Bild sagt mehr als 1000 Worte!

Diese allseits bekannte Redewendung bringt einen wesentlichen Vorteil von Modellen auf den Punkt: Bei angemessener Visualisierung lassen sich die in ihnen enthaltenen Informationen deutlich einfacher und schneller erfassen als in langen natürlichsprachigen Prosatexten. Durch Forschungen in der Psychologie und der Kognitionswissenschaft ist bekannt, dass der Mensch in Bildern denkt und durch bildhafte Informationsvermittlung nachhaltiger und effizienter lernt. Warum also nicht diese menschlichen Fähigkeiten auch für die analytischen und kreativen Aufgaben in der Softwareentwicklung bzw. dem Softwaretest verwenden?

Die modellgetriebene Softwareentwicklung hielt bereits mit Aufkommen des objektorientierten Paradigmas in den 90er-Jahren Einzug in die Softwareentwicklung. Beinahe zeitgleich entstanden damals diverse Modellierungssprachen, die die objektorientierte Analyse und den objektorientierten Entwurf unterstützen. Diese Modellierungssprachen waren teils komplementär, teils überlappend, aber auch sich widersprechend. Einige dieser Modellierungssprachen wurden Mitte der 90er-Jahre integriert und als Unified Modeling Language (UML) [OMG UML] standardisiert.

Modelle sind allgegenwärtig!

Wettervorhersagen werden mittels Klimamodellen berechnet, wirtschaftliche Wechselwirkungen werden durch ökonomische Modelle verständlich gemacht bzw. versucht vorherzusagen, unsere Vorstellung von der Welt basiert auf Atom- und Elektronenmodellen (bspw. das Atommodell von Ernest Rutherford [URL: Ernest Rutherford]). Es scheint, als würde der Mensch sich die Welt in Modellen erklären, greifbar machen, verständlicher gestalten. Aber was ist der Vorteil von Modellen gegenüber den Dingen der Realwelt, die sie letztendlich beschreiben?

Charakteristika eines Modells

Dazu ist es notwendig, zu charakterisieren, was ein Modell ausmacht. Der Philosoph Herbert Stachowiak definiert ein Modell anhand dreier Charakteristika [Stachowiak 73]:

1. **Abbildung**
   Ein Modell bildet einen realweltlichen Sachverhalt ab. Dabei kann dieser abgebildete Sachverhalt selbst wiederum ein Modell sein.
2. **Verkürzung**
   Ein Modell repräsentiert immer eine verkürzte Darstellung des Sachverhalts. Es sollten nur diejenigen Details und Informationen im Modell enthalten sein, die für den Betrachter wichtig sind. Das gezielte Auslassen irrelevanter Informationen in einem Modell wird *Abstraktion* genannt.
3. **Pragmatismus**
   Das Modell wird immer für einen bestimmten Zweck erstellt und ist so konzipiert, dass es diesen Zweck erfüllt.

Diesen drei Eigenschaften von Stachowiak werden gelegentlich noch andere Charakteristika hinzugefügt. Eines dieser zusätzlichen Charakteristika ist *Validität*:

4. **Validität**
   Das Modell ist korrekt, d.h., die für die Konstruktion des Modells zur Verfügung stehenden Bausteine (die Modellelemente) sind korrekt verwendet worden, um das Modell zu konstruieren.

Modelle werden gewöhnlich durch einen Modellbildungsprozess geschaffen, in dem es vor allem darum geht, zu bestimmen, welche Informationen (bzw. Details) für den beabsichtigten Zweck relevant sind und welche Informationen (bzw. Details) abstrahiert werden sollten. Durch Abstraktion wird die Verkürzung des realweltlichen Sachverhalts erreicht. Die abstrakte Darstellung des realweltlichen Sachverhalts ist dabei der Schlüssel zum Erfolg von Modellen. Abbildung 5–1 illustriert den Sachverhalt der verschiedenen Sichten und der Abstraktion relevanter Informationen entsprechend dem Einsatzzweck des Modells.

Modell Flugzeug
Modellbausatz

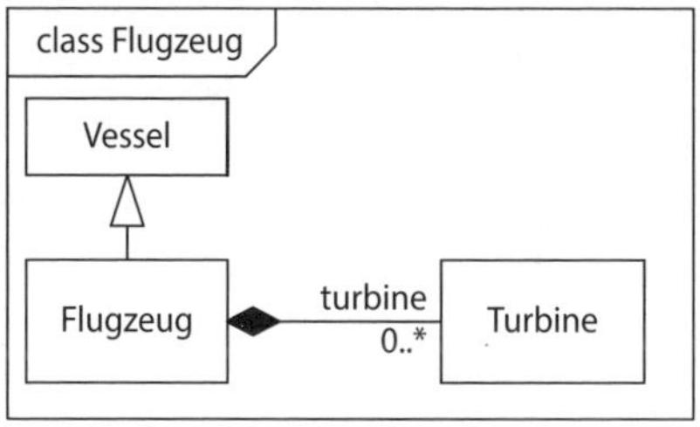

Modell Flugzeug
UML-Klassendiagramm für Konstruktion

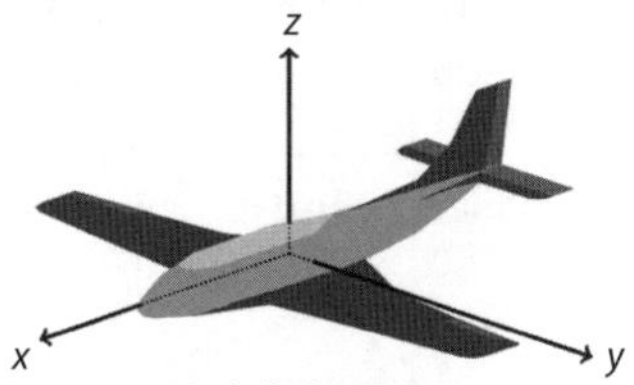

Modell Flugzeug
3D-Modell für Simulation

Abb. 5–1
Unterschiedliche Modelle

Einige standardisierte Modellierungssprachen

Typische und standardisierte Modellierungssprachen, die bei der Softwareentwicklung eingesetzt werden, sind unter anderen:

- Unified Modeling Language (UML)
- Systems Modeling Language (SysML)
- Business Process Model and Notation (BPMN)
- Specification and Description Language (SDL)
- Message Sequence Charts (MSC)
- Entity Relationship Model (ERM)
- Decision Model and Notation (DMN)

Diese Liste ist bei Weitem nicht vollständig, fasst aber einige Vertreter von Modellierungssprachen zusammen, die in den letzten beiden Jahrzehnten breite Verwendung in der Softwareentwicklung fanden und teilweise auch aufeinander aufbauten.

5.2 Geschäftsprozess- und Geschäftsregelmodellierung mit BPMN und DMN

Für den Erfolg von Unternehmen oder Organisationen ist es essenziell, dass kritische Geschäftsprozesse wie Auftragsabwicklung, Personaleinführung oder Produktionsplanung korrekt und ohne Störung durchgeführt werden. Die Absicherung dieser erfolgskritischen Geschäftsprozesse wird Geschäftsprozesssicherung (BPA – Business Process Assurance) genannt und ist ein wesentliches Ziel des Abnahmetests.

Ein Geschäftsprozess ist im Wesentlichen eine Aneinanderreihung verschiedener Aktivitäten, die eine Geschäftslösung repräsentieren und bei Erfolg ein spezifisches Ergebnis erzeugen (siehe Abschnitt 2.2.1). Geschäftsprozesse setzen üblicherweise eine Menge von Geschäftsregeln um. Geschäftsregeln wiederum definieren explizite Kriterien, um den Ablauf des Geschäftsprozesses in Form von Wenn-dann-Szenarien zu steuern, Beurteilungen herbeizuführen oder automatisierte Entscheidungen zu treffen.

Die in diesem Buch vorgestellten Modellierungssprachen BPMN und DMN geben Businessanalysten und Testern eine grafische[1] Modellierungssprache für die Modellierung von Geschäftsprozessen und Geschäftsregeln an die Hand. Beide Notationen können zudem sinnvoll für modellbasierte Testansätze eingesetzt werden und werden daher nachfolgend detaillierter beschrieben.

5.2.1 Einführung in BPMN

Die Modellierungssprache Business Process Model and Notation (BPMN) wird von der Object Management Group (OMG) herausgegeben und ist ein industrieller Standard für die Geschäftsprozessmodellierung. Gemäß der BPMN-Spezifikation ist es das oberste Ziel des Standards, eine Notation für die Modellierung und Darstellung von Geschäftsprozessen bereitzustellen, die über Rollen und Verantwortlichkeiten hinweg unmittelbar verständlich und lesbar ist. Businessanalysten, Systemarchitekten, Entwickler, Tester und Systemadministratoren sollen durch BPMN gleichermaßen in die Lage versetzt werden, die dargestellten Geschäftsprozesse zu verstehen.

Prüfungsrelevante Untermenge der BPMN

Im Anhang A1 des »Acceptance Testing«-Lehrplans [ISTQB CTFL-AcT] ist die Teilmenge der BPMN-Elemente definiert, die prüfungsrelevant ist. Die Beschreibungen in diesem Buch gehen über diese Teilmenge hinaus und liefern eine im Vergleich zum Lehrplan breitere und ausführlichere Beschreibung der BPMN. Da die offizielle Spezifikation der BPMN allerdings über 500 Seiten hat, kann das vorliegende Kapitel nur als eine knapp gefasste Einführung in die BPMN verstanden werden. Der Lehrplan hat für die prüfungsrelevanten Elemente teilweise deutsche Übersetzungen definiert, die in diesem Buch verwendet werden, beispielsweise Teilprozess statt SubProcess. Nicht prüfungsrelevante Sprachkonzepte werden sinnvoll frei übersetzt, beispielsweise Nachricht statt Message. In beiden Fällen wird der ursprüngliche Name des Sprachkonzepts der Modellelemente in Klammern bei der erstmaligen

1. Eigentlich hybrid, da beide Notationen sowohl auf grafischen als auch auf textuellen Elementen beruhen.

Erwähnung angefügt, beispielsweise *Teilprozess (SubProcess)* oder *Nachricht (Message)*. Einige Sprachkonzepte werden vom Lehrplan hingegen nicht ins Deutsche übersetzt. In diesem Fall wird der englische Name weiterhin verwendet, beispielsweise *Task* oder *Gateway*.

5.2.1.1 Kernbereiche der BPMN

BPMN besteht aus drei grundlegenden und komplementären Kernbereichen: Prozesse, Kollaborationen und Choreografien. Der Kernbereich Prozesse ist prüfungsrelevant und der Hauptgegenstand dieses Kapitels. Die beiden anderen Kernbereiche sind der Vollständigkeit halber kurz umrissen.

Kernbereich Prozesse

Der Kernbereich *Prozesse* definiert Konzepte, mit denen sich Abläufe von Geschäftsprozessen spezifizieren lassen. BPMN-Prozesse bestehen üblicherweise aus einer Abfolge von Aktivitäten und Tasks, die mittels Kontrollflüssen in eine Ausführungsreihenfolge gebracht werden, alternativen oder parallelen Pfaden sowie Start-, Zwischen- und Endereignissen. Zentrale Elemente des Kernbereichs Prozesse sind Tasks, Teilprozesse (SubProcess), Ereignisse (Events) und Gateways, durch die sich Prozesse prinzipiell beschreiben lassen. Prozesse lassen sich nach Bedarf als private oder öffentliche Prozesse darstellen.

Private Prozesse stellen die interne Sicht einer organisatorischen Einheit auf ihre eigenen Prozesse dar, d.h., alle Aktivitäten, Ereignisse und Abläufe liegen unter der vollen Kontrolle der organisatorischen Einheit. Private Prozesse sind ferner in darstellende bzw. illustrierende (nicht ausführbare) und ausführbare Prozesse unterteilt. Der Unterschied zwischen ausführbaren und nicht ausführbaren privaten Prozessen schlägt sich im Detailgrad der Prozesse nieder. Da nicht ausführbare (also darstellende) Prozesse überwiegend zu Kommunikations- und Dokumentationszwecken eingesetzt werden, bedarf es nicht zwingend eines hohen Formalisierungsgrades. Ausführbare private Prozesse hingegen müssen die ausführbare Semantik der BPMN respektieren und daher einem deutlich höheren, da ausführbaren[2] Formalisierungsgrad unterliegen.

Öffentliche Prozesse stellen die von außen sichtbaren Teilschritte eines Prozesses dar, dies sind genau die Schritte, die notwendig sind, um die Kommunikation mit Partnern zu spezifizieren. Alle für diese Sicht nicht benötigten Elemente der privaten Prozesse werden weggelassen. Aus diesem Grund sind öffentliche Prozesse per se nicht ausführbar. Sie dienen in Kollaborationen in erster Linie dazu, die Schnittstellen und

2. Ausführbarkeit bedeutet in diesem Fall, dass die Modelle ausreichend präzise sind, um sie auf eine ausführbare Programmiersprache abzubilden, zu kompilieren und als Programm auszuführen.

die Nachrichtentypen für den Nachrichtenaustausch zweier kommunizierender Prozesse zu illustrieren.

Kernbereich Kollaborationen

Der Kernbereich *Kollaborationen* setzt auf dem Kernbereich Prozesse auf und erweitert diesen vor allem um die Konzepte Nachricht (Message) und Nachrichtenfluss (MessageFlow) zwischen Teilnehmern (Participant). Teilnehmer können sowohl menschliche Akteure als auch andere Prozesse sein. Teilnehmer können durch Pools visualisiert werden. Abbildung 5–2 zeigt die Pools *Bonitätsauskunft* und *CA-Cockpit*, zwischen denen zwei Nachrichtenflüsse samt Nachrichtentypen (*Bonitätsprüfungsanfrage* und *Bonitätsauskunft*) bestehen.

Abb. 5–2 *Nachrichtenaustausch zwischen zwei Teilnehmern [OMG BPMN]*

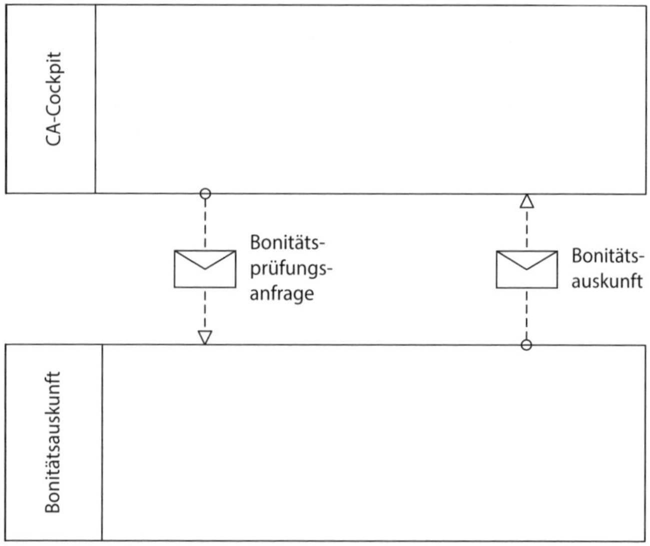

Ein Pool eignet sich besonders gut, wenn die Aktivitäten des Teilnehmers bekannt sind und ebenfalls illustriert werden sollen. Allerdings ist es auch möglich, den Pool eines Teilnehmers komplett leer zu lassen und nur die Nachrichten bzw. den Nachrichtenaustausch zwischen den Teilnehmern zu illustrieren. Ein leerer Pool repräsentiert eine Blackbox-Sicht auf das Verhalten eines Teilnehmers, der an einer Kollaboration partizipiert. Abbildung 5–2 zeigt ausschließlich leere Pools.

Neben einspurigen Pools bietet BPMN außerdem noch die Möglichkeit, sogenannte Lanes zu definieren. Lanes haben keine feste Semantik, sie dienen in erster Linie dazu, Pools weiter zu untergliedern.

Kernbereich Choreografien

Der Kernbereich *Choreografien* bietet Konzepte an, mit denen sich Sequenzen von ausgetauschten Nachrichten deutlich einfacher und kompakter als mit Kollaborationen darstellen lassen. Eine Choreografie ist daher eine besondere Form der Kollaboration, in der die *exakte* Reihenfolge der Nachrichten und Aktivitäten der Teilnehmer dargestellt wird, während dies bei Kollaborationen nur implizit durch Verfolgung der jeweiligen Kontrollflüsse der Teilnehmer innerhalb der Pools hervorgeht. Bei leeren Pools gibt es beispielsweise keine Möglichkeit, zwingend eine Reihenfolge des Nachrichtenflusses zu bestimmen. Gemäß der BPMN-Spezifikation repräsentieren Choreografien geschäftliche Verträge zwischen zwei oder mehreren Teilnehmern. Auf Choreografien wird an dieser Stelle nicht vertiefend eingegangen.

5.2.1.2 Prozesse

Ein Prozess wird durch ein Ablaufdiagramm beschrieben, bestehend aus Aktivitäten (Activity), Ereignissen (Event) und Gateways, die durch Sequenzflüsse (SequenceFlow) verbunden sind. Aktivitäten sind dabei entweder Tasks, die innerhalb des vorliegenden Prozesses ausgeführt werden, oder Teilprozesse (SubProcess), die an einer bestimmten Stelle während des Ablaufs einen anderen Prozess aufrufen. Teilprozesse bilden die Möglichkeit ab, komplexe Prozesse zu modularisieren und diese mehrfach bei Bedarf aus anderen Prozessen heraus aufzurufen. Prozesse werden auf Basis ihrer hierarchischen Reihenfolge in Top-Level-Prozesse und Teilprozesse unterschieden[3]. Top-Level-Prozesse können Teilprozesse aufrufen, aber nicht umgekehrt.

Die grundlegende Ausführungssemantik von BPMN-Prozessen ist das Tokenflussprinzip, wie es beispielsweise aus Petri-Netzen [URL: Petri-Netze] oder auch UML-Aktivitätsdiagrammen (die die Petri-Netz-Semantik adaptiert haben) bekannt ist. Gemäß dem Tokenflussprinzip erzeugen Tasks, Ereignisse und Gateways Token, die über ihre ausgehenden Sequenzflüsse an nachfolgende Elemente weitergeleitet werden. Allerdings gibt es kein physisches oder technisches Sprachkonzept, das einem *Token* entspricht. Es handelt sich dabei um ein rein theoretisches Konzept, um die Ausführungssemantik von Prozessen nachvollziehen zu können. Abbildung 5–3 zeigt ein einfaches Beispiel eines Geschäftsprozesses und den damit verbundenen Tokenfluss, wobei der bzw. die Token durch einen kleinen ausgefüllten Kreis symbolisiert werden.

3. Der Standard nennt noch die globalen Prozesse, die allerdings an dieser Stelle nicht weiter vertieft werden.

Abb. 5–3
Top-Level- und Teilprozess samt Tokenfluss

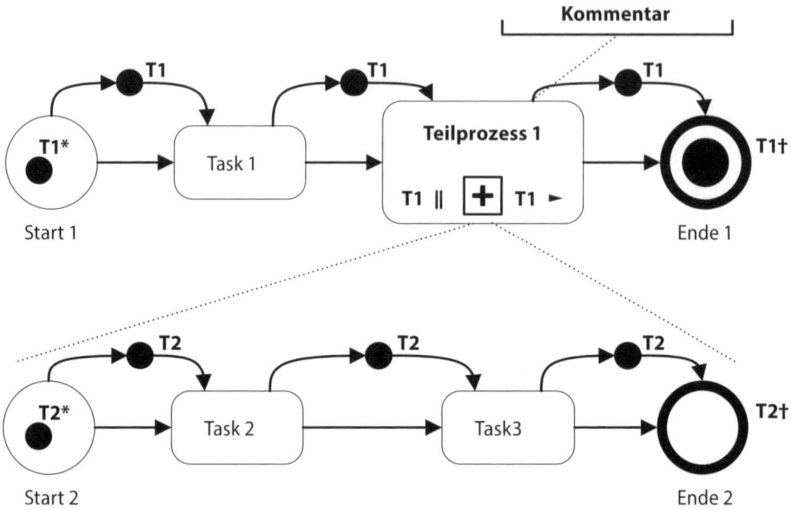

Der Start des oberen Top-Level-Prozesses wird durch das Startereignis *Start 1* initiiert. In diesem Zuge wird der Token *T1* erzeugt und an den Task *Task 1* übergeben. Nach dessen Beendigung löst *T1* die Ausführung des Teilprozesses *Teilprozess 1* aus, während T1 pausiert. Der von *Teilprozess 1* referenzierte Teilprozess wird aufgerufen. Ein solcher Teilprozess ist im Grunde nichts anderes als ein Funktionsaufruf in einer Programmiersprache. Durch das Startereignis *Start 2* wird ein weiterer Token *T2* erzeugt und an die verschiedenen Tasks weitergegeben, bis T2 an das Abschlussereignis *Ende 2* übergeben und schlussendlich von diesem zerstört wird. Nun springt der Kontrollfluss wieder an den Top-Level-Prozess zurück, und *T1* wird an *Ende 1* übergeben und ebenfalls zerstört. Dem Aufruf von *Teilprozess 1* hängt ein Kommentar an. Kommentare können jedem BPMN-Element angehängt werden.

Teilprozesse lassen sich auch in den aufrufenden Prozess einbetten. In diesem Fall spricht man von einem Inline-Teilprozess. Prozesse können grafisch mit oder ohne Pool dargestellt werden. Prozesse, die ohne Pool dargestellt sind, repräsentieren immer private Top-Level-Prozesse. Abbildung 5–4 illustriert einen Top-Level-Prozess innerhalb eines Pools mit einem Inline-Teilprozess.

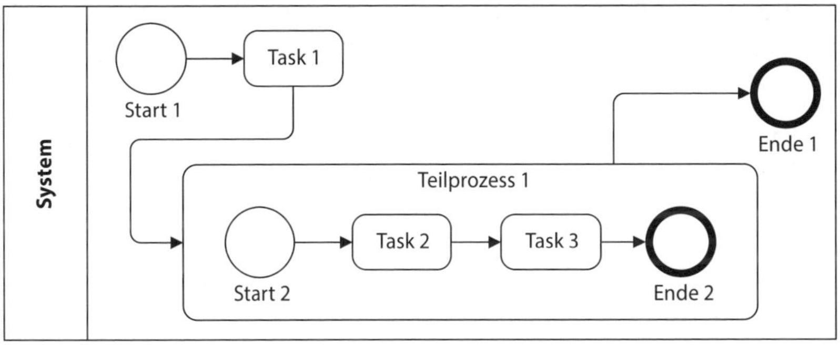

Abb. 5–4
Einfacher Prozess in einem Pool mit Inline-Teilprozess

Tasks

Ein Task ist eine atomare, d.h. unteilbare Aktivität, die durch einen eingehenden Token aktiviert bzw. ausgeführt wird. BPMN definiert verschiedene Arten von Tasks, die ihre eigenen Notationen besitzen (siehe Abb. 5–5):

- **Task**
  Ein undefinierter bzw. generischer Task, der häufig für die Dokumentation von Geschäftsprozessen verwendet wird. Der Name des Tasks beschreibt seine Semantik. Alle Tasks in Abbildung 5–4 sind undefinierte bzw. generische Tasks.
- **Service-Task**
  Ein Service-Task repräsentiert einen nicht näher beschriebenen automatisierten Task, beispielsweise einen Webservice, der im Zuge des Ablaufs ausgeführt wird.
- **Benutzer-Task** (**UserTask**)
  Ein Benutzer-Task repräsentiert einen Task, den ein Mensch mithilfe einer Software durchführt. Die Technologie und Art der unterstützenden Software ist dabei nicht festgelegt.
- **Geschäftsregel-Task** (**BusinessRuleTask**)
  Ein Geschäftsregel-Task ist ein Task, der mithilfe einer sogenannten Geschäftsregel-Engine (*business rule engine*) ausgeführt wird. Die Aufgaben der Geschäftsregel-Engine sind die Anwendung und die Bereitstellung der gelieferten Ergebnisse der Geschäftsregel, von denen der weitere Ablauf des Prozesses beeinflusst wird. Geschäftsregel-Tasks sind die Schnittstelle zwischen BPMN und DMN. Eine Entscheidungstabelle bzw. Geschäftsregeldefinition, die mittels DMN erstellt wurde, lässt sich durch den Geschäftsregel-Task referenzieren.

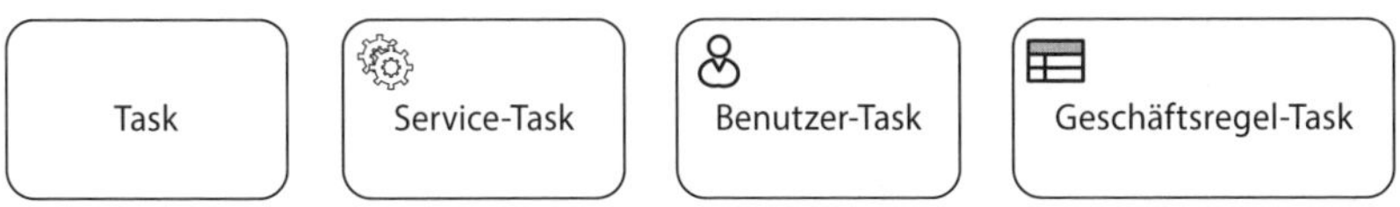

Abb. 5–5
Notationen der verschiedenen Tasks

Ereignisse

Ein Prozess wird durch Ereignisse initiiert, unterbrochen, wiederaufgenommen sowie beendet. Ereignisse werden in zwei grundlegende Arten unterteilt:

- **Fangende Ereignisse (*catch events*)**
  Ein fangendes Ereignis ist ein Ereignis, das einen Auslöser (Trigger) für ein bestimmtes Ereignis definiert und durch Auftreten des Ereignisses aktiviert wird, beispielsweise der Empfang einer Nachricht oder das Auslaufen einer Zeitspanne oder Erreichen eines Zeitpunkts. Alle Startereignisse sowie einige Zwischenereignisse sind fangende Ereignisse.
- **Werfende Ereignisse (*throw events*)**
  Werden werfende Ergebnisse während des Ablaufs aktiviert, generieren sie Ereignisse, die an ihre Umgebung weitergeleitet werden. Alle Abschlussereignisse sowie einige Zwischenereignisse sind werfende Ereignisse.

Ereignisse werden grundsätzlich, je nachdem, wo sie im Prozess integriert werden, in Startereignisse (StartEvent), Zwischenereignisse (IntermediateEvent) und Abschlussereignisse (EndEvent) unterteilt (siehe Abb. 5–6).

Abb. 5–6
Grafische Notation von Start-, Zwischen- und Abschlussereignis

Nachfolgende Startereignisse (siehe Abb. 5–7) repräsentieren eine wichtige[4] Untermenge aller durch BPMN spezifizierten Startereignisse:

- **Standard-Startereignis (None-StartEvent)**
  Das Standard-Startereignis hat keinen definierten Auslöser. Es wird unmittelbar ausgelöst, wenn ein Prozess instanziiert wird.
- **Nachrichtenempfang-Startereignis (Message StartEvent)**
  Das Nachrichtenempfang-Startereignis startet den Ablauf eines Top-Level- oder Ereignisprozesses nach Erhalt einer bestimmten Nachricht. Dieses Ereignis kann nicht für den Start von Teilprozessen verwendet werden.
- **Zeit-Startereignis (Timer StartEvent)**
  Ein Zeit-Startereignis startet Top-Level- oder Ereignisprozesse durch das Fangen von zeitbezogenen Auslösern. Dies können feste Zeit-

4. Wichtig, da prüfungsrelevant.

punkte (bspw. Sonntag, 31. Januar, 22:16 Uhr[5]), Zeitintervalle (bspw. jeden Tag um 9 Uhr) oder Zeitspannen (bspw. nach 10 Minuten) sein.

Abb. 5–7 *Notationen für relevante Startereignisse*

Zwischenereignisse sind Ereignisse, die in den Ablauf eines Prozesses integriert sind und diesen weder starten noch beenden. Alle hier besprochenen Zwischenereignisse (siehe Abb. 5–8) sind fangende Ereignisse:

- **Nachrichtenempfang-Zwischenereignis (Message IntermediateEvent)**
  Äquivalent zur Semantik des Nachrichtenempfang-Startereignisses. Erreicht der Kontrollfluss ein Nachrichtenempfang-Zwischenereignis, wird der Ablauf so lange pausiert, bis die geforderte Nachricht empfangen wird.
- **Zeit-Zwischenereignis (Timer IntermediateEvent)**
  Äquivalent zum Zeit-Startereignis. Erreicht der Kontrollfluss ein Zeit-Zwischenereignis, wird der Ablauf so lange pausiert, bis das definierte Zeitereignis auftritt.
- **Fehler-Zwischenereignis (Error IntermediateEvent)**
  Fangende Fehler-Zwischenereignisse sind dafür geeignet, um Fehler(wirkungen) eines hierarchisch tieferen Prozesses zu empfangen und nachfolgende Aktivitäten auszulösen. Sie ähneln damit sehr Ausnahmebehandlungen von Programmiersprachen. Üblicherweise beendet ein geworfener Fehler die werfende Aktivität sowie alle anderen weiterreichenden Aktivitäten bis zu der Aktivität, die das fangende Fehler-Zwischenereignis definiert hat. Im Anschluss daran werden nachfolgende Aktivitäten durch den vom Fehler-Zwischenereignis ausgehenden Kontrollfluss aktiviert.
- **Eskalations-Zwischenereignis (Escalation IntermediateEvent)**
  Fangende Eskalations-Zwischenereignisse sind fangenden Fehler-Zwischenereignissen sehr ähnlich, mit dem Unterschied, dass eine Eskalation innerhalb eines Prozesses kein Fehler sein muss, sondern ein besonderes Ereignis repräsentiert (bspw. eine verspätete Lieferung, eine zurückgewiesene Überweisung etc.), auf das der Prozess reagieren muss. Im Gegensatz zu Fehler-Zwischenereignissen können werfende Eskalations-Zwischenereignisse einen Prozess beenden.

5. Zu diesem Zeitpunkt wurde der aktuelle Abschnitt zu Papier gebracht.

Abb. 5–8
Notationen der relevanten Zwischenereignisse

Abschlussereignisse beenden Prozessabläufe und können auf allen Ebenen einer Prozesshierarchie verwendet werden (siehe Abb. 5–9):

- **Standard-Abschlussereignis (None EndEvent)**
  Das Standard-Abschlussereignis ist äquivalent zum Standard-Startereignis. Wird ein Standard-Abschlussereignis ausgeführt, so wird der Kontrollfluss des Prozesses beendet. Gibt es in dem betrachteten Prozessablauf nur diesen einen Sequenzfluss, so ist dies gleichzusetzen mit der Beendigung des Prozesses. Anderenfalls wird nur der Token des eingehenden Sequenzflusses vernichtet, während noch aktive Token in parallelen Sequenzflüssen weiterhin verarbeitet werden.
- **Terminierungs-Abschlussereignis (Terminate EndEvent)**
  Das Terminierungs-Abschlussereignis ist ein intensiveres Abschlussereignis als das Standard-Abschlussereignis. Die Aktivierung eines terminierenden Abschlussereignisses hat zur Folge, dass wirklich alle aktiven, potenziell nebenläufigen Kontrollflüsse (und Token) sofort und ohne weitere Fehler- oder Eskalationsbehandlung beendet werden.
- **Abbruch-Abschlussereignis (Cancel EndEvent)**
  Ein Abbruch-Abschlussereignis ist nur im Kontext von transaktionalen Teilprozessen relevant[6]. Ein Abbruchereignis bricht einen transaktionalen Teilprozess ab und informiert jeden beteiligten Teilnehmer der Transaktion, dass die Ausführung der Transaktion fehlerhaft abgebrochen wurde.
- **Eskalations-Abschlussereignis (Escalation EndEvent)**
  Wird ein Ablauf durch ein Eskalations-Abschlussereignis beendet, werden die Details der Eskalation an die hierarchisch höheren Prozesse weitergereicht. Der erste hierarchisch höhere Prozess mit einem passenden fangenden Eskalations-Zwischenereignis setzt die Behandlung der Eskalation fort. Noch aktive, potenziell nebenläufige Sequenzflüsse des werfenden Prozesses werden hingegen nicht beendet, d.h., der eskalierende Prozess wird weiter ausgeführt.

---

6. Transaktionale Teilprozesse werden nicht genauer besprochen. Weitere Informationen zu transaktionalen Teilprozessen finden sich in der BPMN-Spezifikation [OMG BPMN], Abschnitt 10.3.5 Sub-Processes.

- **Fehler-Abschlussereignis (Error EndEvent)**
  Wird ein Prozessablauf durch ein Fehlerereignis beendet, werden die relevanten Fehlerinformationen automatisch an die hierarchisch höheren Prozesse weitergereicht. Der erste hierarchisch höhere Prozess mit einem passenden fangenden Fehler-Zwischenereignis setzt die Behandlung des Fehlers um. Zudem werden alle aktiven, potenziell nebenläufigen Abläufe des werfenden Prozesses sofort beendet.

Abb. 5–9
Notationen der relevanten Abschlussereignisse

Gateways

Gateways sind Verbindungspunkte für Sequenzflüsse. Mittels Gateways lassen sich alternative und parallele Sequenzflüsse umsetzen (siehe Abb. 5–10):

- **Alternativ-Gateway (ExclusiveGateway)**
  Alternativ-Gateways besitzen einen eingehenden Sequenzfluss und mindestens einen, üblicherweise jedoch mehrere, ausgehende Sequenzflüsse. Token, die bei einem alternativen Gateway eintreffen, werden über einen (und zwar genau einen) ausgehenden Sequenzfluss weitergeleitet. Sie sind damit äquivalent zu *if-else*-Verzweigungen in Programmiersprachen.
- **Parallel-Gateway (ParallelGateway)**
  Parallel-Gateways besitzen einen eingehenden Sequenzfluss und mindestens zwei ausgehende Sequenzflüsse. Eingehende Token werden kopiert und an jeden ausgehenden Sequenzfluss weitergeleitet. Mittels Parallel-Gateways lassen sich nebenläufige Sequenzflüsse innerhalb eines Prozesses realisieren.
- **Ereignisbasiertes Gateway**[7]
  Ein ereignisbasiertes Gateway ähnelt dem alternativen Gateway, allerdings wird der zu aktivierende Sequenzfluss nicht durch eine Bedingung an den ausgehenden Sequenzflüssen beschrieben, sondern durch die dem ereignisbasierten Gateway nachfolgenden Ereignisse. Dadurch lässt sich absichern, dass aus einer Menge möglicher und unterschiedlicher Ereignisse, die zu einem bestimmten Zeitpunkt im Ablauf eines Prozesses auftreten können, der Kontrollfluss des ersten auftretenden Ereignisses weiterverfolgt wird.

7. Im Lehrplan ist dieses Gateway nicht als prüfungsrelevant gelistet. Da es aber sehr hilfreich ist, ist es hier dennoch aufgeführt.

Abb. 5–10
Notationen der relevanten Gateways

Datenspeicher

Oftmals ist es notwendig, dass Daten und Informationen, die durch Prozesse erzeugt werden, dauerhaft bzw. prozessübergreifend persistiert werden. Zu diesem Zweck lässt sich das Element Datenspeicher[8] (DataStore) verwenden (siehe Abb. 5–11).

Abb. 5–11
Notation für Datenspeicher

Datenspeicher können in verschiedenen Prozessen referenziert werden, um Daten abzurufen, zu aktualisieren oder abzuspeichern.

5.2.2 Einführung in DMN

Die Decision Model and Notation (DMN) ist eine ebenfalls von der OMG spezifizierte Modellierungssprache. Ihr grundlegendes Ziel ist es, eine einheitliche Notation bereitzustellen, um Anforderungen an Entscheidungsfindungsprozesse zu spezifizieren und diese in detaillierte Entscheidungsmodelle umzusetzen. Entscheidungsmodelle dienen unter anderem der softwaregestützten, d.h. automatisierten Ausführung von Entscheidungsfindungsprozessen und Entscheidungsregeln. BPMN-Prozesse können durch DMN-Modelle ergänzt werden. Die Schnittstelle beider Sprachen ist der BPMN-Geschäftsregel-Task.

5.2.2.1 Verwendungsarten von DMN

DMN ermöglicht die Darstellung von Entscheidungsfindungsprozessen auf unterschiedlichen Formalitätsgraden. Entscheidungsfindungsprozesse werden entweder von Menschen ausgeführt oder automatisiert durch Maschinen. Wie auch immer eine Entscheidung gefällt wird, üblicherweise unterliegt diese Entscheidungsfindung einer Menge von sich ergänzenden Entscheidungsregeln bzw. -logiken.

8. Der Lehrplan bezeichnet das Sprachkonzept als *Datensammlung*, allerdings ist der hier gewählte Name *Datenspeicher* eine passendere Übersetzung des englischen Begriffes *DataStore*.

Menschliche Entscheidungsfindungsprozesse

Auch wenn die Digitalisierung und Automatisierung, vor allem durch den Einsatz von künstlicher Intelligenz (KI), stetig zunimmt, so unterliegen bis heute die meisten Entscheidungen dem logischen (und manchmal auch unlogischen) Sachverstand von Menschen. Entscheidungsmodelle für eine menschliche Entscheidungsfindung haben üblicherweise einen geringeren Anspruch an den Formalisierungsgrad. Dennoch können auch für die Darstellung menschlicher Entscheidungsfindungsprozesse die Entscheidungslogiken bzw. -regeln durch DMN beschrieben werden. Die Integration in ein BPMN-Modell ist ebenfalls möglich.

Automatisierte Entscheidungsfindungsprozesse

Im Gegensatz zu den menschlichen Entscheidungsfindungsprozessen verlangen automatisierte Entscheidungsfindungsprozesse einen höheren Formalisierungsgrad. In einigen Bereichen unseres täglichen Lebens werden Entscheidungen, auch zu komplexen Fragen bzw. Situationen, bereits vollständig oder zumindest teilautomatisiert von Maschinen getroffen. Durch die grafische Darstellung ausführbarer Entscheidungsfindungsprozesse mittels DMN werden Businessanalysten in die Lage versetzt, teils sehr komplexe und diffizile Entscheidungsfindungsprozesse zu warten und bei Bedarf weiterzuentwickeln.

Optimierung von Entscheidungsfindungen

Durch die Kombination von menschlichen und automatisierten Entscheidungsfindungsprozessen ermöglicht die DMN deren schrittweise Verfeinerung bzw. Optimierung. So ist es möglich, die aktuellen Entscheidungsfindungsprozesse deskriptiv mit DMN zu erheben. Durch Analyse der aktuellen Situation lassen sich wiederum Anforderungen für einen optimierten Entscheidungsfindungsprozess identifizieren. Mitunter fällt erst durch die systematische und visuelle Dekomposition eines Entscheidungsfindungsprozesses auf, dass eine veraltete oder suboptimale Informationsquelle in die Entscheidungsfindung einfließt.

5.2.2.2 Kernbereiche von DMN

Grundsätzlich definiert DMN den Prozess der Entscheidungsfindung so, dass zu einer Entscheidungsfindung Informationen als Eingabewerte einfließen, die durch eine bestimmte Entscheidungslogik (bzw. Entscheidungsregel) in Entscheidungsergebnisse (also der final getroffenen Entscheidung) transformiert werden. Dabei kann es vorkommen, dass das Ergebnis einer Entscheidung wiederum für die Berechnung einer anderen Entscheidung benötigt wird. Zu diesem Zweck definiert DMN drei Kernbereiche: Anforderungen an die Entscheidungsfindung, Entscheidungslogik und Entscheidungstabellen.

Anforderungen an die Entscheidungsfindung

Anforderungen an eine Entscheidungsfindung werden in DMN durch Entscheidungsanforderungsgraphen (engl. Decision Requirements Graphs – DRG) spezifiziert und in Entscheidungsanforderungsdiagrammen (engl. Decision Requirements Diagrams – DRD) dargestellt.

Entscheidungslogiken

Entscheidungsfindungsprozesse basieren auf Entscheidungslogiken. Eine Entscheidungslogik in DMN kann deskriptiv oder präskriptiv vorliegen. Während deskriptive Entscheidungslogiken meist mittels natürlicher Sprache beschrieben werden, definiert DMN zwei verschiedene Formalismen, um präskriptive Entscheidungslogiken zu spezifizieren:

- **FEEL und S-FEEL**
  FEEL und S-FEEL sind textuelle Notationen zur Beschreibung von ausführbaren Entscheidungslogiken. FEEL steht für *friendly enough expression language*, das *S* in S-FEEL steht für *simple*. S-FEEL repräsentiert eine Teilmenge der ausdrucksstärkeren FEEL.
- **Entscheidungstabellen**
  Entscheidungstabellen sind Tabellen, die aus sogenannten Entscheidungsregeln (die Entscheidungslogiken) bestehen und auf kompakte Art und Weise das Ergebnis der Entscheidungsfindung sowie die Eingaben für die Entscheidungsfindung tabellarisch visualisieren. Entscheidungstabellen eignen sich hervorragend, um Geschäftsregeln zu spezifizieren, die nach einem WENN-DANN-Muster beschrieben sind. Zum Beispiel: *WENN ein Neukunde keine Bonität vorweisen kann, DANN kann er ausschließlich Prepaid-Tarife abschließen.*

5.2.2.3 Klassische Entscheidungstabellen

Das Konzept der Entscheidungstabellen gibt es bereits deutlich länger als den DMN-Standard. Entscheidungstabellen werden gemeinhin insbesondere zu Dokumentationszwecken von Anforderungen und/oder Geschäftsregeln verwendet. Beim Testentwurf werden Entscheidungstabellen zumeist eingesetzt, um natürlichsprachige Geschäftsregeln zu formalisieren und so eine kompakte Darstellung der in den Geschäftsregeln enthaltenen Testbedingungen bzw. Abnahmekriterien zu erhalten. Entscheidungstabellen werden insbesondere auf den höheren Teststufen wie Systemtest oder Abnahmetest eingesetzt, sie können allerdings prinzipiell auf jeder Teststufe Anwendung finden.

Entscheidungsregeln

Entscheidungstabellen setzen sich aus *Entscheidungsregeln* zusammen. Diese bilden die Entscheidungslogik ab. Eine Entscheidungsregel besteht aus *Ursachen bzw. Bedingungen* und *Wirkungen bzw. Aktionen*. Bedingungen und Aktionen werden üblicherweise als Zeilen, Entscheidungsregeln als Spalten dargestellt. Abbildung 5–12 stellt unterschiedlich visualisierte, aber semantisch äquivalente Entscheidungstabellen dar.

Name der Entscheidungstabelle				
Entscheidungs-regel	#1	#2	#3	#4
Bedingungen				
Bedingung 1	W	W	F	F
Bedingung 2	W	F	W	F
Aktionen				
Aktion 1	X	X		
Aktion 2	X		X	X

Bedingungen	Bedingung 1	W	W	F	F
	Bedingung 2	W	F	W	F
Aktionen	Aktion 1	X	X		
	Aktion 2	X		X	X

Abb. 5–12
Mögliche Darstellungen klassischer Entscheidungstabellen

Den Bedingungen einer Entscheidungsregel werden Werte zugewiesen. In den meisten Fällen handelt es sich bei Bedingungen um logische Aussagen, denen die Wahrheitswerte WAHR (W) und FALSCH (F) zugewiesen werden. WAHR bedeutet, dass die Bedingung in dieser Entscheidungsregel zutrifft, FALSCH entsprechend das Gegenteil. Durch die Kombination aller Bedingungswerte ergeben sich unterschiedliche Entscheidungsregeln, die zu bestimmten Aktion führen können. Ob eine Aktion einer Entscheidungsregel ausgelöst wird, ist zumeist durch ein 'x' gekennzeichnet. Für Bedingungen und Aktionen können auch andere Werte verwendet werden.

Die Entscheidungslogik einer Entscheidungsregel ist implizit durch eine WENN-DANN-Beziehung zwischen Bedingungen und Aktionen gegeben. Die in Abbildung 5–12 dargestellte Entscheidungsregel #1 lässt sich demnach wie folgt lesen:

```
WENN Bedingung 1 zutrifft
UND
WENN Bedingung 2 zutrifft
DANN WIRD Aktion 1 ausgelöst
UND
DANN WIRD Aktion 2 ausgelöst
```

2^n Entscheidungsregeln

Die Entscheidungsregeln in Abbildung 5–12 bestehen ausschließlich aus logischen Bedingungen. Derartige Entscheidungstabellen werden auch *eingabebegrenzte Entscheidungstabellen* genannt. Die maximale Anzahl an möglichen Entscheidungsregeln für eine eingabebegrenzte Entscheidungstabelle ist 2^n, wobei *n* der Anzahl der logischen Bedingungen entspricht. Entscheidungstabellen, die die maximale Anzahl an Entscheidungsregeln spezifizieren, werden *vollständig* genannt. Eine vollständige eingabebegrenzte Entscheidungstabelle, die vier Bedingungen definiert, besteht somit aus 16 Entscheidungsregeln, da 2^4 gleich 16 ist.

Aktionsgleiche Entscheidungsregeln

Die Entscheidungsregeln #3 und #4 (in Abb. 5–12) führen zu gleichen Aktionen. Eine solche Gegebenheit erfordert zumindest eine genauere Untersuchung durch einen Businessanalysten oder Tester[9]. Unter bestimmten Umständen lassen sich aktionsgleiche Entscheidungsregeln zusammenfassen. Der Unterschied zwischen Entscheidungsregel #3 und #4 ist lediglich der unterschiedliche Wahrheitswert von *Bedingung 2*. Es scheint bezogen auf die Aktionen keinen Unterschied zu machen, ob *Bedingung 2* WAHR oder FALSCH ist. Aus Sicht der Geschäftsregel ist diese Bedingungen daher schlichtweg egal. Zu diesem Zweck definieren Entscheidungstabellen den *Don't-care*-Wert '-'. Ein '-' steht repräsentativ für jedweden möglichen Wert einer Bedingung, da diese Bedingung keine Auswirkung auf die resultierenden Aktionen der Entscheidungsregel hat. Infolgedessen lassen sich durch den *Don't-care*-Wert Entscheidungsregeln zusammenführen (siehe Abb. 5–13), woraufhin sich die Anzahl der effektiven Entscheidungsregeln reduziert. Eine solche Entscheidungstabelle wird *reduzierte Entscheidungstabelle* genannt.

Abb. 5–13
Anwendung des Don't-care-Wertes

Name der Entscheidungstabelle				
Entscheidungs-regel	#1	#2	#3	#4
Bedingungen				
Bedingung 1	W	W	F	F
Bedingung 2	W	F	W	F
Aktionen				
Aktion 1	X	X		
Aktion 2	X		X	X

Name der Entscheidungstabelle			
Entscheidungs-regel	#1	#2	#3
Bedingungen			
Bedingung 1	W	W	F
Bedingung 2	W	F	-
Aktionen			
Aktion 1	X	X	
Aktion 2	X		X

Zusammengefasste, semantisch äquivalente Entscheidungsregel

Die Verfeinerung einer *vollständigen* zu einer *reduzierten* Entscheidungstabelle ist ein gutes Mittel, um die Anzahl effektiver Entscheidungsregeln zu verringern. Da jede Entscheidungsregel eine Testbedingung bzw. ein Abnahmekriterium repräsentiert, trägt die Reduktion der Entscheidungsregeln effektiv zur Reduktion des Testaufwandes bei. Ein systematisches Verfahren, das aus einer vollständigen Entscheidungstabelle schrittweise eine reduzierte ableitet, ist das *Prüfsummenverfahren* (siehe Abschnitt 5.4.2).

9. Würde man den Erstellungsprozess einer Entscheidungstabelle als BPMN-Geschäftsprozess spezifizieren, so würde das Auftreten von aktionsgleichen Entscheidungsregeln ein Eskalationsereignis auslösen, das den Tester oder Businessanalysten veranlassen würde, diese Entscheidungsregeln genauer zu überprüfen.

Hinweis: Ausgeschlossene Aktion ungleich undefinierte Aktion

Manchmal wird für den Ausschluss von Aktionen ebenfalls das Symbol '-' verwendet. Im Kontext von Aktionen hat dieses Symbol allerdings nicht die Bedeutung eines *Don't-care*-Wertes, sondern ist tatsächlich als Ausschluss der Aktion zu sehen. Es ist damit das Gegenstück des 'x'-Wertes für Aktionen. Durch Verwendung des '-' für explizit nicht aufzutretende Aktionen hat man die Möglichkeit, zwischen unbekannten bzw. undefinierten und ausgeschlossenen Aktionen zu unterscheiden. Diese Unterscheidung ist vor allem bei der Testanalyse wichtig. Eine ausgeschlossene Aktion ist ein valider Wert einer Entscheidungsregel, unbekannte bzw. undefinierte Aktionen deuten hingegen auf eine Lücke in der Geschäftsregel hin.

Eingabeerweiterte Entscheidungstabellen

Viele der in der Literatur dargestellten Entscheidungstabellen bestehen ausschließlich aus logischen Bedingungen. Dies ist allerdings nicht immer so. Abbildung 5–14 formalisiert einige mathematische Grundregeln der Division. Jeder Bedingung sind drei mögliche Bedingungswerte zugewiesen, aus denen sich eine vollständige Entscheidungstabelle mit neun Entscheidungsregeln ergibt (da $3^2 = 9$ ist).

Entscheidungstabellen, deren Bedingungen mehrere mögliche Werte umfassen, heißen *eingabeerweiterte Entscheidungstabellen*. Anhand der Entscheidungsregel #5 ist ersichtlich, dass sich der *Don't-care*-Wert auch sinnvoll bei eingabeerweiterten Entscheidungstabellen einsetzen lässt. Die Regeln der Division besagen, dass jedweder Versuch, einen Dividenden durch 0 zu dividieren, zu keiner Lösung bzw. einem ungültigen oder undefinierten Ergebnis führt[10]. Anders sieht es jedoch bei einem Dividenden aus, der den Wert 0 hat (Entscheidungsregeln #6 und #7). Die Regel besagt hier, dass das Ergebnis einer Division mit einem Dividenden 0 zu einem Quotienten 0 führt, *es sein denn*, der Divisor ist selbst wiederum eine 0. Da es bei klassischen Entscheidungstabellen keine Möglichkeit gibt, um nur eine Untermenge der möglichen Bedingungswerte in die Entscheidungslogik einer Entscheidungsregel einzubeziehen, bleibt bei den Entscheidungsregeln #6 und #7 keine andere Wahl, als jede Bedingungskombination explizit aufzuführen – selbst wenn sie zu denselben Aktionen führen. Abbildung 5–14 illustriert die bereits reduzierte eingabeerweiterte Entscheidungstabelle *Division*.

10. In der Tat ist die Mathematik sich da nicht ganz einig.

Abb. 5–14
Eingabeerweiterte Entscheidungstabelle

Division							
Entscheidungsregel	#1	#2	#3	#4	#5	#6	#7
Bedingungen							
Dividend (> 0, < 0, == 0)	>0	< 0	> 0	<0	–	== 0	== 0
Divisor (> 0, < 0, == 0)	> 0	> 0	< 0	< 0	== 0	<0	> 0
Aktionen							
Quotient positiv	X	–	–	X	–	–	–
Quotient negativ	–	X	X	–	–	–	–
Keine Lösung	–	–	–	–	X	–	–
Quotient == 0	–	–	–	–	–	X	X

Es lassen sich auch konkrete Werte für Bedingungen verwenden. Als Beispiel seien die nachfolgenden Entscheidungstabellen genannt, die die Monate des Jahres den entsprechenden Quartalen und Tertialen zuweisen (siehe Abb. 5–15).

Abb. 5–15
Konkrete Werte in Bedingungen und Aktionen

Monate, Quartale und Tertiale												
Entscheidungs-regel	#1	#2	#3	#4	#5	#6	#7	#8	#9	#10	#11	#12
Bedingungen												
Monat (Jan. - Dez.)	Jan.	Feb.	März	April	Mai	Juni	Juli	Aug.	Sept.	Okt.	Nov.	Dez.
Aktionen												
Quartal (1–4)	1	1	1	2	2	2	3	3	3	4	4	4
Tertial (1– 3)	1	1	1	1	2	2	2	2	3	3	3	3

Undefinierte und nicht anwendbare Entscheidungsregeln

Undefinierte Entscheidungsregeln liegen vor, wenn es bei einer Entscheidungsregel keine definierte Aktion oder Kombination von Aktionen zu einer Kombination von Bedingungen gibt. Dies entspricht üblicherweise einem Fehlerzustand bzw. einer Informationslücke in der Geschäftsregel. Maßgeblich für eine undefinierte Entscheidungsregel ist, dass die Kombination von Bedingungen gültig ist, d.h., sie entspricht einer möglichen, durchführbaren und zu erwartenden Situation.

Nicht anwendbare Entscheidungsregeln liegen vor, wenn Kombinationen von Bedingungen sich widersprechen oder unrealistisch sind, d.h., wenn eine spezifizierte Situation niemals im Produktivbetrieb auftreten kann. Nicht anwendbare (N/A oder n/a – not applicable) Entscheidungsregeln oder kurz N/A-Entscheidungsregeln stellen jedoch semantisch einen anderen Sachverhalt dar als undefinierte Entscheidungsregeln. Während eine undefinierte Entscheidungsregel einem Mangel an

Informationen entspricht und von den Stakeholdern präzisiert werden sollte, ergeben N/A-Entscheidungsregeln fachlich keinen Sinn und sollten als solche von der weiteren Verarbeitung der Entscheidungstabelle ausgeschlossen werden.

5.2.2.4 DMN-Entscheidungstabellen

DMN-Entscheidungstabellen sind eine standardisierte, modellbasierte Variante von klassischen Entscheidungstabellen. DMN unterstützt die formale Spezifikation von Entscheidungslogiken in Form von Entscheidungsmodellen, die für automatisierte Entscheidungsfindungen eingesetzt werden können. DMN-Entscheidungstabellen unterliegen grundsätzlich denselben Regeln wie klassische Entscheidungstabellen, erweitern diese jedoch um dedizierte Konstrukte für die Geschäftsregelmodellierung und maschinelle Ausführbarkeit. Neben einer ungleich variantenreicheren Darstellung besitzt DMN auch eine proprietäre Terminologie für einige der zuvor beschriebenen Konzepte der klassischen Entscheidungstabellen (siehe Abb. 5–16). Zudem sind DMN-Entscheidungstabellen ausdrucksstärker als klassische Entscheidungstabellen. Dies liegt unter anderem daran, dass DMN effektiv die Automatisierung von Entscheidungsfindungsprozessen unterstützt, während klassische Entscheidungstabellen traditionell nur die Entscheidungsfindung durch den Menschen unterstützt.

	Monate, Quartale und Tertiale (1)														
(2)	Monat	*Jan-Dez*	Jan	Feb	Mär	Apr	Mai	Juni	Juli	Aug	Sep	Okt	Nov	Dez	(8)
(3)	Quartal	*1,2,3,4*	1	1	1	2	2	2	3	3	3	4	4	4	(9)
(3)	Tertial	*1,2,3*	1	1	1	1	2	2	2	2	3	3	3	3	(9)
(4)	Referenz			*Ref1*			*Ref4*			*Ref2*			*Ref5*		
(5)	U		1	2	3	4	5	6	7	8	9	10	11	12	
		(6)	(7)												

Abb. 5–16
DMN-Darstellung an die klassische Entscheidungstabelle angelehnt [OMG DMN]

Eine DMN-Entscheidungstabelle besteht aus folgenden Komponenten:

1. **Name eines Informationselements (InformationItem)**
   Der Name des Informationselements ist konzeptionell äquivalent zu dem Namen einer klassischen Entscheidungstabelle.
2. **Eine Liste von Eingabeklauseln (InputClause)**
   Eine Eingabeklausel repräsentiert die Bedingungen der Entscheidungstabelle. DMN ermöglicht die Erstellung eingabeerweiterter Entscheidungstabellen.

3. **Eine Liste von Ausgabeklauseln (OutputClause)**
   Eine Ausgabeklausel definiert die Aktionen der Entscheidungstabelle sowie die möglichen Werte, die Aktionen einer Entscheidungsregel produzieren können.
4. **Liste mit Annotationsklauseln (RuleAnnotation)**
   Annotationsklauseln geben die Möglichkeit, weitere Informationen an die Entscheidungsregeln anzuheften, die aus werkzeugspezifischer oder methodischer Sicht hilfreich bzw. notwendig sind.
5. **Aufrufrichtlinie (HitPolicy)**
   Die Aufrufrichtlinie ermöglicht die Spezifikation überlappender Entscheidungsregeln. Werden mehr als eine Entscheidungsregel durch Auftreten der Bedingungswerte aktiviert, bestimmt die Aufrufrichtlinie, welche der aktivierten, überlappenden Entscheidungsregeln angewendet werden soll. Dies ist vor allem in (semi-)automatisierten Entscheidungsprozessen relevant.
6. **Eine Menge von erlaubten Werten**
   DMN bietet die Möglichkeit, die Menge der erlaubten Werte zu spezifizieren, die für Bedingungen und Aktionen bzw. Eingabeklauseln und Ausgabeklauseln verwendet werden dürfen. Im Falle der Ausgabeklauseln ermöglicht DMN sogar die Spezifikation eines optionalen Ausgabewertes, der immer dann von der Entscheidungstabelle zurückgegeben werden soll, wenn keine der spezifizierten Entscheidungstabellen aktiviert wird.
7. **Eine Liste von Entscheidungsregeln (DecisionRule)**
   Eine Entscheidungsregel setzt sich aus den Eingabe- und Ausgabewerten der Eingabeklauseln (Bedingungen) und Ausgabeklauseln (Aktionen) zusammen.
8. **Eine Menge von Eingaben**
   Die konkreten Bedingungswerte, die für die jeweilige Entscheidungsregel angewendet werden.
9. **Eine Menge von Ausgaben**
   Ausgaben repräsentieren das tatsächliche Ergebnis einer ausgeführten Entscheidungsregel. Da DMN-Entscheidungstabellen in der Lage sind, in den Entscheidungslogiken komplexe Datenstrukturen einzubeziehen, ist es möglich, dass die Ausgaben einer Entscheidungsregel ebenfalls komplexe Datenstrukturen sind. An dieser Stelle merkt man sehr deutlich die Bestrebungen der entsprechenden Arbeitsgruppen bei der OMG, DMN-Entscheidungstabellen in automatisierte Geschäftsprozesse einzubinden, zu parametrieren und deren Rückgabewerte weiterzuverwenden.

DMN-Entscheidungstabellen geben Werkzeugherstellern die Möglichkeit, verschiedene Ausrichtungen einer Entscheidungstabelle umzusetzen. Diese Ausrichtungen heißen *vertikal* (entspricht den klassischen Entscheidungstabellen), *horizontal* und *crosstab*. Weitere Details zu den verschiedenen Notationen und Ausrichtungen sind in der DMN-Spezifikation nachzulesen [OMG DMN].

5.2.2.5 DMN-Entscheidungstabellen mit BPMN verknüpfen

Eine Einsatzmöglichkeit von DMN ist die Bereitstellung von Entscheidungstabellen für die Steuerung von Geschäftsprozessen. BPMN definiert für die Einbindung von DMN-Entscheidungstabellen den Geschäftsregel-Task (siehe Abschnitt 5.2.1.2). Informationen eines Geschäftsprozesses (bspw. erhobene Daten) fließen dabei aus dem BPMN-Modell in die DMN-Entscheidungstabelle und können dort den Bedingungen als Werte zugewiesen werden. Im Grunde ähnelt dies dem Aufruf einer Prozedur (die DMN-Entscheidungstabelle), die formale Eingabeparameter und Rückgabewerte definiert. Ein Geschäftsregel-Task stellt dabei die konkreten Eingabeparameter bereit, die der DMN-Entscheidungstabelle übergeben werden, und ruft diese Prozedur auf. Üblicherweise werden die Rückgabewerte einer ausgewerteten DMN-Entscheidungstabelle in einem unmittelbar nachfolgenden Alternativ-Gateway verwendet, um den Ablauf des Geschäftsprozesses anhand der getroffenen Entscheidung zu steuern (siehe Abb. 5–17). Dies muss allerdings nicht zwingend so sein; eine andere Möglichkeit ist es auch, die Rückgabewerte in einem Datenspeicher zu persistieren, um diese Werte an späterer Stelle zu verwerten.

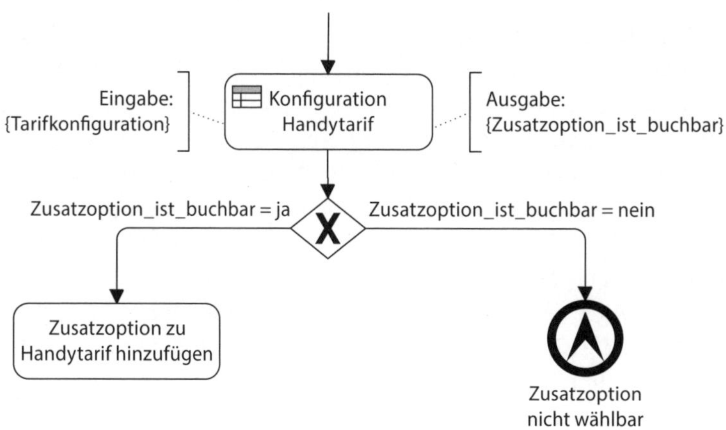

Abb. 5–17
Einbindung von DMN-Entscheidungstabellen in BPMN-Prozesse

In Abbildung 5–17 ist ein Geschäftsprozess dargestellt, der mittels eines Geschäftsregel-Tasks die DMN-Entscheidungstabelle *Monate, Quartale und Tertial* (siehe Abb. 5–15) aufruft und den konkreten Eingabeparameter *Monat* übermittelt. Auf Basis des aktuellen Monats kann eine Geschäftsregel-Engine nun die Entscheidungslogiken der Entscheidungsregeln auswerten und das entsprechende Jahresdrittel an den Geschäftsprozess zurückgeben. Dieser Rückgabewert fließt unmittelbar in das Alternativ-Gateway ein und bestimmt, welcher der alternativen Sequenzflüsse selektiert wird. Die semantischen und logischen Details der Eingabeparameter- und Rückgabewertübergabe sind in den jeweiligen Spezifikationen detailliert beschrieben.

5.3 Geschäftsprozess-/Geschäftsregelmodelle im Abnahmetest verwenden

Hinweis: Der Lehrplan unterscheidet explizit zwischen der Modellierung für den Abnahmetest und der Modellierung für die abnahmetestgetriebene Entwicklung. Aus Sicht der Autoren ist diese Unterteilung nicht notwendig, da die Prinzipien, Aktivitäten, Vorteile und Nachteile, die sich durch den Einsatz von Modellierungspraktiken ergeben, sich nicht wesentlich unterscheiden.

In einem modellbasierten Testentwurfsansatz für den Abnahmetest beschreiben BPMN-/DMN-basierte Geschäftsprozess-/Geschäftsregelmodelle das erwartete Verhalten des abzunehmenden Produkts (Testmodelle). Businessanalyst und Tester arbeiten üblicherweise bei der Erstellung und Verfeinerung bzw. Wartung der BPMN-/DMN-Modelle zusammen und vereinen so die geschäftliche Sicht und Testsicht in den Modellen. Durch die Perspektive des Testers wird sichergestellt, dass die Modelle zur Validierung der Abnahmekriterien beitragen. Die Kollaboration von Businessanalyst und Tester hilft, um gegenseitiges Verständnis aufzubauen. Zudem offenbaren sich durch das gemeinsame perspektivische Lesen der Testbasis während der Testanalyse oftmals bereits Fehlerzustände in den Dokumenten (insbesondere in den Anforderungen bzw. User Stories). Der kreative Prozess der Formalisierung ist erstaunlich effizient, um Mehrdeutigkeiten, Inkonsistenzen, Widersprüche und/oder fehlende Anforderungen in der Testbasis aufzuspüren. Somit hat die Testmodellierung oftmals den hilfreichen Seiteneffekt, dass die Qualität der Testbasis, aus denen die Modelle formalisiert werden, sukzessive steigt – zumindest, wenn die identifizierten Fehlerzustände korrigiert werden. Der fachliche Begriff für einen modellbasierten Testentwurfsansatz lautet modellbasiertes Testen.

5.3.1 Modellbasiertes Testen

Modellbasiertes Testen (MBT) ist definiert als »Testen, das auf Modellen basiert oder diese involviert« [ISTQB Glossar]. MBT wird vor allem in den Aktivitäten Testanalyse und Testentwurf eingesetzt. Ein gebräuchliches Synonym von MBT ist *automatisierter Testentwurf*. MBT sagt prinzipiell nichts darüber aus, ob der modellbasierte Testentwurf manuell oder automatisiert erfolgt, wobei der Fokus ganz klar auf dem automatisierten, d.h. werkzeuggestützten Testentwurf liegt. Es ist aber auch durchaus möglich, dass Modelle nur unterstützend verwendet werden, um beispielsweise Erkenntnisse aus der Testanalyse zu visualisieren und zu kommunizieren. Auch in diesem Fall wird prinzipiell von MBT gesprochen. Ein modellbasierter Testentwurfsansatz basiert auf drei grundlegenden »Zutaten«:

1. **Formalisierung**
   Während der Testanalyse gewinnen die Tester zumeist durch perspektivisches Lesen Erkenntnisse über das zu testende System, über seine Anforderungen, Funktionalität, Testbedingungen (und/oder Abnahmekriterien) sowie weitere Randbedingungen, die für den Testentwurf relevant sind oder sein können. Diese wichtigen Informationen müssen dann von einem Tester allein oder kollaborativ mit dem Businessanalysten formalisiert werden. Das Ergebnis der Formalisierung ist ein Testmodell, das die für den Testentwurf eines zu testenden Systems relevanten Informationen beinhaltet. Es können auch mehrere Testmodelle, integriert oder autark, erstellt werden. Der in Abbildung 5–17 dargestellte Sachverhalt basiert beispielsweise auf zwei Testmodellen, eines in BPMN, das andere in DMN, die über den Geschäftsregel-Task der BPMN miteinander integriert wurden.
2. **Generierung**
   Ein Testmodell ist die Voraussetzung für einen generativen Ansatz beim Testentwurf. Dazu wird neben dem Testmodell vor allem ein sogenannter Testgenerator benötigt. Der Testgenerator liest und interpretiert das Testmodell, um gemäß vorab definierter Überdeckungskriterien Testdaten und Testfälle (zusammengefasst: Testmittel) abzuleiten. Neben Testfällen und Testdaten lassen sich noch weitere relevante Testmittel aus Testmodellen generieren, beispielsweise Testskripte, Testabläufe, Testausführungspläne. Testfälle können auch durch einen Tester manuell aus dem Testmodell abgeleitet werden[11]. Die Verwendung eines Testgenerators spiegelt die Idee des MBT jedoch am besten wider.

11. Dies ergibt in einigen Situationen durchaus Sinn.

3. **Visualisierung**
   Neben der generativen Verwendung des Testmodells bietet die Visualisierung der testrelevanten Informationen einen weiteren, nicht außer Acht zu lassenden Vorteil. Zielgruppenoptimierte Visualisierungen vereinfachen den Wissenstransfer zwischen den relevanten Stakeholdern und regen zudem die Kommunikation untereinander an. Testmodelle können aus verschiedenen Blickwinkeln betrachtet werden, die erzeugten Testfälle sind nur eine mögliche Sicht auf das Testmodell, Testdaten eine andere.

Abbildung 5–18 illustriert einen grundsätzlichen modellbasierten Testentwurfsansatz und integriert zudem die entsprechenden Testmittel mit den Zutaten und den jeweiligen Testaktivitäten, in denen diese Zutaten verarbeitet werden.

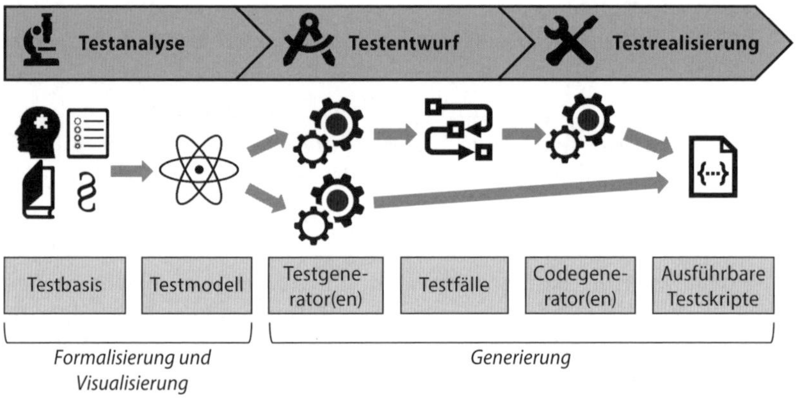

Abb. 5–18
Zutaten für modellbasiertes Testen

Der persönliche Aha-Effekt[12]

In einem der ersten europäischen Forschungsprojekte, in denen ich als wissenschaftlicher Mitarbeiter beim Fraunhofer-Institut FOKUS involviert war, ging es um modellbasiertes Testen im Bahnbereich. Die Fallstudie wurde von dem französischen Unternehmen Alstom bereitgestellt. Grob umrissen handelte es sich um den Test der funktionalen Sicherheit im Kontrollsystem eines Zuges während der Einfahrt in einen Bahnhof. Es galt abzusichern, dass die Sicherheitsmechanismen des automatischen Bremsens des Zuges korrekt ausgelöst wurden, wenn der Zug vom Signalleitsystem des Bahnhofes einen entsprechenden Auslöser erhielt.

→

12. Aus Sicht des Autoren Marc-Florian Wendland.

Unsere Forschungsarbeit konzentrierte sich auf die Entwicklung eines modellbasierten Testgenerators für funktionale Sicherheit, der für einen modellbasierten Testentwurfsansatz eingeplant war. Für die Formalisierung der Testbedingungen verwendeten wir die Testmodellierungssprache UML Testing Profile (UTP) [OMG UTP], eine Erweiterung der UML um Testkonzepte.

Bei der späteren Präsentation der Zwischenergebnisse des Projekts saßen unter anderem die Fachexperten von Alstom am Tisch und diskutierten über die Anwendbarkeit des modellbasierten Testansatzes. Interessanterweise stand nicht der generative Testentwurfsansatz im Mittelpunkt ihrer Betrachtungen, sondern die sehr intuitive Darstellung der Testmittel auf Basis von UTP. Laut Aussagen des Fachexperten war dies das erste Mal, dass sie den Zweck bzw. die Semantik der Testfälle nahezu auf Anhieb verstanden, dank der visuellen Darstellung der einzelnen Testschritte in einem UML-Sequenzdiagramm. Für mich war das die erste Bestätigung der Aussage, dass zielführende Sichten auf Modelle helfen, Wissen für die jeweiligen Zielgruppen bedarfsgerecht aufzubereiten.

Testmodellierungsnotationen

In einem Testmodell können verschiedenste testrelevante Informationen hinterlegt werden. Dazu zählt in erster Linie natürlich das erwartete Ein- und Ausgabeverhalten eines zu testenden Systems, also das Schnittstellenverhalten, aus dem die Testfälle generiert werden. Aber auch Testdaten samt Einschränkungen, Komponenten der Testumgebung, Testbedingungen, Testsuiten können je nach eingesetzter Modellierungssprache in einem Testmodell hinterlegt werden.

Anforderungen für Testmodellierungsnotationen

Der ETSI-Standard ES 202 951 [ETSI ES 202 951] definiert Anforderungen, denen Modellierungssprachen genügen sollten, um Testmodelle erstellen zu können. Neben dem UTP erfüllt beispielsweise noch die ETSI Test Description Language (TDL) [URL: TDL] große Teile dieses Anforderungskatalogs. Ein detaillierter Vergleich beider Modellierungssprachen hinsichtlich der Erfüllung dieser Anforderungen wurde auf der 5. ETSI User Conference for Advanced Automated Testing vorgestellt [Wendland 17]. Allerdings eignen sich prinzipiell viele auch nicht testspezifische Modellierungssprachen – textuelle, grafische oder hybride – dazu, die verschiedenen Testaktivitäten zu unterstützen. TDL und UTP sind lediglich zwei Vertreter von standardisierten Testmodellierungssprachen, die dem Anforderungskatalog des Standards ES 202 951 genügen.

Konserviertes Wissen

Testmodelle konservieren Wissen. Implizites Wissen, das in den Köpfen der Tester bzw. Stakeholder gebunden ist, wird durch die Modellierung explizit gemacht. Informales Wissen, das in Dokumenten grafisch oder textuell hinterlegt ist, wird durch die Modellierung formalisiert. Der große Vorteil der Wissenskonservierung liegt in der allgemeinen Zugänglichkeit dieses Wissens. Verlassen Stakeholder das Projekt, das Team oder das Unternehmen, bleibt ihr Wissen über das zu erwartete Verhalten des zu testenden Systems in den Modellen gebunden und somit auch nach dem Ausscheiden der wissenden Personen erhalten. Ein weiterer Vorteil liegt in der Nachvollziehbarkeit des Testentwurfs. Alle Informationen, die es benötigt, um zu verstehen, warum die abgeleiteten Testfälle und/oder Testdaten existieren, befinden sich in dem Testmodell und den definierten Überdeckungskriterien. Testmodelle werden damit zu zentralen Testmitteln innerhalb des Testentwurfsprozesses – zumindest für die Qualitätseigenschaften oder Testbedingungen (bzw. Abnahmekriterien), deren Testfälle modellbasiert entworfen werden.

Frühzeitiger Testentwurf

MBT ermöglicht einen frühzeitigen Testentwurf. Die Formalisierung von Testmodellen findet üblicherweise während der Testanalyse statt. Die Testanalyse kann erfolgen, sobald die Eingangskriterien für die jeweilige Teststufe erfüllt sind und die relevanten Arbeitsergebnisse bereitstehen. Sobald diese Arbeitsergebnisse verfügbar sind, können und sollten bereits Testaktivitäten beginnen. Dies wurde bereits bei der Einführung des V-Modells in Abschnitt 2.1.1 erläutert. Die Vorbereitung des Abnahmetests kann bereits erfolgen, wenn die Arbeitsergebnisse der Anforderungsdefinition (also Anforderungen) konsolidiert und freigegeben wurden[13].

Überdeckung und Restrisiko

Die Bestimmung des Restrisikos geht mit der Festlegung der benötigten Überdeckung einher. Durch unterschiedliche Konfigurationen des Testgenerators lässt sich die Überdeckung frei (in den Grenzen der Fähigkeiten des Testgenerators) wählen und bei Bedarf »auf Knopfdruck« erhöhen oder verringern. In jedem Fall ist klar dokumentiert, welche Modellierungselemente (also Anforderungen oder Abnahmekriterien) überdeckt wurden und aus welchem Grund andere *nicht* überdeckt wurden. Dies führt wiederum zu einer schnellen und dokumentierten Bestimmung des Restrisikos (den nicht überdeckten Modellelementen), das mit einer generierten Testsuite einhergeht.

13. Generell sollten die Tester bereits früher involviert werden, nämlich beim Review dieser Arbeitsergebnisse, um sicherzustellen, dass die Inhalte aus Testersicht hilfreich sind.

Überdeckung und Restrisikobestimmung auf Knopfdruck

Der Hersteller eines modellbasierten Testgenerators berichtete in einem Arbeitstreffen davon, wie er den Testmanager und weitere Entscheidungsträger eines großen Unternehmens von der Wirksamkeit eines generativen, modellbasierten Testansatzes überzeugt hatte. Es handelte sich dabei um ein IT-System, für das mehrere Hundert DIN-A4-Seiten Anforderungsspezifikation existierte. Einzelne Anforderungen wurden teilweise über vier Seiten hinweg beschrieben. Das Testteam hatte bislang stets die verfügbare Zeit überzogen, da der Umfang der zu verwaltenden Dokumente einfach zu groß war.

In diesem Szenario wurde ein kommerzieller Testgenerator eingesetzt, der auf UML-Aktivitätsdiagrammen operierte. Der erste Schritt bestand nun darin, in gemeinsamer Arbeit die natürlichsprachigen Anforderungen in Aktivitätsdiagramme zu formalisieren. Hier ergab sich bereits der erste positive Effekt: Die Fachexperten des Unternehmens konnten mit zunehmender Dauer sehr effizient und zielgenau neue Erkenntnisse in das sich entwickelnde Testmodell integrieren. Zwar war das Testmodell keinesfalls mehr trivial oder einfach, aber deutlich einfacher als die zugrunde liegende, mehrere Hundert Seiten umfassende Anforderungsspezifikation.

Im Anschluss leitete der Testgenerator aus dem konsolidierten und freigegebenen Testmodell eine Testsuite ab, die einer anspruchsvollen Überdeckung genügte. Es sollte jede Anforderung, unabhängig von ihrer Kritikalität bzw. Priorität, überdeckt werden. Das Ergebnis war eine Testsuite, die mehrere Tausend Testfälle umfasste. Auf Anmerkung des Testmanagers, dass für eine solch hohe Zahl an Testfällen nicht die benötigte Zeit verfügbar wäre, einigte man sich darauf, schrittweise die Überdeckungskriterien zu lockern, bis alle relevanten Stakeholder mit der erreichten Überdeckung und dem verbliebenen Restrisiko in Bezug auf die zur Verfügung stehenden Ressourcen zufrieden waren.

Die Tatsache, dass sowohl die Überdeckung als auch das Restrisiko gewissermaßen per Knopfdruck innerhalb kürzester Zeit neu und präzise berechnet werden konnten, überzeugte die Entscheidungsträger, auch in zukünftigen Projekten mit der Methodik und dem Generator des Herstellers zu arbeiten. Dass die Fachexperten bei der Entwicklung eines neuen Releases des IT-Systems das Testmodell wiederverwendeten, Änderungen auf Testmodellebene einfügten und dadurch eine hohe Zeitersparnis erzielten, geriet bei unserem Gespräch mit dem Hersteller beinahe zur Randnotiz.

Fazit

Modellbasiertes Testen ist ein vielversprechender Ansatz, um mit den immer kürzer werdenden Releasezyklen Schritt zu halten, den Testautomatisierungsgrad zu erhöhen, insbesondere, wenn der automatisierte Testentwurf nahtlos mit der automatisierten Testdurchführung integriert ist. Weitere Informationen zu den verschiedenen Ansätzen, die beim modellbasierten Testen möglich sind, finden sich in der einschlägigen Literatur zu diesem Thema (bspw. [Winter et al. 16], [Utting & Legeard 07], [ISTQB-CTFL MBT]).

5.3.2 Bewährte Testmodellierungspraktiken

Die Testmodelle sollten gleichsam von Testern und Businessanalysten (und weiteren relevanten Stakeholdern) reviewt, gepflegt und genutzt werden. So können die Testmodelle im Abnahmetest auch als »living documentation« (also einer stets aktuellen Dokumentation) betrachtet werden. Die Testmodelle repräsentieren eine präzise und ausführbare Anforderungsspezifikation.

Unterstützung der Wartbarkeit

Weiterhin unterstützen Testmodelle auch die Wartungsaktivitäten der Abnahmetests. Fallen adaptive Anpassungen an den Anforderungen an, so hat dies eine unmittelbare Auswirkung auf die dazugehörigen Testmittel wie Testfälle und Testdaten. Testmodelle können auf unterschiedliche Weisen die adaptiven Wartungsarbeiten unterstützen:

1. **Manuelle Änderungsauswirkungsanalyse**
   Tester und Businessanalysten führen eine Änderungsauswirkungsanalyse auf den Testmodellen durch, um die Testmittel herauszufinden, die von den Änderungen betroffen sind und angepasst werden müssen. Der visuelle Ansatz unterstützt Businessanalysten und Tester, die von den Änderungen betroffenen Testmittel zu identifizieren und ggf. Regressionstestsuiten anzupassen.
2. **Automatisierte Anpassung der Testmittel**
   Wird der Testentwurf auf Basis der Testmodelle automatisiert von einem Testgenerator vorgenommen, so werden die Anpassungen unmittelbar in die Testmodelle eingebracht, sodass durch den Generator stets aktuelle Testfälle und Testsuiten erzeugt werden. Die Testmodelle werden dadurch zu einem zentralen automatisierten Testmittel.

Für die Erstellung von Testmodellen existieren einige gute, bewährte Praktiken, die den »teuren« (da zeitintensiven) Prozess der Formalisierung effektiv unterstützen. Diese sind nachfolgend beschrieben.

Pragmatismus

Testmodelle sollten einfach gehalten werden. Nur relevante Informationen sollten in dem Modell hinterlegt werden. Relevante Informationen sind diejenigen, die für den Einsatzzweck des Testmodells unabdinglich sind. Ist angedacht, das Testmodell für einen funktionalen Testentwurf zu verwenden, so kann auf die Formalisierung nicht funktionaler Merkmale innerhalb des Testmodells verzichtet werden. Da ein Testmodell im Wesentlichen das erwartete Schnittstellenverhalten des zu testenden Systems repräsentiert, bedarf es in den meisten Fällen ohnehin nur der spezifischen Informationen, die notwendig sind, um das Ein-/Ausgabeverhalten des zu testenden Systems zu beschreiben. Diese Eigenschaft eines Testmodells entspricht der Charakteristik *Pragmatismus* der allgemeinen Modelltheorie (siehe Abschnitt 5.1). Die Frage allerdings, welche Informationen in welcher Art und Weise verkürzt oder abstrahiert werden sollen, ist nicht einfach zu beantworten und hängt von vielen Aspekten ab, etwa den zu generierenden Testmitteln, der weiteren Vorgehensweise in der Testrealisierung und Testdurchführung, regulatorischen Vorgaben oder technischen Gegebenheiten. Die Bestimmung des richtigen Abstraktionsniveaus für Testmodelle ist mit Sicherheit ein immer spannendes und nie zu verallgemeinerndes Prozedere. Prenninger und Pretschner [Prenninger & Pretschner 04] liefern eine gute Beschreibung möglicher Abstraktionsarten bei Testmodellen.

Modelldekomposition und Modularisierung

Je einfacher ein Testmodell sich analysieren lässt, desto weniger Aufwand benötigen Tester und Businessanalysten (und andere relevante Stakeholder), um die Modelle zu lesen, zu verstehen und anzupassen. Gute Modifizierbarkeit bedingt zwangsläufig gute Analysierbarkeit. Ein wichtiges Merkmal für gute Analysierbarkeit und Nachvollziehbarkeit von Testmodellen ist die Modularisierung.

Modularisierung von Testmodellen bedeutet, dass man das Modell in verschiedene hierarchische Detaillierungsebenen aufteilt, die miteinander in einer Verfolgbarkeitsbeziehung stehen. BPMN unterstützt die Modelldekomposition direkt durch das Konzept Teilprozess (SubProcess) und Inline-Teilprozess. Ein ausgelagerter (modularisierter) Teilprozess entspricht im Grunde nichts anderem als einem Modul, das an unterschiedlichen Stellen eines Geschäftsprozesses aufgerufen und wiederverwendet werden kann.

Verfolgbarkeit etablieren

Ein wichtiger Aspekt bei der Testmodellierung ist die Verfolgbarkeit der Elemente der Testbasis (insbesondere Anforderungen und Abnahmekriterien) über die Elemente der Testmodelle hinweg bis zu den daraus resultierenden Testmitteln wie Testfälle, Testdaten und Testskripte. Im Endeffekt muss allen Stakeholdern klar sein, ob zu überdeckende Anforderungen bzw. Abnahmekriterien in dem Testmodell reflektiert sind und welche Testfälle diese überdecken. Weder BPMN noch DMN bieten native Konzepte für die Verfolgbarkeit von Anforderungen. Dies liegt in erster Linie daran, dass keine der beiden Modellierungssprachen das Konzept der *Anforderung* oder des *Anwendungsfalls* kennen. Um Anforderungen bzw. Abnahmekriterien im Testmodell zu reflektieren, muss auf alternative Möglichkeiten ausgewichen werden. Zu diesem Zweck können in beiden Sprachen Annotationen »missbraucht« werden. Annotationen werden dann mit den entsprechenden Modellelementen verlinkt und beinhalten textuelle Referenzen, die auf die Anforderungen bzw. Abnahmekriterien verweisen.

Dabei ist das Prinzip der Verfolgbarkeitsannotationen nicht auf Anforderungsreferenzen begrenzt. Grundsätzlich lassen sich viele zusätzliche Informationen auf diese Art in das Testmodell einbringen, die einen Mehrwert für den Abnahmetest erzeugen. Dazu gehören beispielsweise:

- Risikoinformationen,
- Informationen über die Konfiguration der Testumgebung,
- finanzielle oder zeitliche Ressourcen, die für die Ausführung eines Modellelements während eines Testfalls benötigt werden, sowie
- weitere produkt- oder projektspezifische Einschränkungen oder Randbedingungen, die beim Testentwurf oder der Testdurchführung berücksichtigt werden müssen.

Single Source of Truth

Ob nun mittels dedizierter Modellelemente oder eher eines generischen Annotations-/Kommentierungsmechanismus, der Mehrwert, der entsteht, wenn alle relevanten Informationen an einem Ort zusammengeführt sind, ist offensichtlich: Tester und Businessanalysten können die Vollständigkeit und Zweckmäßigkeit, sprich die Qualität, des Testmodells bewerten, relevante Stakeholder können auf Basis der mit den zusätzlichen Informationen angereicherten Testmodelle diskutieren, Entscheidungen können leichter getroffen und die Gründe für diese Entscheidungen besser dokumentiert werden.

Fallbeispiel
CA-Cockpit

In Absprache mit Businessanalysten und Testmanager soll der Testentwurf modellbasiert auf Basis von BPMN und DMN durchgeführt werden. Weder die Fachabteilung noch die Entwickler verwenden Geschäftsprozess- oder Geschäftsregelmodelle. Es müssen also in einem ersten Schritt Testmodelle erzeugt werden. Die Ableitung der Testfälle aus dem Testmodell soll von dem eigens entwickelten Testfallgenerator *Travers* durchgeführt werden.

Abbildung 5–19 illustriert den Top-Level-Prozess des Geschäftsprozesses *GP-02b Handyvertrag abschließen (mit Laufzeit)* inklusive der dafür relevanten Anforderungen A-01, A-02 und A-03 mit ihren dazugehörigen Abnahmekriterien. Um die Verfolgbarkeit bei der Testfallableitung und die Bestimmung des Testergebnisses zu gewährleisten, sind über Annotationen sowohl die jeweiligen Anforderungen (auf Teilprozessebene) als auch die einzelnen Abnahmekriterien eingefügt[14].

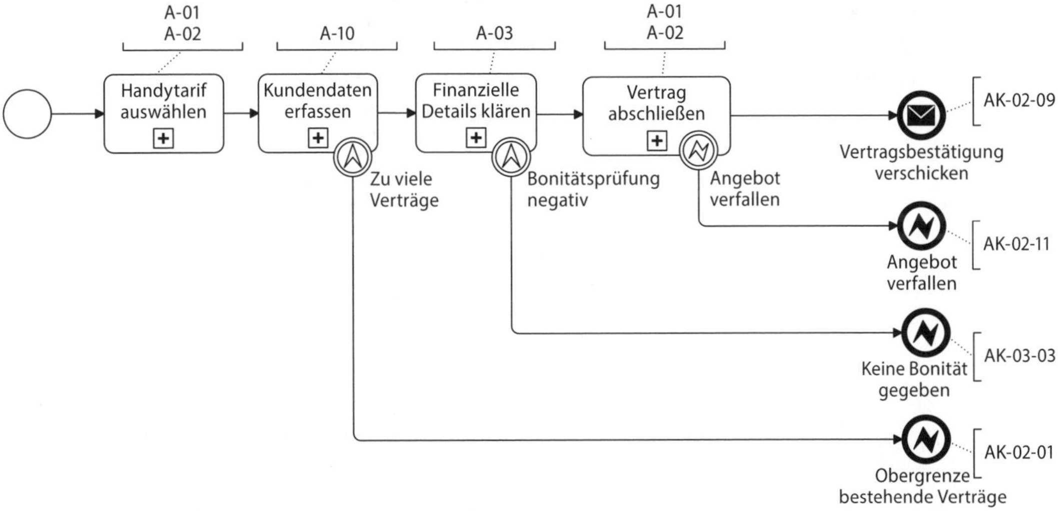

Abb. 5–19
Top-Level-Prozess des Geschäftsprozesses GP-02b Handyvertrag abschließen (mit Laufzeit)

Abbildung 5–20 illustriert den Teilprozess *Handytarif auswählen*. Die überdeckten Anforderungen sind konsequent als Annotationen angefügt. Dieser Teilprozess ist als deskriptiver, nicht ausführbarer Prozess formalisiert. Dies ist unter anderem an dem Alternativ-Gateway zu erkennen, das den Formalisierungsgrad für ausführbare Prozesse nicht erfüllt, da einer der beiden ausgehenden Sequenzflüsse keinen Wächterausdruck definiert. Der Testfallgenerator *Travers* ist jedoch in der Lage, diese Prozesse zu traversieren, da er derart gestaltete Alternativ-Gateways als proprietäre Traversierungs-Gateways interpretiert. Ein Traversierungs-Gateway repräsentiert die fachlichen Auswahlmöglichkeiten, die dem Benutzer (oder einem anderen System) während der Interaktion mit dem zu testenden System obliegen. Aus einem solchen Teilprozess würde *Travers* bei voller Überdeckung zwei Pfade traversieren, einmal den Sequenzfluss ohne und einmal mit *Default*. Ausgehende Sequenzflüsse mit *Default* interpretiert *Travers* als Sequenzflüsse des Standardverhaltens des zu testenden Systems. Daher gilt die *Travers*-spezifische Einschränkung, dass genau ein ausgehender *Default*-Sequenzfluss aus einem Traversierungs-Gateway existieren muss.

14. **Hinweis:** Das Fallbeispiel kann im Kontext dieses Buches nicht erschöpfend ausgestaltet werden. Daher sind hier einige Anforderungen und Abnahmekriterien nicht genauer beschrieben. Dies trifft beispielsweise auf die Anforderung A-10 zu, die die Details der erforderlichen Kundendaten für einen erfolgreichen Vertragsabschluss bestimmt.

Abb. 5–20
Teilprozess Handytarif auswählen

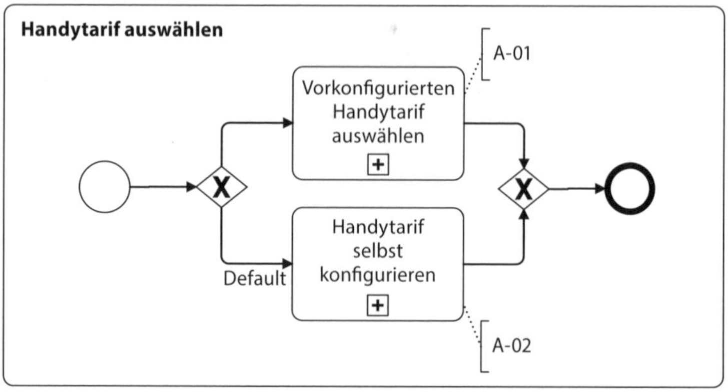

Der Teilprozess *Handytarif selbst konfigurieren* ist in Abbildung 5–20 illustriert. Auch hier wird konsequent modularisiert, um auf jeder Hierarchiestufe möglichst eindeutige und einfach zu analysierende Prozessbeschreibungen zu erhalten. Der Teilprozess *Zusatzoptionen auswählen* kann unter Umständen mit einem Eskalationsereignis beendet werden, wenn die Zusatzoption nicht zum gewählten Datenvolumen passt. In diesem Fall ist es möglich, dass der Kunde sein Datenvolumen erneut anpassen kann. Das Standardverhalten besagt jedoch, dass in diesem Fall die Zusatzoption nicht gebucht wird.

Der Teilprozess verwendet das Konzept des Datenspeichers, um die jeweilige Tarifkonfiguration zu persistieren, um sie an anderer Stelle wieder auszulesen.

Abb. 5–21
Teilprozess Handytarif selbst konfigurieren

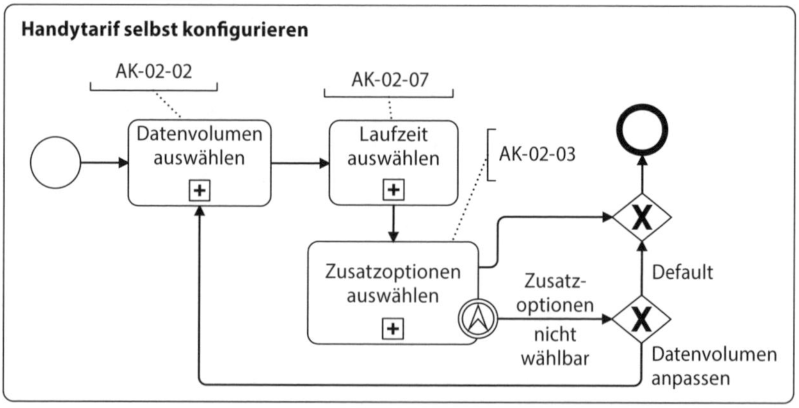

Im Teilprozess *Datenvolumen auswählen* (siehe Abb. 5–21), sind zum einen die möglichen Datenvolumen hinterlegt, die ein Kunde wählen kann. Zum anderen verwendet der Teilprozess den Datenspeicher *Tarifkonfiguration,* um die aktuelle Tarifkonfigurationsdetails für den Bestellprozess zu persistieren. Diese Informationen können an anderer Stelle wieder ausgelesen und weiterverarbeitet werden.

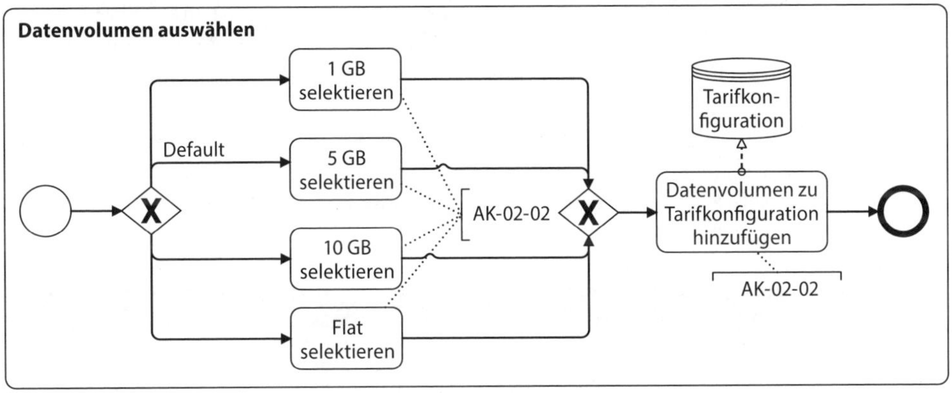

Abb. 5–22 *Teilprozess Datenvolumen auswählen*

Der Teilprozess *Zusatzoptionen auswählen* (siehe Abb. 5–23) erscheint auf den ersten Blick etwas komplizierter. Während die Auswahl der Zusatzoptionen altbekannt sein sollte, führt der Teilprozess einen Geschäftsregel-Task ein. Dieser verweist auf die (noch nicht eingeführte) Entscheidungstabelle *Konfiguration Handytarif*, die die Abhängigkeiten zwischen Datenvolumen, Zusatzoptionen, Laufzeit und Zahlungsweise formalisiert. Die aktuelle Tarifkonfiguration wird an die Entscheidungstabelle übergeben. Das Ergebnis der angewendeten Entscheidungsregeln auf die Tarifkonfiguration wird wiederum verwendet, um zu überprüfen, ob die gewählte Zusatzoption wählbar ist oder nicht. Im letzteren Falle wird ein Eskalationsereignis an den hierarchisch übergeordneten Teilprozess übergeben. Ist die Zusatzoption hingegen buchbar, wird die gewählte Zusatzoption der Tarifkonfiguration hinzugefügt.

Im Gegensatz zu allen anderen Traversierungs-Gateways repräsentiert dieses eine Gateway (siehe »*Zusatzoption buchbar?*«) eine tatsächliche, fachliche Entscheidungslogik des variablen Zustandsraums des zu testenden Systems, die vom Testgenerator dynamisch ausgewertet werden muss.

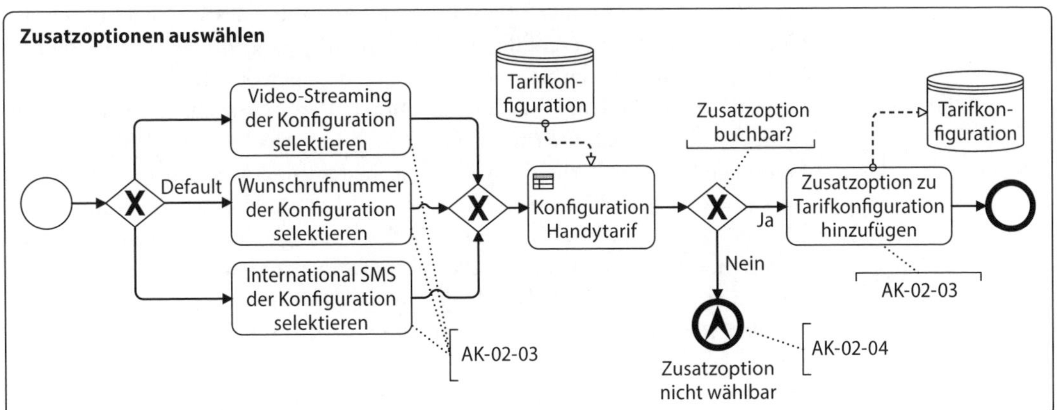

Abb. 5–23 *Teilprozess Zusatzoptionen auswählen*

Die Entscheidungstabelle *Konfiguration Handytarif* ist in Abbildung 5–24 dargestellt. Die linke Tabelle entspricht der vollständigen Entscheidungstabelle, die rechte Tabelle der optimierten Entscheidungstabelle. Entscheidungsregel #1 wurde mit dem Status n/a versehen, da es nicht möglich ist, zeitgleich die Datenvolumen *10 GB* und *Unbegrenzt* zu wählen. Diese Entscheidungsregel wird daher entfernt. Ferner bleiben noch drei Entscheidungsregeln übrig, die das Beziehungsgeflecht zwischen Datenvolumen, Zusatzoptionen, Laufzeit und Zahlweise formalisieren.

Abb. 5–24
Vollständige und optimierte Entscheidungstabelle Konfiguration Handytarif

Konfiguration Handytarif				
Entscheidungs-regel	#1	#2	#3	#4
Bedingungen				
Datenvolumen Flat selektiert?	W	W	F	F
Datenvolumen 10 GB selektiert?	W	F	W	F
Aktionen				
Video-Streaming buchbar?		Ja	Nein	Nein
Wunschrufnummer buchbar?		Ja	Ja	Ja
International SMS buchbar?		Ja	Ja	Ja
Laufzeit <= 1 Jahr möglich?		Nein	Nein	Ja
Zahlung per Last-schrift möglich?		Nein	Ja	Ja
Status	**n/a**	**ok**	**ok**	**ok**

Konfiguration Handytarif			
Entscheidungs-regel	#1	#2	#3
Bedingungen			
Datenvolumen Flat selektiert?	W	F	F
Datenvolumen 10 GB selektiert?	F	W	F
Aktionen			
Video-Streaming buchbar?	Ja	Nein	Nein
Wunschrufnummer buchbar?	Ja	Ja	Ja
International SMS buchbar?	Ja	Ja	Ja
Laufzeit <= 1 Jahr möglich?	Nein	Nein	Ja
Zahlung per Last-schrift möglich?	Nein	Ja	Ja
Status	**ok**	**ok**	**ok**

Vertrag abschließen repräsentiert den letzten Teilprozess des Geschäftsprozesses (siehe Abb. 5–25). Er sichert ab, dass der Kunde tatsächlich die Bestellung durchführen möchte, indem auf das verbindliche Vertragsangebot seitens *CA-Cockpit* binnen 24 Stunden eine Annahme des Vertrages durch den Kunden erfolgt, anderenfalls wird davon ausgegangen, dass der Bestellprozess nicht authentisch ist und damit einem ungewollten Bestellprozess entspricht. In diesem Fall zieht *CA-Cockpit* das Vertragsangebot zurück. Die entsprechenden Abnahmekriterien AK-25-19 und AK-25-20 sind Abnahmekriterien an die IT-Sicherheit. AK-43-52 ist zudem eine Anforderung, die aus der Risikofreiheit des Nutzungskontextes resultiert und durch diese Nutzungsanforderung reflektiert ist. Die Kunden sollen davor geschützt werden, möglicherweise unerwünschte Handytarifkonfigurationen zu buchen. Durch die Übermittlung eines verbindlichen Angebots an den Kunden und die gegenseitige Willenserklärung durch den Kunden (dargestellt durch die empfangende Nachricht *Angebotsannahme Kunde)*, ist der Kunde vor Fehleingaben geschützt und die rechtlichen Voraussetzungen für einen erfolgreichen Vertragsabschluss sind gewahrt.

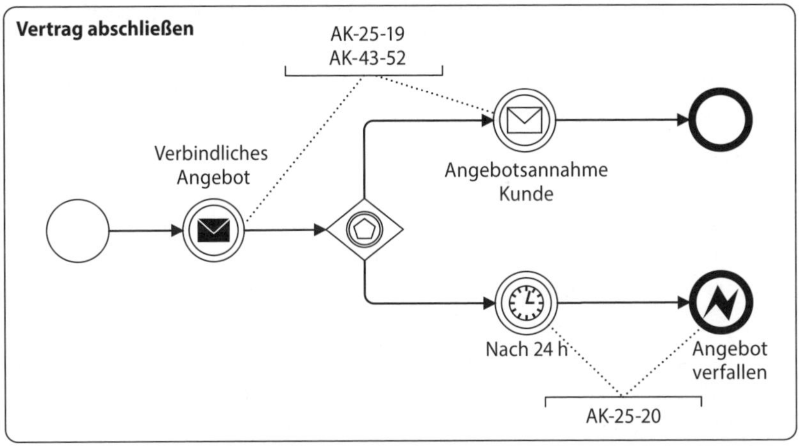

Abb. 5–25
Teilprozess Vertrag abschließen

Die anderen Teilprozesse *Kundendaten erfassen und Finanzielle Details klären* werden an dieser Stelle nicht weiter erläutert, werden aber grundsätzlich nach demselben Prinzip angelegt.

5.4 Abnahmetests aus Geschäftsprozess-/Geschäftsregelmodellen ableiten

Der Aufwand für den Testentwurf wird maßgeblich von der zu erreichenden Überdeckung bestimmt. Ein Geschäftsprozessmodell mit Geschäftsregeln beinhaltet die prinzipiell überdeckbaren Testbedingungen bzw. Abnahmekriterien für ein bestimmtes Testobjekt. Ein mögliches Überdeckungskriterium von Geschäftsprozessmodellen im Abnahmetest ist die Überdeckung des Standardverhaltens. Überdeckungskriterien werden von Testern und Businessanalysten gemeinsam festgelegt, was nicht bedeutet, dass diese beiden Rollen völlig freie Hand bei deren Auswahl haben. Häufig geben branchenspezifische Standards oder rechtliche Normen die zu erreichende Überdeckung für ein abzunehmendes Produkt vor. Dies ist insbesondere bei sicherheitskritischen Produkten im regulatorischen Umfeld der Fall.

Sind die zu erreichenden Überdeckungskriterien spezifiziert, müssen diese auf das Testmodell angewendet werden. Das kann entweder durch einen Tester manuell, werkzeuggestützt bzw. automatisiert durch einen Testgenerator oder durch einen teilautomatisierten Ansatz erfolgen. Ablaufbasierte (oder strukturelle – wobei dies nicht zwingend dasselbe sein muss) Überdeckungskriterien gelten dann als erfüllt, wenn jedes Vorkommen der zu überdeckenden Modellelemente (auch Überdeckungselemente genannt) von den generierten Testfällen ausgeführt bzw. getestet wird.

Bei einem teilautomatisierten Ansatz werden beispielsweise die Testschritte automatisiert durch den Testgenerator, die konkreten Testdaten jedoch weiterhin von den Testern oder den Businessanalysten bereitgestellt. Teilautomatisierte Testentwurfsansätze sind in der Praxis häufig anzutreffen, da viele Testgeneratoren nicht die Fähigkeit der Testdatensynthetisierung besitzen und Bildungsvorschriften für Testdaten oftmals nicht ausreichend präzise in den Testmodellen hinterlegt sind.

Überdeckungskriterien werden auch als Teil der Endekriterien des Testentwurfs verwendet. Der Testentwurf kann beendet werden, wenn die geforderte Überdeckung erreicht wurde. Es ist nicht unüblich, dass mehrere Überdeckungskriterien kombiniert werden, um die gewünschte Überdeckung zu erreichen. Beispielsweise kann das Ziel sein, alle Pfade eines Hauptszenarios zu überdecken, jedoch nur einen Pfad eines jeden alternativen Szenarios mit genau einem passenden Testdatensatz.

5.4.1 Ableitung von Abnahmetests aus Geschäftsprozess- und Geschäftsregelmodellen

Die Ableitung von Abnahmetests aus Testmodellen erfolgt auf Basis der Überdeckungselemente und den entsprechenden Überdeckungskriterien. Typische Überdeckungskriterien beim modellbasierten bzw. geschäftsprozessbasierten Test sind:

- Überdeckung von Risiken
- Überdeckung von Anforderungen/Abnahmekriterien
- Überdeckung von User Stories
- Strukturelle Überdeckungskriterien
- Überdeckung von Geschäftsregeln
- Datenspezifische Überdeckung

Zudem gibt es weitere Überdeckungskriterien, die keiner der oben genannten Kategorien zuzuordnen sind, etwa die zufällige Überdeckung, die Überdeckung von projektspezifischen Randbedingungen und Einschränkungen, die Überdeckung von Nutzungshäufigkeiten und viele mehr. Im Grunde ist es möglich, jedwede gewünschte Information in einem Testmodell zu hinterlegen und für die Testgenerierung zu verwenden, solange der Testgenerator versteht, wie diese Informationen zu interpretieren sind. Sobald die gewünschte Überdeckung der Überdeckungselemente des Testmodells erreicht wurde, ist der Testentwurf abgeschlossen. Die Auswahl der Überdeckungskriterien führt ggf. dazu, dass eine Menge von Überdeckungselementen, die für die Erfüllung der geforderten Überdeckung nicht relevant ist, überhaupt nicht von den Testfällen überdeckt wird.

Dabei können je nach Mächtigkeit des eingesetzten Testgenerators und dem Informationsgehalt des Testmodells sowohl abstrakte als auch konkrete Testfälle generiert werden.

5.4.1.1 Strukturelle Überdeckungskriterien

Ein Geschäftsprozessmodell repräsentiert in seiner Essenz einen gerichteten Graphen, bestehend aus Knoten (Aktivitäten, Gateways und Ereignisse) und Kanten (Sequenzflüsse). Sie bilden die grundlegenden strukturellen Elemente des Ablaufs und werden daher *strukturelle Überdeckungskriterien* genannt. Die wichtigsten dieser strukturellen Überdeckungskriterien für Geschäftsprozessmodelle sind: Überdeckung des Standardverhaltens, der alternativen Verhalten, der Ausnahme- oder Fehlerbehandlungsverhalten sowie der verfügbaren Pfade.

Überdeckung des Standardverhaltens

Das Standardverhalten repräsentiert einen Durchlauf durch den Hauptpfad des Geschäftsprozesses, sodass dieser erfolgreich abgeschlossen wird. Üblicherweise besitzt jeder Geschäftsprozess nur ein Standardverhalten (auch Gutfall genannt), das sich jedoch durch Testdaten oder Geschäftsregeln verzweigen kann. Das Standardverhalten ist nicht immer eindeutig identifizierbar, obwohl es das eigentlich sollte. Bei Verzweigungen wird zwischen mindestens zwei möglichen weiterführenden Pfaden unterschieden. Es ergeben sich also alternative Verhalten, von denen nur eines zum Standardverhalten gehört. Welches das allerdings ist, muss von den relevanten Stakeholdern bestimmt werden.

Standardverhalten von GP-02b:
Handyvertrag abschließen (mit Laufzeit)

Die modellierten Prozesse des Geschäftsprozesses GP-02b (siehe Abb. 5–19 bis 5–23) weisen mehrere Alternativ-Gateways auf, an denen durch den Kunden Entscheidungen getroffen werden. Das Standardverhalten der einzelnen Prozesse ist in dem BPMN-Modell durch die Beschriftung »Default« hinterlegt und kann vom Testfallgenerator ausgewertet werden.

Für den Abnahmetest des Geschäftsprozesses GP-02b wird die Überdeckung des Standardverhaltens mit mindestens einem Testfall gefordert. Nach Anwendung des Überdeckungskriteriums liefert *Travers* den folgenden abstrakten Testfall.

Testfall	
ID	TF-23
Name	Standardverhalten GP-02b
Abnahmekriterien	AK-02-01, AK-02-02, AK-02-03, AK-02-05, AK-02-07, AK-02-09
Aktionen	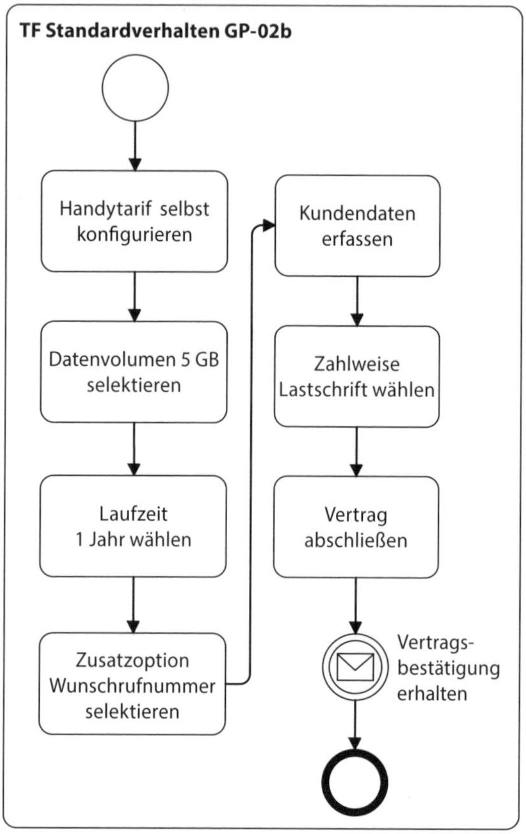

Aus dem Standardverhalten resultieren ausschließlich Positivtests – im Prinzip würde ein einziger abstrakter Testfall ausreichen, um das Standardverhalten strukturell zu überdecken, da ja nur ein einziges Standardverhalten existiert. Durch Anwendung von datenspezifischen Überdeckungskriterien resultieren in der Regel jedoch mehrere konkrete Testfälle aus der Überdeckung des Standardverhaltens.

Überdeckung von alternativen Verhalten

Alternative Verhalten beschreiben Varianten des Standardverhaltens, also Verzweigungen in den Geschäftsprozessen. Die übliche zu erreichende Überdeckung ist, dass jedes alternative Verhalten durch mindestens einen abstrakten Testfall überdeckt wird. Um die Anzahl der resultierenden Testfälle zu reduzieren, können mehrere alternative Verhalten kombiniert werden, sofern dies fachlich möglich ist. Infolgedessen würde ein abstrakter Testfall mehr als nur ein alternatives Verhalten überdecken.

Alternativverhalten von GP-02b: Handyvertrag abschließen (mit Laufzeit)

Der Geschäftsprozess GP-02b definiert einige alternative Verhalten, die der Kunde während des Bestellprozesses aktivieren kann. Jedes alternative Verhalten sollte während der Abnahme von *CA-Cockpit* einmal durchlaufen werden.

Durch Rücksprache mit dem Businessanalysten wurde klar, dass die alternativen Zusatzoptionen im Testentwurf kombiniert werden können. Dies entspricht dem zu erwartenden Verhalten der Kunden, während des Bestellprozesses nach Belieben Zusatzoptionen hinzuzufügen oder wegzunehmen. Alle anderen alternativen Verhalten lassen sich aufgrund der Exklusivität der Optionen nicht kombinieren.

Dies führt u.a. unter anderem zu folgenden Testfällen:

Testfall	
ID	TF-24
Name	Alternativ-01 GP-02b
Abnahmekriterien	AK-02-01, AK-02-02, AK-02-03, AK-02-04, AK-02-05, AK-02-06, AK-02-07, AK-02-08, AK-02-09
Aktionen	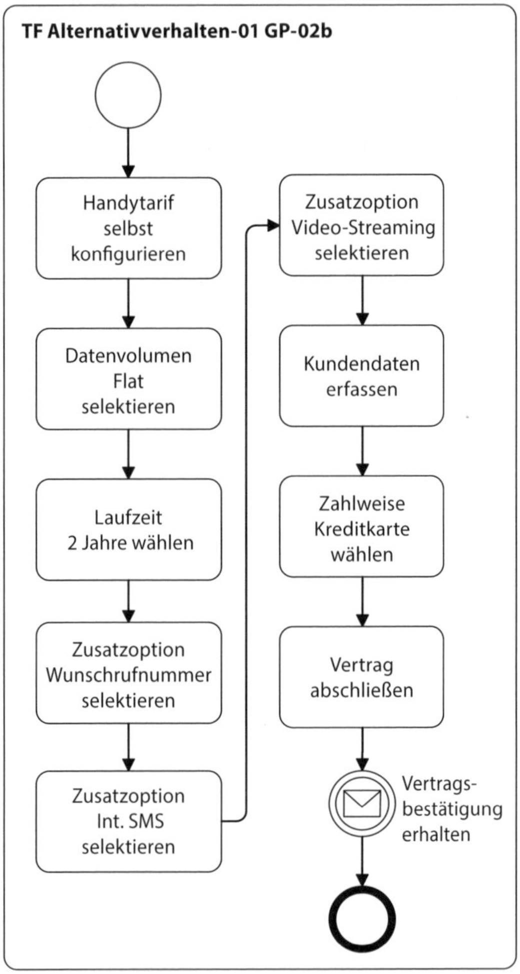

Testfall	
ID	TF-25
Name	Alternativ-02 GP-02b
Abnahmekriterien	AK-02-01, AK-02-02, AK-02-05, AK-02-07, AK-02-09
Aktionen	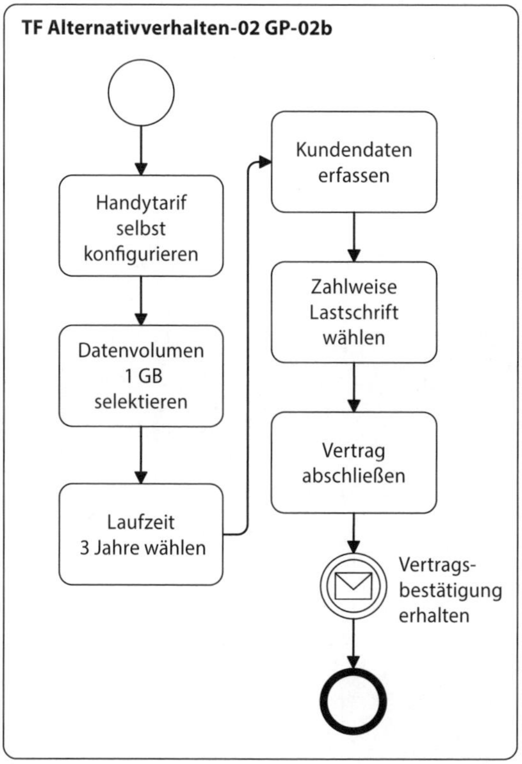

Testfall	
ID	TF-26
Name	Alternativ-03 GP-02b
Abnahmekriterien	AK-02-01, AK-02-02, AK-02-05, AK-02-06, AK-02-07, AK-02-08, AK-02-09
Aktionen	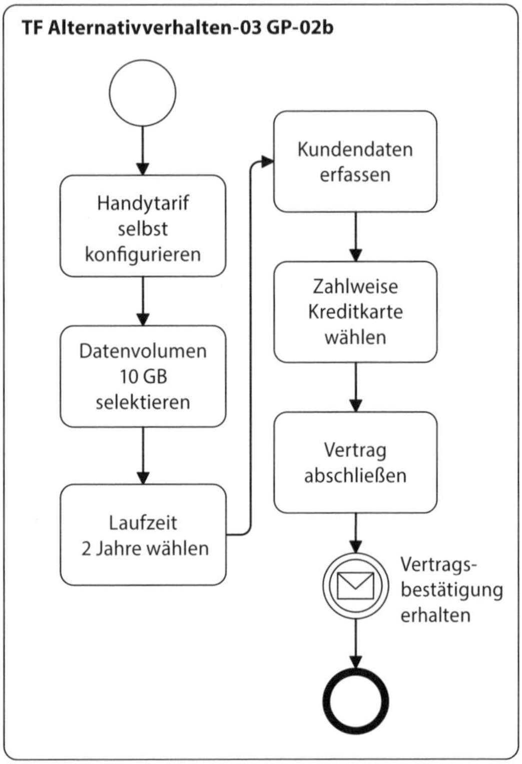

Es sei an dieser Stelle noch einmal darauf hingewiesen, dass nicht alle alternativen Verhalten sich sinnvoll kombinieren lassen bzw. kompatibel zueinander sind. Schließen sich alternative Verhalten gar aus, bleibt nichts anderes übrig, als jedes durch einen eigenen Testfall zu überdecken.

Überdeckung von Ausnahme- bzw. Fehlerbehandlungsverhalten

Die Auslösung von Ausnahme- bzw. Fehlerbehandlungsverhalten führt dazu, dass ein Geschäftsprozess nicht erfolgreich abgeschlossen werden kann. Üblicherweise wird er dann mit einer Fehlermeldung abgebrochen. In BPMN stehen für solche Situationen Eskalationsereignisse (für die Ausnahmebehandlung bzw. Behandlung besonderer Situationen, die nicht zwingend Fehlerfälle sind) und Fehlerereignisse (für echte Fehlersituationen) zur Verfügung.

Ausnahme- und Fehlerbehandlungsverhalten dürfen nicht kombiniert werden, sondern sollten durch separate Testfälle überdeckt werden. Dadurch soll sichergestellt werden, dass die verschiedenen Verhalten zur Behandlung der Eskalation oder des Fehlers explizit getestet werden. Tests, die Fehlerbehandlungsverhalten überdecken, sind stets Negativtests. Ein Negativtest ist vom Prinzip her ein Test auf Robustheit des Systems bzw. des Geschäftsprozesses.

Warum eigentlich Negativtest?

Die etablierten Begriffe Positivtest [URL: Positivtest] und Negativtest [URL: Negativtest] geben bei genauerer Betrachtung Grund zum Nachdenken. Der eine testet den Gutfall (Positivtest) und überprüft, ob das System so reagiert wie erwartet bzw. spezifiziert. Der andere testet einen Fehlerfall (Negativtest) und überprüft, ob das System in einem Fehlerfall kontrolliert und wie erwartet reagiert. Die Ähnlichkeit dieser beiden Aussagen lässt schon erahnen, dass es im Grunde kaum einen Unterschied zwischen diesen beiden Begrifflichkeiten gibt. Das jeweils erwartete Verhalten des Systems, sei es nun im Gut- oder Fehlerfall, kann nur bewertet werden, wenn es eine klare Vorschrift gibt, wie das System sich zu verhalten hat. Es muss also eine Spezifikation des zu erwartenden Verhaltens für den Gut- und den Fehlerfall existieren. Wenn das aber eine zwingende Voraussetzung auch für die Bewertung von Negativtests ist, dann wird doch auch durch den Negativtest nur überprüft, ob das System sich spezifikationskonform verhält, was wiederum völlig identisch zum Positivtest ist. Aus diesem Grund sind Negativtests eigentlich gar nichts Besonderes, sondern lediglich ein Synonym für Testfälle, die Fehlersituationen testen.

Ausnahmeverhalten von GP-02b: Handyvertrag abschließen (mit Laufzeit)

Die Ausnahmeverhalten des Geschäftsprozesses GP-02b sind in Abbildung 5–26 ersichtlich.

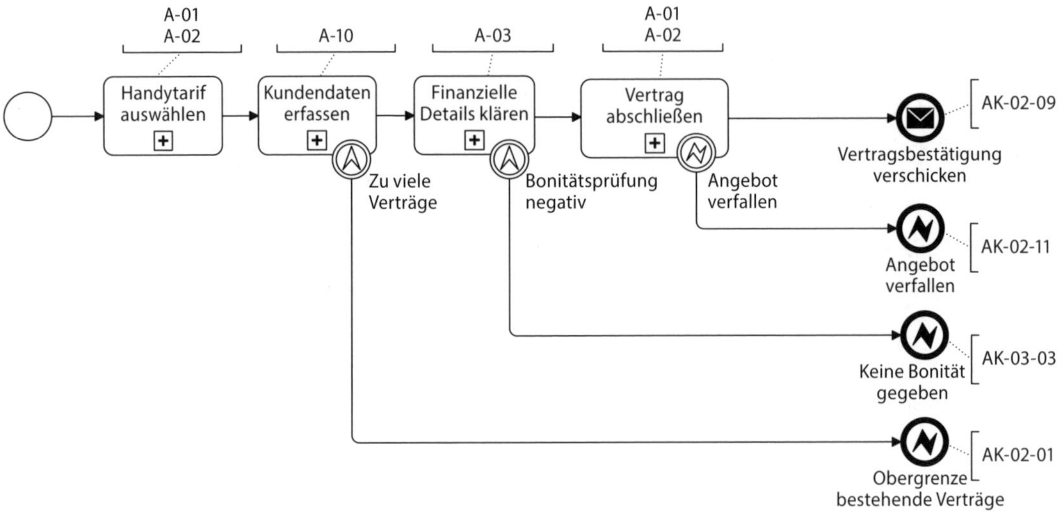

Abb. 5–26
Ausnahmeverhalten des Geschäftsprozesses GP-02b: Handytarif abschließen (mit Laufzeit)

Alle drei Fehlersituationen reflektieren unterschiedliche Situationen, in denen der Geschäftsprozess nicht erfolgreich abgeschlossen werden kann. Diese Fehlersituationen müssen provoziert, die Erkennung durch das System überprüft und die Behandlung dieser Situationen validiert werden, bevor der Geschäftsprozess produktiv gehen kann. Dies führt zu den folgenden drei Negativtests[15].

15. Die einzelnen Testschritte sind aus Gründen der Einfachheit nur noch auf Teilprozessebene dargestellt. Bei einem echten Testfall wären an dieser Stelle auch die einzelnen Interaktionen erforderlich, wie sie beispielsweise beim Testfall für das Standardverhalten aufgeführt sind.

Testfall		
ID	**TF-27**	
Name	Obergrenze Verträge	
Abnahmekriterien	**AK-02-01**	
Aktionen	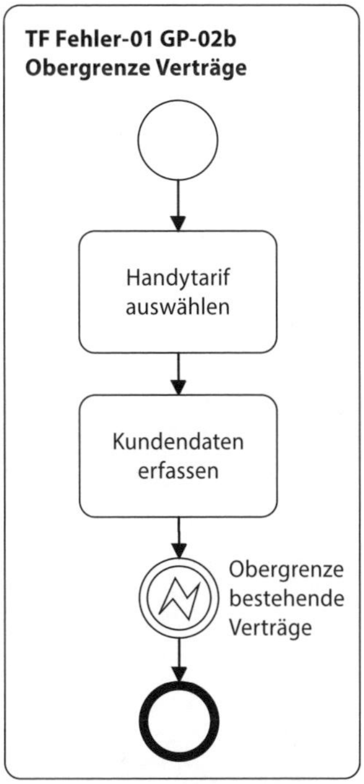	
Vorbedingungen	**Pre-01**	Im CRM muss ein Bestandskunde vorhanden sein, der bereits drei Verträge besitzt.
	Pre-02	Während der Eingabe der Kundendaten müssen die Stammdaten des Bestandskunden mit drei Verträgen verwendet werden.
Nachbedingung	**Post-01**	Der Bestandskunde besitzt weiterhin nur seine drei bestehenden Verträge.

Das Beispiel zeigt, dass oftmals für Fehler- und Ausnahmesituationen Vorbedingungen etabliert werden müssen, ehe der Testfall durchgeführt werden kann. Dies war im Vergleich zu den bisherigen Testfällen für Standard- und alternative Verhalten nicht der Fall. Hier liegt die Schwierigkeit und Besonderheit bei Negativtests. Es kann mitunter schwierig sein (sowohl fachlich als auch technisch), die notwendigen Voraussetzungen für eine Provokation einer Fehlerwirkung zu etablieren.

Testfall		
ID	**TF-28**	
Name	Keine Bonität	
Abnahmekriterien	**AK-03-03**	
Aktionen	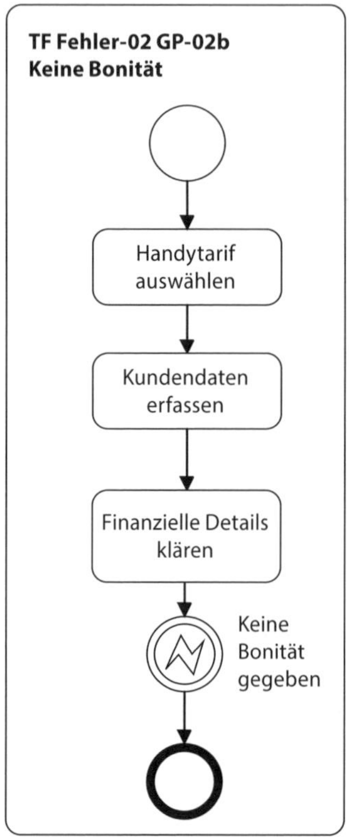	
Vorbedingungen	**Pre-01**	Es muss ein Bankkonto für einen Kunden existieren, das keine Bonität aufweist.
	Pre-02	Für die Bonitätsprüfung müssen exakt diese Bankdaten der Bonitätsauskunft übermittelt werden.

Testfall		
ID	**TF-29**	
Name	Angebot verfallen	
Abnahmekriterien	**AK-02-11**	
Aktionen	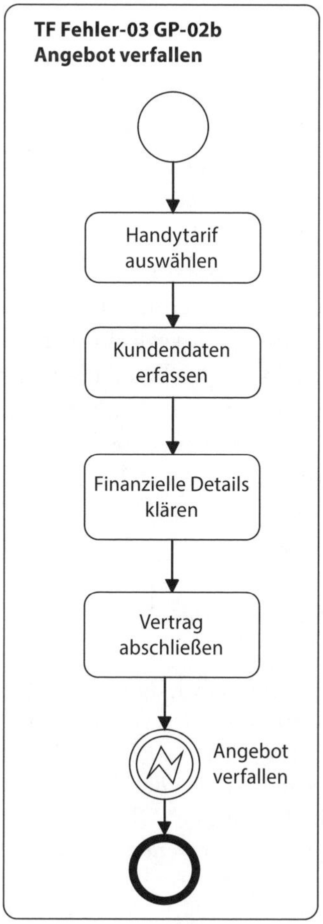	
Nachbedingung	**Post-01**	Der Kunden besitzt keinen neuen Vertrag.
	Post-02	Das gemachte Angebot ist aus der Angebotsdatenbank entfernt.

Basis-Pfadtest

Eine von McCabe vorgeschlagene Vorgehensweise für die Testfallableitung aus (potenziell verzweigten) Abläufen ist der sogenannte Basis-Pfadtest (vgl. [Watson & McCabe 96], [ISTQB CTAL-TTA]).

5.4.1.2 Weitere Überdeckungskriterien

Neben den rein strukturellen Überdeckungskriterien lassen sich weitere Überdeckungskriterien für die Ableitung von Abnahmetests aus Geschäftsprozessmodellen anwenden.

Anforderungen, User Stories, Abnahmekriterien, Risiken

In einer risikobasierten Vorgehensweise beim Testentwurf ließen sich mittels Annotationen eingebrachte Risikoinformationen verwenden, um eine Testsuite abzuleiten, die alle oder nicht akzeptable Risiken überdeckt. Infolgedessen blieben strukturelle Überdeckungselemente, die nicht zur Erfüllung der risikobasierten Überdeckung beitrügen, unberücksichtigt. Das gleiche Prinzip lässt sich auf Anforderungen, User Stories oder Abnahmekriterien anwenden.

Entscheidungsregeln

Entscheidungsregeln, die in Entscheidungstabellen hinterlegt und mit dem Geschäftsprozessmodell zusammengeführt wurden, bilden weitere Überdeckungselemente. Jede Entscheidungsregel sollte durch mindestens einen Testfall überdeckt werden. Führen unterschiedliche Entscheidungsregeln zu gleichen Abläufen, werden die strukturellen Überdeckungselemente mehrfach überdeckt, was jedoch unkritisch ist, da es der Regel nicht widerspricht, dass jedes relevante Überdeckungselement mindestens von einem Testfall überdeckt werden sollte.

Fallbeispiel
Testableitung *CA-Cockpit*

Für Entscheidungstabellen, die in Geschäftsprozesse eingebunden sind, wird eine Überdeckung von 100 % erwartet. Dies bedeutet, dass jede Entscheidungsregel von jeder eingebundenen Entscheidungstabelle in mindestens einem Testfall vertreten sein muss. Bei der Kombination mehrerer alternativer Verhalten ist es möglich, dass in einem Testfall mehr als nur eine Entscheidungsregel je Entscheidungstabelle Anwendung findet.

5.4.1.3 Testentwurf und -realisierung mit BPMN

Nachdem Businessanalyst und Tester sich einig sind, welche Überdeckungskriterien angewendet werden sollen, sollte diese Entscheidung dokumentiert werden. Die Auswahl der anzuwendenden Überdeckungskriterien hat für die spätere Nachvollziehbarkeit des Testentwurfs eine zentrale Bedeutung, da erst durch sie der Ursprung eines abgeleiteten Testfalls erklärbar ist. Zudem lassen sich so auch die Restrisiken (in Form nicht berücksichtigter Überdeckungselemente) einfacher bestimmen, die mit der abgeleiteten Testsuite einhergehen. Ganz abgesehen davon, dass eine klare Dokumentation der ausgewählten Überdeckungskriterien den gesamten Entwurfsprozess transparenter und wiederholbar machen. Die Dokumentation lässt sich entweder natürlichsprachig anlegen oder mittels einer Modellierungssprache, die entsprechende Konzepte anbietet. Eine solche Testmodellierungssprache ist beispielsweise das UML Testing Profile (UTP) [OMG UTP].

Das Ergebnis des Testentwurfs ist eine Menge von ausgewählten Abläufen (oder Sequenzen) durch die Geschäftsprozess- und Geschäftsregelmodelle, die entweder abstrakte oder konkrete Testfälle und Testdaten repräsentieren. Je nach weiterem Prozess ist es mitunter erforderlich, abstrakte Testfälle und Testdaten während der Testrealisierung zu konkretisieren.

5.4.2 Ableitung von Abnahmetests aus Entscheidungstabellen

Entscheidungstabellen lassen sich nicht nur, wie in Abbildung 5–23 dargestellt, in Kombination mit BPMN verwenden. Sie können auch eigenständig verwendet werden, um Testbedingungen und Testfälle aus Geschäftsregeln abzuleiten. Dieses Verfahren wird *Entscheidungstabellentest* genannt. Der Entscheidungstabellentest ist ein spezifikationsorientiertes Testverfahren. Entscheidungstabellen sind »... sinnvoll, um komplexe Regeln in Geschäftsprozessen zu erfassen« [ISTQB CTFL]. Die Charakteristik des Entscheidungstabellentests, insbesondere für die systematische Ableitung von Testbedingungen und Testfällen aus Geschäftsregeln prädestiniert zu sein, macht dieses Testverfahren vor allem für den Abnahmetest interessant, da Geschäftsregeln typische Überdeckungselemente der Testbasis des Abnahmetests sind.

5.4.2.1 Vollständige Entscheidungstabellen

Entscheidungstabellen können schnell sehr komplex werden. Dies liegt an der exponentiellen Zunahme der resultierenden Entscheidungsregeln durch jede weitere definierte Bedingung. Entscheidungsregeln können jedoch zusammengeführt werden, um die Komplexität von Entscheidungstabellen und somit die Anzahl der zu überdeckenden Testbedingungen zu reduzieren (siehe Abschnitt 5.2.2.3). Die Frage ist nur, wie man bei der Reduktion am besten vorgeht. So ließe sich die Reduktion bereits bei der Formalisierung der Entscheidungstabelle vornehmen, sodass der Tester gewissermaßen die Reduktion vorweg oder im Kopf durchführt und die reduzierte Entscheidungstabelle dann nur noch zu Papier bzw. ins Modell bringt.

Tatsächlich gibt es kein vorgeschriebenes oder standardisiertes Prozedere für die Reduktion. Eine oft angewendete Vorgehensweise ist es, zunächst die vollständige Entscheidungstabelle zu erstellen. Dadurch wird abgesichert, dass Tester und Businessanalysten keine Kombination von Bedingungen vergessen. Werkzeuge, die den Entscheidungstabellentest unterstützen [URL: JDecisionTables], verfahren oft so, dass sie »per Knopfdruck« die Kombinationen aller Bedingungen automatisiert erzeugen. Die Zuweisung der zu erwartenden Aktionen hingegen muss weiterhin von den Testern und Businessanalysten im Rahmen ihrer Testanalysetätigkeit bestimmt werden. Abbildung 5–27 illustriert eine beispielhafte vollständige Entscheidungstabelle mit vier logischen Bedingungen, daraus ergibt sich eine vollständige Entscheidungstabelle mit 16 Entscheidungsregeln. Auf Basis dieser vollständigen Entscheidungstabelle wird nachfolgend das systematische Prüfsummenverfahren für die Reduktion von Entscheidungstabellen erklärt.

Prüfsummenreduktion (vollständig)																
Entscheidungsregel	#1	#2	#3	#4	#5	#6	#7	#8	#9	#10	#11	#12	#13	#14	#15	#16
Bedingungen																
Bedingung 1	W	W	W	W	W	W	W	W	F	F	F	F	F	F	F	F
Bedingung 2	W	W	W	F	W	F	F	F	W	W	W	F	F	F	W	F
Bedingung 3	W	W	F	W	F	W	F	F	W	W	F	W	F	W	F	F
Bedingung 4	W	F	W	W	F	F	W	F	W	F	W	W	W	F	F	F
Aktionen																
Aktion 1	X	X		X		X	X		X	X	X	X		X		
Aktion 2	X	X	X	X		X		X			X	X	X	X		
Aktion 3	X	X						X	X	X			X		X	X

Abb. 5–27
Vollständige Entscheidungstabelle für das Prüfsummenverfahren

Für die Entscheidungsregel #5 ist keine Aktion definiert. Dies entspricht in diesem Fall einer Lücke in den Spezifikationsdokumenten und sollte zwischen Testern und Businessanalysten geklärt werden. Die Entscheidungsregel bleibt dennoch in der Entscheidungstabelle enthalten, um den zu klärenden Sachverhalt nicht zu vergessen.

5.4.2.2 Reduzierung vollständiger Entscheidungstabellen mit dem Prüfsummenverfahren

In den allermeisten Fällen können vollständige Entscheidungstabellen effektiv reduziert werden, indem Entscheidungsregeln nach bestimmten Kriterien hin zusammengefasst werden. Der Prozess der Reduktion sollte systematisch und nachvollziehbar sein. In Abbildung 5–13 wurde beispielsweise die Zusammenführung zweier aktionsgleicher Entscheidungsregeln durch Einsatz des *Don't-care*-Wertes illustriert. In der Literatur gibt es eine Vielzahl von Beschreibungen, wie Entscheidungstabellen reduziert werden können, inklusive der Verwendung sogenannter geschachtelter Entscheidungstabellen. In diesem Buch wird das Prüfsummenverfahren vorgestellt, das einen mathematischen Beweis liefert, ob die systematische Reduktion einer eingabebegrenzten Entscheidungstabelle korrekt erfolgte oder nicht. Ob die Reduktion auch semantisch korrekt war, kann durch das Verfahren jedoch nicht belegt werden. Das Ergebnis dieses Verfahrens liefert dann eine *reduzierte* Entscheidungstabelle (manchmal auch *optimierte* Entscheidungstabelle genannt). Das Prüfsummenverfahren besteht aus folgenden Prozessschritten:

1. Erstellen der vollständigen Entscheidungstabelle
2. Identifizieren aller aktionsäquivalenten Entscheidungsregeln
3. Zusammenführen von aktionsäquivalenten Entscheidungsregeln
4. Weiteres Zusammenführen von aktionsäquivalenten Entscheidungsregeln (rekursiv)
5. Prüfsummenbildung

1. Schritt: Erstellen der vollständigen Entscheidungstabelle

Das Prüfsummenverfahren erfordert die Bildung der vollständigen Entscheidungstabelle. Abbildung 5–27 repräsentiert eine vollständige Entscheidungstabelle, die für die Anwendung des Verfahrens nachfolgend verwendet wird. Diese Entscheidungstabelle weist allerdings noch eine undefinierte Entscheidungsregel auf (#5).

Eine oft wiederkehrende und berechtigte Überlegung ist, wie mit undefinierten und N/A-Entscheidungsregeln bei der Reduktion umgegangen werden soll. Eine Empfehlung ist es, N/A-Entscheidungsregeln aus der vollständigen Entscheidungstabelle vor der Zusammenführung zu entfernen, während undefinierte Entscheidungsregeln beibehalten werden. Wie die Entfernung von N/A-Entscheidungsregeln effektiv durchgeführt wird, ist stark vom eingesetzten Werkzeug abhängig. Von einer einfachen Kommentierung über Markierung bis zur physischen Löschung dieser Entscheidungsregeln ist alles denkbar. Sinnvoll ist es, wenn möglich, solche Entscheidungsregeln durch das Werkzeug »auszublenden« und zu kommentieren bzw. zu dokumentieren, warum diese Entscheidungsregel nicht weiter betrachtet wird. Man weiß nie, ob eine solche Entscheidungsregel zukünftig vielleicht doch zu einer gültigen Entscheidungsregel wird.

Die Beibehaltung von undefinierten Entscheidungsregeln hingegen hat den Vorteil, dass die Tester stets im Blick haben, dass es noch Informationslücken gibt, die mit dem Businessanalysten abzustimmen sind. Wenn die fehlenden Informationen nachgetragen sind, kann sich dadurch wiederum eine weitere Zusammenführung mit bestehenden Entscheidungsregeln ergeben, oder es kann sogar eine komplette Neudurchführung der Zusammenführung erforderlich werden.

2. Schritt: Identifizieren aller aktionsäquivalenten Entscheidungsregeln

Gleiche Aktionen bei verschiedenen Entscheidungsregeln bedeuten, dass das zu testende System bezüglich bestimmter Bedingungskombinationen ein semantisch äquivalentes Verhalten zeigt, wie wir es beispielsweise vom Äquivalenzklassentest oder der Grenzwertanalyse kennen [ISTQB CTFL]. Dies bedeutet wiederum, dass unterschiedliche Bedingungen aktionsgleicher Entscheidungsregeln vermutlich keinen Einfluss auf die resultierende Aktion des zu testenden Systems haben und sie demnach mithilfe des *Don't-care*-Wertes zusammengefasst werden können (siehe Abb. 5–13). Wichtig bei der Zusammenführung aktionsäquivalenter Entscheidungsregeln im Prüfsummenverfahren ist, dass die Entscheidungsregeln sich nur in einer Bedingung unterscheiden. In der Entscheidungstabelle *Prüfsummenreduktion* (Abb. 5–27) sind die folgenden Entscheidungsregeln aktionsäquivalent: #1 und #2; #4, #6, #11, #12 und #14; #8 und #13; #9 und #10; #15 und #16. Allerdings muss für jede mögliche aktionsgleiche Entscheidungsregel geprüft werden, ob sie den Kriterien des Prüfsummenverfahrens für eine Zusammenführung entsprechen. Für die Entscheidungsregeln #8 und #13 ist dies nicht der Fall, da diese sich sowohl in Bedingung 1 als auch in Bedingung 4 unterscheiden. Daher lassen sich diese beiden Entscheidungsregeln nicht zusammenführen, alle anderen jedoch können zusammengeführt werden.

3. Schritt: Zusammenführen von aktionsäquivalenten Entscheidungsregeln

Das Prüfsummenverfahren beruht auf dem Gedanken, dass in jedem Reduktionsschritt konsequent immer nur *zwei* aktionsäquivalente Entscheidungsregeln in einem Reduktionsschritt zusammengeführt werden, wenn sie sich in maximal einer Bedingung unterscheiden. Entscheidungsregeln, deren Aktionen entweder undefiniert oder nicht anwendbar sind, dürfen nicht zusammengeführt werden. Sie repräsentieren Sonderfälle in dem Verfahren, die zu einem späteren Zeitpunkt behandelt werden. Abbildung 5–28 veranschaulicht die nach dem Prüfsummenverfahren zusammenführbaren Entscheidungsregeln.

Prüfsummenreduktion (vollständig)																
Entscheidungs-regel	#1	#2	#3	#4	#5	#6	#7	#8	#9	#10	#11	#12	#13	#14	#15	#16
Bedingungen																
Bedingung 1	W	W	W	W	W	W	W	W	F	F	F	F	F	F	F	F
Bedingung 2	W	W	W	F	W	F	F	F	W	W	W	F	F	F	W	F
Bedingung 3	W	W	F	W	F	W	F	F	W	W	F	W	F	W	F	F
Bedingung 4	W	F	W	W	F	F	W	F	W	F	W	W	W	F	F	F
Aktionen																
Aktion 1	X	X		X		X	X		X	X	X	X		X		
Aktion 2	X	X	X	X		X		X			X	X	X	X		
Aktion 3	X	X						X	X	X			X		X	X

Abb. 5–28 *Zusammenführbare aktionsäquivalente Entscheidungsregeln nach dem Prüfsummenverfahren*

Nach der Durchführung des ersten Reduktionsschrittes sieht die teilreduzierte Entscheidungstabelle *Prüfsummenreduktion* wie folgt aus (siehe Abb. 5–29):

Prüfsummenreduktion (1. Reduktionsschritt)																
Entscheidungs-regel	#1	#2	#3	#4	#5	#6	#7	#8	#9	#10	#11	#12	#13	#14	#15	#16
Bedingungen																
Bedingung 1	W	W	W	–	W	–	W	W	F	F	F	F	F	F	F	F
Bedingung 2	W	W	W	F	W	F	F	F	W	W	W	F	F	F	–	F
Bedingung 3	W	W	F	W	F	W	F	F	W	W	F	W	F	W	F	F
Bedingung 4	–	F	W	W	F	F	W	F	–	F	W	W	W	F	F	F
Aktionen																
Aktion 1	X	X		X		X	X		X	X	X	X		X		
Aktion 2	X	X	X	X		X		X			X	X	X	X		
Aktion 3	X	X						X	X	X			X		X	X

Abb. 5–29 *Teilreduzierte Entscheidungstabelle nach dem Prüfsummenverfahren*

Ausgegraute Entscheidungsregeln bedeuten, dass sie mit einer anderen Entscheidungsregel zusammengeführt wurden. Je nach Werkzeugunterstützung, ist es möglich, zusammengeführte Entscheidungsregeln auszugrauen, auszublenden oder gänzlich aus der Tabelle zu entfernen. Effektiv ist die Anzahl der zu überdeckenden Entscheidungsregeln um fünf reduziert worden, sprich, es sind nur noch elf Entscheidungsregeln effektiv zu überdecken.

4. Schritt: Weiteres Zusammenführen von aktionsäquivalenten Entscheidungsregeln (rekursiv)

Im Folgenden werden die Aktivitäten von Schritt 2 nun erneut auf die bereits partiell reduzierte Entscheidungstabelle angewendet. Es lassen sich auch bereits zusammengeführte aktionsäquivalente Entscheidungsregeln weiter zusammenführen, allerdings nur, wenn sie sich wirklich nur bezüglich einer Bedingung unterscheiden. Bei der Entscheidungstabelle *Prüfsummenreduktion (1. Reduktionsschritt)* (siehe Abb. 5–29) trifft dies auf die Entscheidungsregeln #4 und #6 zu. Diese beiden Entscheidungsregeln unterscheiden sich nur im Wert für *Bedingung 4* und lassen sich dadurch systematisch zusammenführen (siehe Abb. 5–30).

Prüfsummenreduktion (1. Reduktionsschritt)																
Entscheidungsregel	#1	#2	#3	#4	#5	#6	#7	#8	#9	#10	#11	#12	#13	#14	#15	#16
Bedingungen																
Bedingung 1	W	W	W	–	W	–	W	W	F	F	F	F	F	F	F	F
Bedingung 2	W	W	W	F	W	F	F	F	W	W	W	F	F	F	–	F
Bedingung 3	W	W	F	W	F	W	F	F	W	W	F	W	F	W	F	F
Bedingung 4	–	F	W	W	F	F	W	F	–	F	W	W	W	F	F	F
Aktionen																
Aktion 1	X	X		X		X	X		X	X	X	X		X		
Aktion 2	X	X	X	X		X		X			X	X	X	X		
Aktion 3	X	X						X	X	X			X		X	X

Abb. 5–30 *Zusammenführung zweier bereits zusammengeführter Entscheidungsregeln*

Die Zusammenführung zweier aktionsäquivalenter Entscheidungsregeln, bei der eine der Entscheidungsregeln bereits zusammengeführt ist – also für eine bestimmte Bedingung den *Don't-care*-Wert '-' aufweist –, gibt es eine Besonderheit zu beachten:

Es lassen sich stets nur zwei Entscheidungsregeln zusammenführen, bei denen die identischen Entscheidungsregeln den *Don't-care*-Wert aufweisen. Der *Don't-care*-Wert ist nicht im Sinne eines allgemein gültigen Platzhalters zu verstehen. Es ist schlichtweg ein semantischer Unterschied, ob für die Auslösung einer Aktion der Wert einer bestimmten Bedingung egal ist oder der Wert zwingend WAHR oder FALSCH sein muss. Weisen zwei aktionsäquivalente Entscheidungsregeln allerdings für dieselbe Bedingung einen *Dont'-care*-Wert auf und unterscheiden sie sich konform zu Schritt 2 nur hinsichtlich einer anderen Bedingung, können die Regeln weiter zusammengeführt werden. Abbildung 5–31 illustriert das Ergebnis der weiter zusammengeführten Entscheidungstabelle.

Prüfsummenreduktion (2. Reduktionsschritt)																
Entscheidungs-regel	#1	#2	#3	#4	#5	#6	#7	#8	#9	#10	#11	#12	#13	#14	#15	#16
Bedingungen																
Bedingung 1	W	W	W	–	W	–	W	W	F	F	F	F	F	F	F	F
Bedingung 2	W	W	W	F	W	F	F	F	W	W	W	F	F	F	–	F
Bedingung 3	W	W	F	W	F	W	F	F	W	W	F	W	F	W	F	F
Bedingung 4	–	F	W	–	F	–	W	F	–	F	W	W	W	F	F	F
Aktionen																
Aktion 1	X	X		X		X	X		X	X	X	X		X		
Aktion 2	X	X	X	X		X		X			X	X	X	X		
Aktion 3	X	X						X	X	X			X		X	X

Abb. 5–31 *Zusammenführung einer bereits reduzierten Entscheidungstabelle*

Lassen sich gemäß diesem Verfahren keine weiteren aktionsäquivalenten Entscheidungsregeln zusammenführen, ist der Reduzierungsprozess abgeschlossen. Die verbliebenen Entscheidungsregeln bilden die zu überdeckenden Testbedingungen, beim Abnahmetest entsprechend die Abnahmekriterien. Die Systematik der Prüfsummenbildung schließt allerdings nicht aus, dass keine weiteren aktionsäquivalenten Entscheidungsregeln in der reduzierten Entscheidungstabelle verbleiben, es ist in der Tat eher die Regel (siehe Entscheidungsregeln #4 und #11 oder #8 und #13 in Abb. 5–31). Die Systematik des Prüfsummenverfahrens findet allerdings keine weitere Anwendung.

4. Schritt: Prüfsummenbildung

Der große Verteil dieser Systematik ist, dass durch die mathematische Bildung einer Prüfsumme für die reduzierte Entscheidungstabelle (daher auch der Name dieses Verfahrens) die strukturelle Korrektheit des Reduktionsprozesses überprüft werden kann. Ob die korrekten Aktionen zu den Bedingungskombinationen der Entscheidungsregeln spezifiziert wurden, also die semantische Korrektheit der Entscheidungstabelle, kann mit diesem Verfahren nicht überprüft werden. Dazu sollte vor Beginn des Reduktionsprozesses ein Review durch relevante Stakeholder auf der vollständigen Entscheidungstabelle erfolgen.

Die Prüfsummenbildung zielt darauf ab, zu bestimmen, ob die verbliebenen Entscheidungsregeln der reduzierten Entscheidungstabelle zumindest strukturell der Anzahl der Entscheidungsregeln der zugrunde liegenden vollständigen Entscheidungstabelle entsprechen. Zu diesem Zweck wird jedem Bedingungswert einer Entscheidungsregel entweder der Wert 1 (wenn der Bedingungswert WAHR oder FALSCH ist) oder der Wert 2 (wenn der Bedingungswert der *Don't-care*-Wert ist) zugewiesen. Der mathematische Wert 2 für den *Don't-care*-Wert repräsentiert einfach den Fakt, dass an dieser Stelle die Bedingungswerte zweiter Entscheidungsregeln verwendet werden können. Die mathematischen Werte der einzelnen Bedingungen einer Entscheidungsregel werden anschließend multipliziert und bilden die Prüfsumme der jeweiligen Entscheidungsregel ab. Die Prüfsummen aller verbliebenen Entscheidungsregeln werden abschließend addiert und bilden die Prüfsumme der reduzierten Entscheidungstabelle. Um strukturelle Korrektheit zu erzielen, muss die resultierende Prüfsumme der reduzierten Entscheidungstabelle der Anzahl der Entscheidungsregeln der zugrunde liegenden vollständigen Entscheidungstabelle entsprechen. Die Prüfsummenzuweisung je Bedingung der Entscheidungstabelle *Prüfsummenreduktion (Prüfsummenbildung)* (siehe Abb. 5–32) sieht wie folgt aus:

Prüfsummenreduktion (Prüfsummenbildung)																	
Entscheidungsregel	#1	#2	#3	#4	#5	#6	#7	#8	#9	#10	#11	#12	#13	#14	#15	#16	
Bedingungen																	
Bedingung 1	1 (W)	1 (W)	1 (W)	2 (–)	1 (W)	2 (–)	1 (W)	1 (W)	1 (F)	1 (F)	1 (F)	1 (F)	1 (F)	1 (F)	1 (F)	1 (F)	
Bedingung 2	1 (W)	1 (W)	1 (W)	1 (F)	1 (W)	1 (F)	1 (F)	1 (F)	1 (W)	1 (W)	1 (W)	1 (F)	1 (F)	1 (F)	2 (–)	1 (F)	
Bedingung 3	1 (W)	1 (W)	1 (F)	1 (W)	1 (F)	1 (W)	1 (F)	1 (F)	1 (W)	1 (W)	1 (F)	1 (W)	1 (F)	1 (W)	1 (F)	1 (F)	
Bedingung 4	2 (–)	1 (F)	1 (W)	2 (–)	1 (F)	2 (–)	1 (W)	1 (F)	2 (–)	1 (F)	1 (W)	1 (W)	1 (W)	1 (F)	1 (F)	1 (F)	
Aktionen																	
Aktion 1	X	X		X		X	X		X	X	X	X		X			
Aktion 2	X	X	X	X		X		X			X	X	X	X			
Aktion 3	X	X						X	X	X			X		X	X	
Prüfsummen																	
Σ	2	0	1	4	1	0	1	1	2	0	1	0	1	0	2	0	= 16

Abb. 5–32 *Umwandlung der Bedingungswerte der reduzierten Entscheidungstabelle in mathematische Werte*

Beispielhaft sei die Prüfsummenberechnung anhand der Entscheidungsregel #4 durchgeführt:

```
Prüfsumme#4  = – × F × W × –
             = 2 × 1 × 1 × 2
             = 4
```

Nach Berechnung der Prüfsummen aller Entscheidungsregeln ergibt sich für die reduzierte Entscheidungstabelle folgendes Ergebnis:

```
Prüfsumme ET =  2 + 0 + 1 + 4 + 1 + 0 + 1 + 1 + 2 + 0 + 1 + 0 +1 + 0
                + 2 + 0
             =  16
```

Da die Prüfsumme mit der Anzahl der Entscheidungsregeln in der vollständigen Entscheidungstabelle übereinstimmt, wurde das Prüfsummenverfahren augenscheinlich korrekt angewendet.

Es sei noch einmal darauf hingewiesen, dass die in Abbildung 5–32 illustrierte Entscheidungstabelle nur für die Erläuterung der Prüfsummenbildung angefertigt wurde. In der Praxis wird sehr wahrscheinlich auf eine kompaktere Darstellung für eine reduzierte Entscheidungstabelle zurückgegriffen (siehe Abb. 5–33).

Prüfsummenreduktion (reduziert)										
Entscheidungs-regel	#1	#2	#3	#4	#5	#6	#7	#8	#9	#10
Bedingungen										
Bedingung 1	W	W	–	W	W	W	F	F	F	F
Bedingung 2	W	W	F	W	F	F	W	W	F	–
Bedingung 3	W	F	W	F	F	F	W	F	F	F
Bedingung 4	–	W	–	F	W	F	–	W	W	F
Aktionen										
Aktion 1	X		X		X		X	X		
Aktion 2	X	X	X			X		X	X	
Aktion 3	X					X	X		X	X

Abb. 5–33
Kompakte Darstellung einer reduzierten Entscheidungstabelle

Ob die obsoleten Entscheidungsregeln nur versteckt oder gänzlich aus der Entscheidungstabelle entfernt wurden, hängt stark von dem eingesetzten Werkzeug und dem Formalisierungsgrad ab. Wenn Werkzeuge eingesetzt werden, wird empfohlen, darauf zu achten, dass Entscheidungsregeln bei Bedarf versteckt oder ausgeblendet werden können. Sollte es nämlich im Zuge eines neuen Releases zu Anpassungen in den Geschäftsregeln kommen, so können Tester und Businessanalyst die ausgeblendeten Entscheidungsregeln wieder sichtbar machen und ggf. in ihre Änderungsauswirkungsanalyse einbeziehen.

Abbildung 5–34 reflektiert diesen Sachverhalt. Durch Rücksprache zwischen dem Tester und dem Businessanalysten stellte sich heraus, dass die Bedingungskombination der bislang undefinierten Entscheidungsregel #4 zu Aktion 2 führt.

Abb. 5–34
Nachträglich komplettierte Entscheidungstabelle

Prüfsummenreduktion (komplettiert)										
Entscheidungs-regel	#1	#2	#3	#4	#5	#6	#7	#8	#9	#10
Bedingungen										
Bedingung 1	W	W	–	W	W	W	F	F	F	F
Bedingung 2	W	W	F	W	F	F	W	W	F	–
Bedingung 3	W	F	W	F	F	F	W	F	F	F
Bedingung 4	–	W	–	F	W	F	–	W	W	F
Aktionen										
Aktion 1	X		X		X		X	X		
Aktion 2	X	X	X	X		X		X	X	
Aktion 3	X					X	X		X	X

Durch die hinzugekommene Entscheidungsregel #4 lässt sich die Entscheidungstabelle weiter zusammenführen. Entscheidungsregel #2 und #4 sind aktionsäquivalent und unterscheiden sich nur im Wert von Bedingung 4. Schritt 2 des Prüfsummenverfahrens kann erneut angewendet werden, um die komplettierte und reduzierte Entscheidungstabelle zu erhalten (Abb. 5–35).

Abb. 5–35
Komplettierte und reduzierte Entscheidungstabelle

Prüfsummenreduktion (komplettiert reduziert)									
Entscheidungs-regel	#1	#2	#3	#4	#5	#6	#7	#8	#9
Bedingungen									
Bedingung 1	W	W	–	W	W	F	F	F	F
Bedingung 2	W	W	F	F	F	W	W	F	–
Bedingung 3	W	F	W	F	F	W	F	F	F
Bedingung 4	–	–	–	W	F	–	W	W	F
Aktionen									
Aktion 1	X		X	X		X	X		
Aktion 2	X	X	X		X		X	X	
Aktion 3	X				X	X		X	X

5.4.2.3 Testentwurf und -realisierung mittels Entscheidungstabellen

Nach der Konsolidierung einer Entscheidungstabelle – sei sie nun systematisch reduziert oder nicht – liegen die zu überdeckenden Testbedingungen in einer logischen, d. h. abstrakten Form vor. Die zu überdeckenden Entscheidungsregeln werden häufig als *Testfälle* bezeichnet. Allerdings heißt es im Foundation-Lehrplan ganz eindeutig, dass eine Testbedingung beschreibt, »was zu testen ist« [ISTQB CTFL], während beim Testentwurf die Frage geklärt wird, »wie getestet wird« [ISTQB CTFL]. Eine Entscheidungsregel repräsentiert, »was (fachlich) getestet werden soll« [ISTQB CTFL], stimmt also mit der Beschreibung von Testbedingungen überein. Eine zu überdeckende Entscheidungsregel bzw. Testbedingung bzw. Abnahmekriterium ist daher im Rahmen des Testentwurfs und insbesondere der Testrealisierung zunächst in einen abstrakten, dann in einen ausführbaren, d. h. konkreten Testfall zu überführen. Wird eine risikoorientierte oder priorisierte Testvorgehensweise angewendet, lässt sich die Überdeckung einer Entscheidungstabelle auch entlang der Prioritäten steuern. Dabei werden höher priorisierte Entscheidungsregeln bevorzugt umgesetzt (insbesondere, wenn Zeit eine knappe Ressource ist) und/oder aber mit größerer Tiefe (d. h. mit mehreren verschiedenen Testdaten) getestet.

Eine immer wiederkehrende Aufgabe bei der Realisierung von konkreten Testfällen aus Entscheidungsregeln ist die Identifikation und Spezifikation von Vorbedingungen, Nachbedingungen, Testschritten (also den durchzuführenden Aktionen während der Durchführung des Tests) sowie den erwarteten Ergebnissen eines Testfalls. Einige dieser Informationen finden sich oftmals bereits in der Entscheidungstabelle, müssen jedoch beim Entwurf und der Realisierung von Testfällen konkretisiert bzw. präzisiert werden. Insbesondere die Bereitstellung konkreter Testdaten basierend auf den Bedingungswerten ist ein nicht triviales Thema. Ebenso der Umgang mit *Don't-care*-Werten. Folgt man dem minimalen Überdeckungskriterium, dass jede Entscheidungsregel in einem abstrakten Testfall resultiert, bleibt immer noch die Überlegung, wie viele konkrete Testfälle man von dem abstrakten ableitet. *Don't-care*-Werte stehen für jedweden möglichen Bedingungswert. Würde man nur einen der möglichen Werte verwenden, bliebe ein (möglicherweise akzeptables) Restrisiko hinsichtlich der anderen möglichen, aber nicht realisierten Bedingungswerte. Würde man für jeden *Don't-care*-Wert alle möglichen Bedingungswerte realisieren, erhält man so viele Testfälle, wie es Entscheidungsregeln in der dazugehörigen vollständigen Entscheidungstabelle gibt. Dies ist beispielsweise bei eingabebegrenzten Entscheidungstabellen 2^n.

Fallbeispiel
CA-Cockpit-Bonusprogramm

Die Marketingabteilung der *ComAcceptAG* hat sich über Anreize für eine langfristige Kundenbindung Gedanken gemacht, diverse Marktanalysen aufgestellt und verschiedene Strategiepapiere erstellt. Die Geschäftsführung hat sich entschieden, ein kundenspezifisches Bonusprogramm ins Leben zu rufen. Dies resultiert in der Definition eines neuen Geschäftsziels:

Geschäftsziele		
ID	**Titel**	**Beschreibung**
GZ-03	Langfristige Kundenbindung	Die Kunden der *ComAccept* sollen durch ein großzügiges und attraktives Bonusprogramm ermutigt werden, zum einen weitere Verträge bei *ComAccept* abzuschließen, zum anderen möglichst lange beim Unternehmen als Kunde zu verbleiben. Dadurch soll die Verweildauer von Bestandskunden je Vertrag im Durchschnitt auf drei Jahre, die durchschnittliche Anzahl der Verträge je Kunde auf 2 erhöht werden.

Von diesem Geschäftsziel ausgehend wurden durch den Businessanalysten gemeinsam mit den Vertretern der Marketingabteilung folgende Geschäftsbedarfe aufgestellt:

Geschäftsbedarfe		
Geschäftsziel	**ID**	**Beschreibung**
[GZ-03] Langfristige Kundenbindung	**GB-07**	Das Produktmanagement muss dem Kunden bei Abschluss eines neuen Handytarifs die Möglichkeit anbieten, mit seinem neuen Vertrag an dem Bonusprogramm von *CA-Cockpit* teilnehmen zu können.
	GB-08	Der Kunde soll die Möglichkeit haben, Änderungen an der Teilnahme am Bonusprogramm zu jedem seiner Verträge vorzunehmen.

Basierend auf den anzustrebenden Geschäftszielen sowie den identifizierten Geschäftsbedarfen werden durch den Vertreter der Marketingabteilung und den Businessanalysten die folgenden Geschäftsregeln spezifiziert:

Anforderung		
ID	**A-52**	
Name	Rabattierung Bonusprogramm	
Beschreibung	■ Kunden, die sich für das Bonusprogramm angemeldet haben, werden über Bonusaktionen informiert. ■ Kunden, die sich für das Bonusprogramm angemeldet haben, erhalten 10 % Rabatt auf alle Verträge, wenn sie mehr als einen Vertrag abgeschlossen haben. ■ Kunden, die sich für das Bonusprogramm angemeldet haben, erhalten 5 % Rabatt auf alle Verträge, die länger als drei Jahre laufen.	
Abnahmekriterien	**AK-52-01**	Kunden können sich während des Bestellprozesses eines neuen Vertrages für die Teilnahme am Bonusprogramm registrieren.
	AK-52-02	Bestandskunden können sich im Mitgliederbereich für die Teilnahme am Bonusprogramm registrieren.
	AK-52-03	Wenn der Kunde die Buchung aus dem Mitgliederbereich heraus getätigt hat und bereits für das Bonusprogramm registriert ist, wird dies dem Kunden beim Bestellvorgang mitgeteilt.
	AK-52-04	Wenn der Kunde die Buchung aus dem Mitgliederbereich heraus getätigt hat und bereits für das Bonusprogramm registriert ist, kann der Kunde die Teilnahme nicht während des Bestellprozesses zurückziehen. Als Hinweis wird dem Kunden die Information INF-BONUS-AKTIV angezeigt.
	AK-52-Bonusprogramm	Weitere Abnahmekriterien sind der Entscheidungstabelle *Bonusprogramm CA-Cockpit* zu entnehmen.

Nach perspektivischem Lesen der Geschäftsregeln in der o.g. Anforderung wird für den Testentwurf der Rabattierungsberechnung der Entscheidungstabellentest eingesetzt. Die Reduktion bzw. Optimierung der Entscheidungstabelle wird nach dem Prüfsummenverfahren durchgeführt. Abbildung 5–36 illustriert die vollständige Entscheidungstabelle für die Geschäftsregeln des *CA-Cockpit*-Bonusprogramms.

Abb. 5–36 *Vollständige Entscheidungstabelle für Bonusprogramm CA-Cockpit*

Bonusprogramm CA-Cockpit								
Entscheidungsregel	#1	#2	#3	#4	#5	#6	#7	#8
Bedingungen								
Für Bonusprogramm angemeldet?	W	W	W	W	F	F	F	F
Mehr als zwei Verträge?	W	W	F	F	W	W	F	F
Langzeitkunde?	W	F	W	F	W	F	W	F
Aktionen								
10 % Rabatt je Vertrag	X	X	–	–	–	–	–	–
5 % Rabatt je Langzeitvertrag	X	–	X	–	–	–	–	–
Über Bonusaktionen informieren	X	X	X	X	–	–	–	–

Durch Anwendung der Prüfsummenbildung lassen sich zunächst die Entscheidungsregeln #5 und #6, sowie #7 und #8 zusammenführen, im Anschluss daran dann die zusammengeführten Entscheidungsregeln #5 und #7. Dies ist in Abbildung 5–37 im linken Teil (1. Reduktionsschritt) und im rechten Teil (optimiert und kompakt) dargestellt.

Bonusprogramm CA-Cockpit								
Entscheidungsregel	#1	#2	#3	#4	#5	#6	#7	#8
Bedingungen								
Für Bonusprogramm angemeldet?	W	W	W	W	F	F	F	F
Mehr als zwei Verträge?	W	W	F	F	W	W	F	F
Langzeitkunde?	W	F	W	F	–	F	–	F
Aktionen								
10 % Rabatt je Vertrag	X	X	–	–	–	–	–	–
5 % Rabatt je Langzeitvertrag	X	–	X	–	–	–	–	–
Über Bonusaktionen informieren	X	X	X	X	–	–	–	–

Erster Reduktionsschritt

Bonusprogramm CA-Cockpit					
Entscheidungsregel	#1	#2	#3	#4	#5
Bedingungen					
Für Bonusprogramm angemeldet?	W	W	W	W	F
Mehr als zwei Verträge?	W	W	F	F	–
Langzeitkunde?	W	F	W	F	–
Aktionen					
10 % Rabatt je Vertrag	X	X	–	–	–
5 % Rabatt je Langzeitvertrag	X	–	X	–	–
Über Bonusaktionen informieren	X	X	X	X	–

Optimiert (und kompakt)

Abb. 5–37 *Reduzierte und optimierte Entscheidungstabelle für Bonusprogramm CA-Cockpit*

Zudem ergibt sich eine weitere implizierte Geschäftsregel:

> »*Wenn der Kunde sich nicht für das Bonusprogramm registriert hat, erhält er weder 10% Rabatt je Vertrag, wenn er mehr als einen Vertrag hat, noch 5% Rabatt je Vertrag, der länger als drei Jahre existiert, noch Informationen über anstehende Bonusaktionen.*«

Tester und Businessanalyst diskutieren über diese implizite Geschäftsregel. Der Businessanalyst argumentiert, dass diese Geschäftsregel nur die Negation der Geschäftsregeln GR-01a, GR-01b und GR-01c ist und daher nicht als eigenständige Geschäftsregel erfasst werden muss. Allerdings weist er darauf hin, dass unbedingt abzusichern ist, dass die entsprechenden Rabatte nicht unberechtigterweise gewährt werden.

Hernach bestimmen Businessanalyst und Tester die anzustrebende Überdeckung für die Entscheidungstabelle Bonusprogramm *CA-Cockpit*:

- 100% Geschäftsregelüberdeckung
- Je einen separaten Testfall pro *Don't-care*-Wert

Nach Ableitung der Testfälle aus der Entscheidungstabelle ergeben sich folgende Testfälle, die die geforderten Überdeckungskriterien erfüllen:

Testfall	
ID	**TF-52**
Name	Zwei Langzeitverträge mit 15% rabattieren
Beschreibung	Ein Kunde nimmt am Bonusprogramm teil und hat zwei Langzeitverträge. Für beide Verträge werden je 15% des ursprünglichen Vertragspreises rabattiert. Der Kunde wird über weitere Bonusaktionen informiert.
Abnahmekriterium	AK-Bonusprogramm-#1

Testfall	
ID	**TF-53**
Name	Zwei Verträge mit 10% rabattieren
Beschreibung	Ein Kunde nimmt am Bonusprogramm teil und hat zwei Verträge. Für beide Verträge werden je 10% des ursprünglichen Vertragspreises rabattiert. Der Kunde wird über weitere Bonusaktionen informiert.
Abnahmekriterium	AK-Bonusprogramm-#2

Testfall	
ID	**TF-54**
Name	Einen Langzeitvertrag mit 5% rabattieren
Beschreibung	Ein Kunde nimmt am Bonusprogramm teil und hat einen Langzeitvertrag. Für den Langzeitvertrag werden 5% des ursprünglichen Vertragspreises rabattiert. Der Kunde wird über weitere Bonusaktionen informiert.
Abnahmekriterium	AK-Bonusprogramm-#3

Testfall	
ID	**TF-55**
Name	Benachrichtigung über Bonusaktionen
Beschreibung	Ein Kunde nimmt am Bonusprogramm teil und hat nur einen Vertrag, der kein Langzeitvertrag ist. Es findet keine Rabattierung des Vertragspreises statt. Der Kunde wird über weitere Bonusaktionen informiert.
Abnahmekriterium	AK-Bonusprogramm-#4

Testfall	
ID	**TF-56**
Name	Benachrichtigung über Bonuskationen
Beschreibung	Ein Kunde nimmt nicht am Bonusprogramm teil, besitzt zwei Verträge. Es findet keine Rabattierung der Vertragspreise statt.
Abnahmekriterium	AK-Bonusprogramm-#5

Es bleibt zu überlegen, ob nicht auch ein Testfall entworfen werden sollte, der absichert, dass ein Kunde, der nicht teilnimmt und mehr als zwei Langzeitverträge besitzt, keine Rabatte oder Informationen erhält. Die Überdeckungskriterien erfordern dies allerdings nicht. Es ist nur je ein separater Testfall pro *Don't-care*-Bedingungswert gefordert. Entscheidungsregel #5 besitzt zwei dieser *Don't-care*-Werte und erfüllt mit dem Testfall TF-52-05 die zu erbringende Überdeckung. Ob es fachlich dennoch Sinn ergibt, weitere Testfälle für diese Entscheidungsregel aufzunehmen, müssen Tester und Businessanalyst diskutieren.

Hinweis: Auf datenspezifische Überdeckungskriterien wird an dieser Stelle aus Gründen der Komplexität verzichtet. Grundsätzlich stecken in den Bedingungen »Mehr als ein Vertrag« und »Langzeitvertrag« Äquivalenzklassen, die beim Testentwurf durch Anwendung der Äquivalenzklassenbildung oder der Grenzwertanalyse berücksichtigt werden müssten. Dies würde beispielsweise dazu führen, dass zusätzliche Testfälle mit besonderen Kombinationen getestet würden. Ein solcher Testfall wäre beispielsweise, dass ein Kunde für das Bonusprogramm angemeldet ist, bereits einen Langzeitvertrag hat und nun einen weiteren Vertrag abschließt. In diesem Fall würde sicherzustellen sein, dass der zweite Vertrag für die Dauer von 2 Jahren und 364 Tagen zunächst nur um 10 % rabattiert wird, und ab dem ersten Tag des dritten Laufzeitjahres um 15 % rabattiert würde.

6 Kollaborativer Abnahmetest

Dieses Kapitel erläutert, welche sozialen und kommunikativen Fähigkeiten für einen kollaborativen Abnahmetest wichtig sind und durch welche Aktivitäten und Werkzeuge der Abnahmetest unterstützt wird.

6.1 Zusammenarbeit

Eine Herausforderung bei Abnahmetests liegt in der Diversität der beteiligten Personen und Rollen, beispielsweise Businessanalysten, technische Analysten, Tester, Unternehmensvertreter, Geschäftssponsoren, Automatisierungsspezialisten. Sie alle bringen unterschiedliche Perspektiven, Expertisen, Erfahrungen und Kompetenzen in den Abnahmetest ein. Zudem haben sie oftmals unterschiedliche Ziele innerhalb des gemeinsamen Projekts. Aus diesem Grund sind soziale Kompetenzen von größter Bedeutung, um die Anforderungen und Erwartungen relevanter Stakeholder zu erfassen und in eine wertschöpfende Lösung umzusetzen.

Technische und soziale Zusammenarbeit

In einer derart heterogenen Teamkonstellation müssen sowohl technische als auch soziale Maßnahmen etabliert werden, um das bestmögliche Ergebnis im Abnahmetest zu erzielen – denn das ist oftmals die einzige Schnittmenge zwischen den beteiligten Personen und Rollen. Technisch kann die Zusammenarbeit eines heterogenen und ggf. sogar verteilten Teams beispielsweise durch Kollaborationsplattformen unterstützt werden. Moderne Systeme für Videokonferenzen, Desktop-Sharing-Sitzungen, Wikis, Ticketing, Datei- oder Dokumentenfreigaben oder Versionsverwaltung sind oftmals bereits äußerst komfortabel zu bedienen, gut etabliert und liefern für die Zusammenarbeit einen hohen Mehrwert. Die soziale Zusammenarbeit ist vor allem geprägt von der Einbeziehung und Bewusstseinsschaffung für die Motivation, die Ziele und Bedürfnisse bzw. Wünsche der anderen Stakeholder.

Tester und Businessanalysten müssen mithilfe geeigneter Verfahren sicherstellen, dass die Teammitglieder zusammenhalten und sich stets der gemeinsamen Aufgabe und des Ziels bewusst sind. Dazu haben sich einige gute Praktiken bewährt:

Bewusstsein schaffen

- Die beteiligten Stakeholder sollen sich gegenseitig kennen- und verstehen lernen. Neben der Wissensvermittlung dient dies vor allem dem Zusammenhalt im Team (z.B. gemeinsame Ziele und Erkenntnisse, gemeinsame Bereiche).

Umfeld des Vertrauens

- Die beteiligten Stakeholder sollen offen in einem Umfeld des Vertrauens und des Respekts kommunizieren und ihre Zweifel, Bedenken oder Ängste äußern können, um Probleme zu identifizieren, zu analysieren und zu überwinden (z.B. tabufreie Kommunikation, Erfahrung, Wahrnehmung, Image). Die Kommunikation eines Fehlerberichts darf nicht als ziellose Kritik an dem System oder gar dem Entwickler verstanden werden.

Zielstrebigkeit

- Sie sollen die gemeinsamen Ziele, die allgemeine Vision und die erforderlichen Schritte vor Augen haben, um diese zu erreichen (z.B. was wäre, wenn es erfolgreich ist, was, wenn es fehlschlägt, welche Personen und Mittel sind nötig, was ist Erfolg?). Idealerweise (insbesondere in agilen Projekten) sind die Entwicklungs- und Testteams selbstorganisiert und übernehmen die jeweils nächsten anfallenden Aufgaben selbstständig.

Mit Humor geht's einfacher.

- Teams sollen größere Probleme mit Humor, positiver Kommunikation oder geeigneten Verhandlungstechniken entschärfen [Fisher & Ury 12] (z.B. auf Prinzipien basierende Verhandlungen, Karikaturen, Rollenspiele/Comics).

Geeignete Verfahren für die soziale Zusammenarbeit sind beispielsweise Lernspiele wie Serious Games, Rollenspiele oder spezifische Workshops [Frontiera & Leidl 12].

6.2 Aktivitäten

Die Zusammenarbeit von Testern und Businessanalysten im Abnahmetest umfasst zahlreiche verschiedene Aktivitäten. Der gemeinsamen Fehleranalyse und Berichterstattung sowie der Qualitätssicherung der Arbeitsergebnisse kommt dabei eine besondere Bedeutung zu.

6.2.1 Fehleranalyse

Eines der grundsätzlichen Ziele des Testens ist das Finden von Fehlern. Auch wenn das Finden von Fehlern im Abnahmetest nicht unbedingt im Vordergrund steht, so können doch auch in dieser Teststufe Fehler gefunden werden, die entsprechend analysiert und weiter behandelt werden müssen.

Anlegen von Fehlerberichten

Zunächst werden beim Abnahmetesten typischerweise Abweichungen zwischen dem tatsächlichen und dem erwarteten Ergebnis identifiziert. Das erwartete Ergebnis kann dabei in einem Testfall spezifiziert vorliegen oder aber auch auf den Erwartungen des Testers im erfahrungsbasierten Test beruhen. Diese Abweichungen werden von Testern in Fehlerberichten erfasst und gemeldet, um sie weiter untersuchen und in ihrem gesamten Lebenszyklus (von der Aufdeckung über die Korrektur bis zur Schließung) verfolgen zu können. Der Tester sollte in dem Fehlerbericht alle relevanten Informationen bereitstellen (siehe dazu auch Abschnitt 6.2.2), um dem Businessanalysten ein adäquates Verständnis und eine Bewertung der Abweichung zu ermöglichen. Der Fehlerbericht bildet dann die Grundlage für eine gemeinsame Fehleranalyse durch den Tester und den Businessanalysten.

Analyse der Abweichung

Als Erstes sollte untersucht werden, ob es sich bei Abweichung tatsächlich um eine Fehlerwirkung handelt, da nicht jede Abweichung notwendigerweise auch eine tatsächliche Fehlerwirkung sein muss. Möglicherweise war der Testfall falsch spezifiziert, die Testumgebung nicht richtig konfiguriert, Testdaten fehlerhaft oder der Tester hatte schlicht falsche Erwartungen. In diesen Fällen liegt keine Fehlerwirkung, sondern ein falsch positives Ergebnis vor. Handelt es sich jedoch um eine tatsächliche Fehlerwirkung, muss diese weiter untersucht und die Auswirkungen bewertet werden. Eine gute Grundlage für die Bewertung bilden dabei die nicht erfüllten Abnahmekriterien, diese sollten durch den Tester und den Businessanalysten weiter untersucht, die Auswirkungen auf die Geschäftsprozesse analysiert und die Dringlichkeit der Behebung festgelegt werden.

Auswirkung und Behebung

Der Umfang der Auswirkungen des Fehlers auf die Geschäftsprozesse beeinflusst den Schweregrad, d.h. die Kritikalität, des Fehlers. Je stärker die unerwünschten Auswirkungen und die negative Beeinflussung der Geschäftsprozesse, desto kritischer wird der Fehler bewertet. Um die Geschäftsauswirkungen des Fehlers zu analysieren, können der Businessanalyst und der Tester beispielsweise die Pfade in den Geschäftsprozessmodellen untersuchen, in denen dieser gefunden wurde, oder die betroffenen Geschäftsregeln untersuchen, die nicht korrekt implementiert wurden. Die Dringlichkeit der Behebung des Fehlers bestimmt sich häufig, aber nicht zwingend aus der Kritikalität des Fehlers. Die Priorität des Fehlers leitet sich dann typischerweise aus der Kritikalität, der Dringlichkeit oder einer Kombination aus beiden ab. Die Auswirkungsanalyse und die daraus resultierende Entscheidung über weitere Maßnahmen werden im Fehlerbericht dokumentiert.

Grundsätzlich sollte die Fehleranalyse als Aktivität fest im Testprozess verankert werden, insbesondere während der Testdurchführung sollte die Aktivität regelmäßig erfolgen und bei Bedarf sollten noch weitere Stakeholder eingebunden werden (z.B. im Rahmen eines Fehlermanagement-Ausschusses).

6.2.2 Berichterstattung

Neben den Fehlerberichten gibt es weitere wichtige Berichtstypen, um den Status, den Fortschritt oder die Ergebnisse des Testens an die Stakeholder zu kommunizieren (z.B. Testfortschrittsbericht, Testabschlussbericht). Die Zielgruppen der Berichte können dabei sehr unterschiedlich sein (z.B. Geschäftsführung, Produktmanager, Fachexperten, Businessanalysten, Testmanager, Entwickler) und ihr Informationsbedürfnis kann stark variieren. Während Berichte für die Managementebene eher einen Überblick, eine Zusammenfassung oder Entscheidungsgrundlagen liefern sollten, enthalten Berichte auf der Teamebene eher mehr Details und möglicherweise auch technische Aspekte. Die Berichte sollten daher immer in ihrer Form und Frequenz an der Zielgruppe ausgerichtet und in ihrer jeweiligen Sprache kommuniziert werden.

Fehlerbericht en detail

Ein Fehlerbericht dokumentiert eine beim Testen gefundene Abweichung zwischen dem tatsächlichen und dem erwarteten Ergebnis (siehe dazu auch Abschnitt 6.2.1). Er soll den am Fehlerprozess beteiligten Rollen (z.B. Tester, Businessanalysten, Entwickler, Testmanager) alle notwendigen Informationen über die Aufdeckung, Analyse, Behebung und Schließung des Fehlers kommunizieren. Typische Inhalte eines Fehlerberichts (gemäß [ISO 29119-3]) sind:

- Informationen zum Autor und Datum des Fehlerberichts
- Informationen zum Kontext, in dem der Fehler gefunden wurde (inkl. Identifikation des Testobjekts, des Testfalls und der Testumgebung)
- Reproduzierbare Beschreibung des Fehlers inkl. erwartetem und tatsächlichem Ergebnis
- Die Kritikalität des Fehlers, d.h. die Auswirkungen auf die Geschäftsprozesse
- Die Priorität des Fehlers
- Informationen zu den mit dem Fehler verbundenen Risiken
- Der Status des Fehlers im Lebenszyklus

Fehlerberichte müssen dabei nicht notwendigerweise schriftlich kommuniziert werden, in agilen Softwareentwicklungsmodellen ist es nicht unüblich, dass aufgedeckte Fehler direkt und mündlich vom Tester an den Entwickler berichtet werden (allerdings erfordert dies eine hohe Disziplin des Teams und birgt auch gewisse Risiken, z.B. eine fehlende Verfolgbarkeit der Fehlerberichte). Beim explorativen Testen können Fehler auch mithilfe der Session Sheets erfasst und kommuniziert werden (siehe Abschnitt 3.3).

Fallbeispiel
Fehlerbericht

Abb. 6–1 *Beispiel eines Fehlerberichts*

Testfortschrittsbericht en detail

Der Testfortschrittsbericht wird in regelmäßigen Abständen erstellt und informiert über den Fortschritt der Testaktivitäten in Bezug auf die Planung sowie die aktuellen Testergebnisse, Fehler und Risiken. Typische Inhalte eines Testfortschrittsberichts (gemäß [ISO 29119-3]) sind:

- Informationen zum Berichtszeitraum
- Der Fortschritt gegenüber dem Plan und ggf. auch der Fortschritt seit dem letzten Bericht
- Identifikation und Beschreibung von Faktoren, die den Fortschritt behindern oder blockieren

- Darstellung der gesammelten Metriken
- Informationen zu neuen und geänderten Risiken
- Übersicht der geplanten Tests

Die Informationen im Testfortschrittsbericht dienen u.a. der Überwachung der Testaktivitäten und der Identifikation möglicher steuernder Maßnahmen. Die Überwachung der laufenden Testaktivitäten geschieht idealerweise anhand zuvor festgelegter Testmetriken.

Typische Testmetriken für die Überwachung des Testfortschritts im Abnahmetest (gemäß [ISTQB CTAL-TM]) sind:

- Metriken zu Produktrisiken, z.B. Gesamtzahl der Produktrisiken, Abdeckung der Produktrisiken durch Tests
- Metriken zu Fehlern, z.B. Gesamtzahl der gemeldeten Fehler, Kritikalitäten, Prioritäten und Status der gemeldeten Fehler
- Metriken zum Teststatus, z.B. Gesamtzahl der Testfälle, Status der Testfälle
- Metriken zu Überdeckungen, z.B. Überdeckung der Anforderungen oder des Codes

Fallbeispiel

Testfortschrittsbericht

Testfortschrittsbericht

Fortschritt der Testdurchführung (Anzahl Testfälle)				
	Geplant	Blockiert	Passed	Failed
01. Juli	300	0	0	0
08. Juli	253	12	20	15
15. Juli	210	15	40	35
22. Juli	165	20	65	50
29. Juli	158	22	65	55
05. August	121	24	100	55
12. August	95	15	150	40
19. August	65	10	200	25
26. August	30	5	240	25
02. September	0	0	280	20

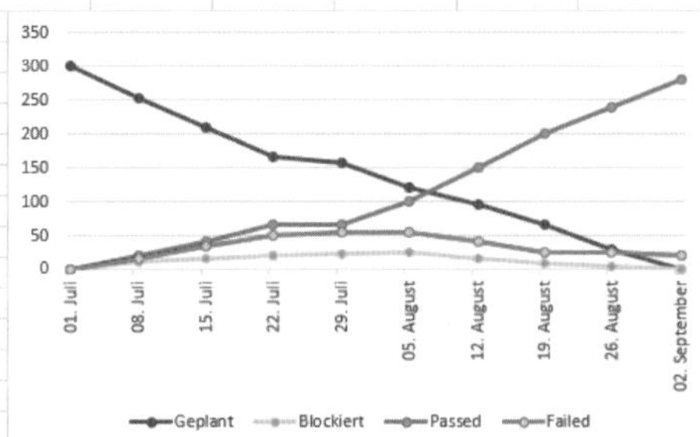

Fehlerstatus nach Priorität				
	Blocker	Hoch	Mittel	Niedrig
Neu	1	0	3	7
Abgewiesen	0	3	1	14
Zugewiesen	0	5	4	8
Behoben	0	6	12	18
Geschlossen	1	14	23	37

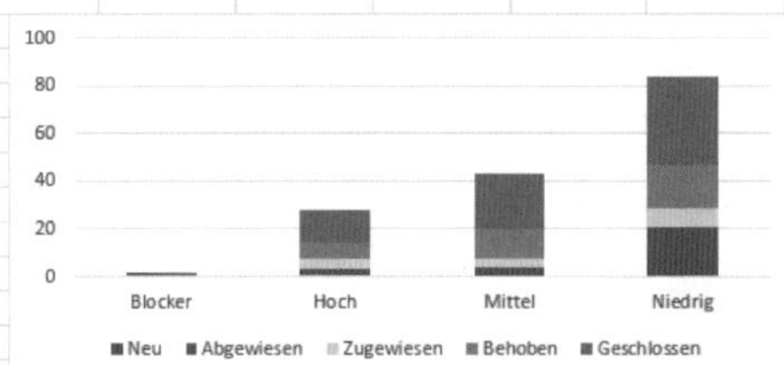

Abb. 6–2 *Beispiel eines Testfortschrittsberichts*

Analog zu den Fehlerberichten müssen Testfortschrittsberichte nicht notwendigerweise schriftlich kommuniziert werden, in agilen Softwareentwicklungsmodellen können die Fortschritte des Testens und die aktuellen Testergebnisse durchaus auch im Rahmen des Daily Scrum mündlich kommuniziert werden.

Testabschlussbericht en detail

Der Testabschlussbericht wird zum Ende einer Testaktivität, Teststufe oder Iteration erstellt und fasst das Gesamtergebnis der Tests zusammen. Neben zusammengefassten Informationen der jeweiligen Testaktivitäten enthält der Testabschlussbericht zusätzliche Informationen über die Auswirkungsanalyse offener Fehler. Der Testabschlussbericht gibt auch Aufschluss darüber, ob die angestrebten Qualitätskriterien überdeckt wurden. Typische Inhalte eines Testabschlussberichts (gemäß [ISO 29119-3]) sind:

- Zusammenfassung der Testaktivitäten
- Abweichungen vom Plan
- Bewertung der Endekriterien
- Identifikation und Beschreibung von Faktoren, die den Fortschritt behindert haben
- Darstellung der gesammelten Metriken
- Informationen zu den noch offenen Risiken
- Übersicht der Liefergegenstände
- Identifikation und Beschreibung wiederverwendbarer Testmittel
- Lessons Learned

Fallbeispiel
Testabschlussbericht

Abb. 6–3
Beispiel eines Testabschlussberichts

Testabschlussbericht

Angelegt von Florian Fieber, zuletzt geändert vor Kurzem

Datum	09. September
Testobjekt	CA-Cockpit
Testzyklus	01. Juli bis 09. September
Überdeckung	Alle 85 Anforderungen wurden durch Testfälle abgedeckt und erfolgreich getestet.
Teststatus	Es wurden alle geplanten 300 Testfälle erfolgreich durchgeführt. 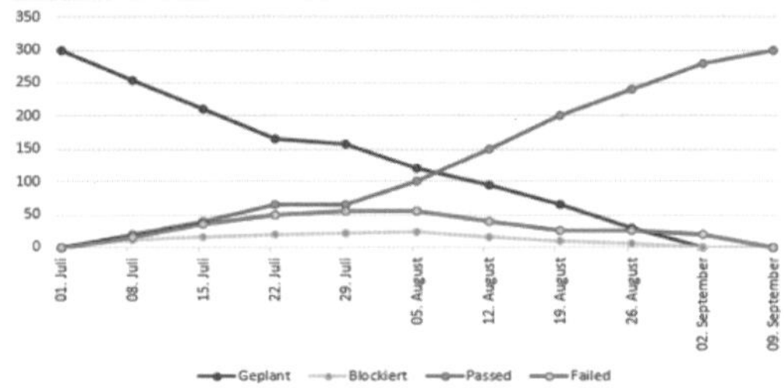
Fehlerstatus	Es wurden insgesamt 75 Fehler gefunden, alle Fehler wurden behoben. 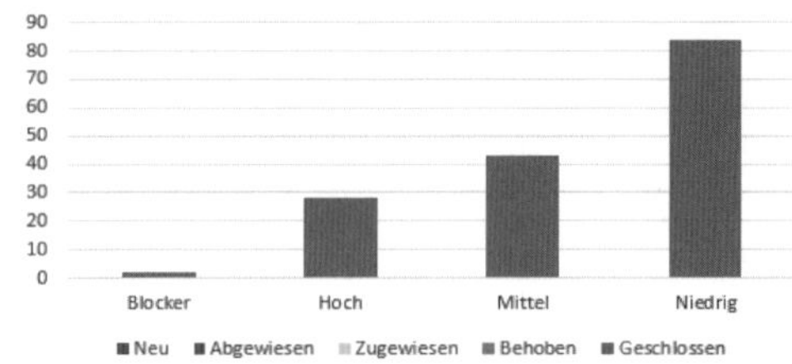

Freigabeentscheidungen im Abnahmetest

Ein Testabschlussbericht sollte Entscheidungsträgern die erforderlichen Informationen liefern, um entscheiden zu können, ob das getestete Produkt die erforderliche Qualität aufweist und in Betrieb genommen werden kann. Bei dieser Entscheidung sind unterschiedliche Ergebnisse möglich:

- **Freigabe**
  Das System kann im Istzustand freigegeben und ohne Einschränkungen ausgerollt werden.
- **Freigabe mit Einschränkungen**
  Das System kann unter Vorbehalt freigegeben werden. Bekannte Fehler, für die ein Workaround geschaffen wurde, werden dem Benutzer und dem Supportteam mitgeteilt. Bei Fehlerzuständen, die ein wichtiges Risiko darstellen, kann das zugehörige Feature (oder Teilsystem) von der Inbetriebnahme ausgeschlossen werden.

- **Keine Freigabe**
  Das System wird nicht freigegeben, bis kritische Fehler behoben und einem Fehlernachtest unterzogen wurden. Die Inbetriebnahme wird entweder verschoben oder durch alternative Lösungen ersetzt.

6.2.3 Qualitätssicherungsaktivitäten für den Abnahmetest

Qualitativ hochwertige Abnahmetests (Testmittel im Allgemeinen) sind für das Risikomanagement von Geschäftsrisiken in Zusammenhang mit Fehlern, die während des Betriebs auftreten, von entscheidender Bedeutung. Qualitativ hochwertige Testmittel erreicht man jedoch nur, wenn für Erstellung und Bewertung der Testmittel entsprechende qualitätssichernde Aktivitäten durchgeführt werden. Bei diesen qualitätssichernden Aktivitäten geht es daher nicht darum, das Testobjekt (d.h. das Produkt) zu bewerten, sondern darum, die Qualität der relevanten Testmittel zu sichern. Die Qualitätssicherung der Testmittel sollte während des gesamten Abnahmetests erfolgen und folgende Maßnahmen umfassen:

- **Review der Abnahmekriterien**
  Da die Abnahmekriterien eine wichtige Grundlage für weitere Arbeitsergebnisse sind, sollten Businessanalyst und Tester verifizieren, dass die Abnahmekriterien eindeutig und konsistent sind. Sie sollten außerdem sicherstellen, dass sie umfassend sind und neben den funktionalen insbesondere auch die nicht funktionalen Aspekte der Anforderungen abdecken. Abnahmekriterien sollten stets messbar sein (siehe auch Abschnitt 3.1).
- **Review der Abnahmetestfälle**
  Beim Review der Abnahmetestfälle sollte sichergestellt werden, dass die zuvor definierten Abnahmekriterien sowie Geschäftsprozesse, Geschäftsregeln und Geschäftsrisiken angemessen abgedeckt sind. Eine frühzeitige Prüfung der Abnahmetestfälle vor der Testdurchführung durch den Businessanalysten und den Tester kann außerdem helfen, falsch positive oder falsch negative Ergebnisse zu vermeiden (siehe auch Abschnitt 3.2).
- **Verfolgbarkeit**
  Die Verfolgbarkeit zwischen Anforderungen, Abnahmekriterien, Testfällen und Fehlern (vgl. Abb. 4–1) erleichtert die Abnahmetests, da Abhängigkeiten geklärt und der Zugriff auf verwandte Informationen vereinfacht wird. Bei Änderungen in den Anforderungen können die Auswirkungen dieser Änderungen auf die abgeleiteten Arbeitsergebnisse einfacher identifiziert und bewertet werden. Bei aufgedeckten Fehlerzuständen können die Auswirkungen dieser Fehlerzustände auf die Anforderungen und die damit verbundenen Geschäftsprozesse und Geschäftsregeln einfacher ermittelt, analysiert

und bewertet werden. Wenn eine bidirektionale Verfolgbarkeit implementiert ist, kann eine systematische Überdeckungsanalyse durchgeführt werden.

- **Review der Testberichte**
  Die Testberichte sollten klar, konsistent und umfassend sein. Sie sollten alle vom Tester bereitgestellten Informationen enthalten, um Entscheidungen über die Freigabe zu unterstützen (siehe auch Abschnitt 2.2.3).

Um die Qualität der Testmittel feststellen und bewerten zu können, müssen entsprechende Qualitätskriterien an die Testmittel definiert werden. Es muss z.B. geklärt werden, was unter einem »hochwertigen Abnahmetest« verstanden wird und welche Kriterien ein solcher erfüllen muss (siehe dazu auch die Wichtigkeit der Qualität der Anforderungen in Abschnitt 2.2.2).

6.3 Werkzeugunterstützung

Werkzeuge unterstützen Aktivitäten im Abnahmetest. Nahezu jede Aktivität des Abnahmetests (und jeder anderen Teststufe) kann durch sinnvollen Werkzeugeinsatz unterstützt und/oder optimiert werden.

Kreative Arbeit vs. Fleißarbeit

Werkzeuge haben das Potenzial, die benötigten Ressourcen für die Durchführung von Testaktivitäten effektiv zu reduzieren. Paradebeispiele sind Werkzeuge für die automatisiere Testdurchführung oder, wie in Kapitel 5 besprochen, für den automatisierten Testentwurf. Testaktivitäten[1] können in kreative Tätigkeiten und Fleißarbeit unterschieden werden (siehe [Fewster & Graham 99]). Kreative Tätigkeiten konzentrieren sich vor allem auf die Semantik eines Arbeitsergebnisses. Kreative Tätigkeiten werden (derzeit noch) von Menschen durchgeführt. Fleißarbeit hingegen beschreibt Aktivitäten, die stets nach einem wiederkehrenden Muster in einer repetitiven Weise durchgeführt werden. Die Durchführung eines inhaltlichen Reviews einer Anforderungsspezifikation mit dem Ziel, fehlerhafte oder gar fehlende Anforderungen zu identifizieren, ist eine kreative Tätigkeit; die Überprüfung der korrekten Rechtschreibung, Grammatik oder strukturellen Integrität der Anforderungsspezifikation hingegen eine Fleißarbeit. Die Erstellung einer Entscheidungstabelle oder eines Geschäftsprozessmodells aus einer natürlichsprachigen Anforderungsspezifikation eines zu testenden Systems ist eine kreative Tätigkeit; die Ableitung von Testbedingen sowie

1. Eine solche Klassifizierung ist natürlich nicht auf Testaktivitäten beschränkt; im Prinzip lässt sich jede menschliche Aktivität einer dieser beiden sehr umfassenden Klassifizierungen zuweisen.

die Implementierung von Testfällen aus solchen Testmodellen hingegen Fleißarbeit. Während die in Fleißarbeit zu erledigenden Aktivitäten ein hohes Potenzial zur Automatisierung durch geeigneten Werkzeugeinsatz besitzen, lassen sich kreative Aktivitäten durch Werkzeuge kaum effektiv und effizient unterstützen. Durch Einsatz von KI-Systemen für einige Testaktivitäten, die traditionell manuell durchgeführt wurden, verschwimmt die Grenze zwischen Fleißarbeit und kreativer Arbeit allmählich. So ist es beispielsweise *möglich*, durch Analyse des Systemverhaltens eine formale Verhaltensbeschreibung des zu testenden Systems auf Basis seines erwarteten Eingabe-/Ausgabeverhaltens abzuleiten. Die KI übernimmt in gewisser Weise die Aufgabe der Formalisierung des Testmodells – bis zu einem gewissen Grad zumindest. KI-Systeme können optimierte Testausführungspläne erstellen, die einen optimalen Nutzwert bezüglich verfügbarer Zeit und zu erreichender Überdeckung erzielen – und auf Basis der Ergebnisse einzelner Testfälle den jeweiligen Testausführungsplan kontinuierlich verbessern. Der flächendeckende Einsatz von KI-Systemen als Ersatz für kreative Testaktivitäten wird allerdings noch auf sich warten lassen.

Kosten und Nutzen

Kosten und Nutzen sind ein stets wiederkehrendes Pärchen, wenn es um die Beschaffung, den Einsatz und die Investitionsrendite von Werkzeugen in einem Unternehmen oder einer Abteilung geht. Während die einmaligen Kosten für Werkzeuge zumeist schnell zu identifizieren und unmittelbar ersichtlich sind, so fällt es meist deutlich schwerer, den Nutzwert von Werkzeugen zu quantifizieren.

Zu den Positionen, die bei einer Werkzeugeinführung Kosten produzieren, zählen beispielsweise Lizenzen, Schulungen, Support, Entwicklungsaktivitäten, Prozessanpassungen, Integrationsarbeiten, etwaiges neues Personal u.v.m. Den Kosten stehen die Nutzwerte eines Werkzeugs gegenüber. Der Nutzwert ergibt sich unter anderem durch qualitativ höherwertige Arbeitsergebnisse, Reduktion manueller repetitiver und fehleranfälliger Aktivitäten, durchgehend gleichbleibendes Qualitätsniveau bei der Durchführung bestimmter Aktivitäten (insbesondere bei automatisiertem Testentwurf und automatisierter Ausführung), einfachere Bestimmung des Testfortschritts, der Überdeckung, der Verteilung bzw. Häufigkeit von Fehlern, der Überwachung von Fehlerlebenszyklen u.v.m. Bei Werkzeugen für eine automatisierte Testdurchführung kommt auch noch der sogenannte indirekte Nutzwert dazu. Dieser ergibt sich aus den zusätzlich gefundenen Fehlern, die ohne die Einführung einer Testautomatisierung nicht hätten gefunden werden können.

Risiken

Die Einführung und Verwendung von Werkzeugen bergen natürlich auch Risiken, die a priori identifiziert und abgeschwächt werden sollten. Das wohl größte und allgegenwärtigste Risiko ist eine unrealistische

Erwartungshaltung an den Nutzen des Werkzeugs. Werkzeuge sind Mittel zum Zweck, kein Selbstzweck. Zu oft – vor allem, wenn es um die Einführung einer Testautomatisierung geht – verfallen Entscheidungsträger dem verlockenden Gedanken, dass durch Anschaffung populärer und komplexer Werkzeuge, alle Herausforderungen des Testens adressiert werden könnten.

MBT und TTCN-3 auf Zwang

In einem Projekt, in dem es um die Erweiterung einer Baustellenkransteuerungssoftware ging, wurde aufseiten des Auftragnehmers entschieden, den Testentwurf modellbasiert auf Basis des UTP [OMG UTP] durchzuführen und die Testausführung über TTCN-3 [ETSI ES 201 873-1] zu automatisieren. Beide Technologien haben großes Potenzial, die Automatisierung im Testprojekt signifikant zu erhöhen, benötigen jedoch Expertise in der Anwendung. Diese Expertise war aber in dem Entwicklungs- und Testteam nicht vorhanden, was zu großer Frustration innerhalb des Teams und fortwährend zu Spannungen zwischen dem Technologiebeauftragten und dem Projektteam führte. Die Anschaffung von komplexen und herausfordernden Technologien und Werkzeugen birgt immer das Risiko, dass die Projektmitglieder sich schnell überfordert fühlen und das Werkzeug am Ende ablehnen.

Werkzeuge müssen auf die jeweiligen projekt- und/oder unternehmensspezifischen Bedarfe abgestimmt sein, um ihren Nutzwert zu erbringen. Dazu gehört es auch, dass Prozesse ggf. angepasst bzw. aufgeräumt und optimiert werden müssen, um das Werkzeug und die dazugehörigen Arbeitsschritte gewinnbringend in den (angepassten) Prozess zu integrieren, getreu dem Motto: Automated chaos is faster chaos [Fewster & Graham 99][2]. Allerdings kann dies auch zu der Erkenntnis führen, dass die notwendigen aktuellen Anpassungen des Prozesses viel umfangreicher sind als gedacht und weitaus mehr Kosten verursachen als initial veranschlagt.

Weiterhin ist es wichtig, dass Werkzeuge sich miteinander austauschen können. Im Wesentlichen bricht sich dies auf den problemlosen, idealerweise automatisierten Informationsaustausch zwischen Werkzeugen herunter. So muss ein Testmanagementwerkzeug beispielsweise Informationen mit dem Testausführungswerkzeug und einem Anforde-

2. Eine weitere schöne Redewendung in diesem Kontext ist: If you automate a mess, you get an automated mess [Baumgartner et al. 21].

rungsmanagementwerkzeug austauschen können, um den jeweiligen Status und die Überdeckung der Anforderungen bestimmen zu können. Je besser die Werkzeuge miteinander integriert sind, desto höher ist der Nutzwert, den sie erbringen.

Ein immer wiederkehrendes Risiko ist, dass Hersteller oder Open-Source-Communitys die Weiterentwicklung des Werkzeugs einstellen. Geschieht dies, stehen Unternehmen nicht selten vor der Herausforderung, die gelebten Prozessstrukturen erneut aufbrechen zu müssen und Alternativen zu finden. Während bei Open-Source-Werkzeugen immer noch die Möglichkeit besteht, die Codebasis in Eigenverantwortung weiterzuführen, gibt es diese Möglichkeit bei vom Markt genommenen kommerziellen Werkzeugen in der Regel nicht. Das Risiko einer plötzlichen Nichtverfügbarkeit eines Werkzeugs lässt sich beispielsweise abschwächen, indem Werkzeuge und Werkzeugsuiten von Herstellern mit einer gewissen Größe eingesetzt werden. Firmen wie IBM bieten eine gewisse Sicherheit, dass das Unternehmen auch in zehn Jahren noch existiert und Support leistet. Oftmals sind Werkzeuge von großen Herstellern auch nahtlos miteinander integriert im Sinne einer homogenen Werkzeuglandschaft. Informationen lassen sich vergleichsweise gut und mit wenig Aufwand über Werkzeuggrenzen hinweg austauschen. Diesen Vorteilen stehen jedoch vergleichsweise hohe Anschaffungs- und Betriebskosten gegenüber, die bei einer Werkzeuglandschaft, die überwiegend aus autarken Open-Source-Werkzeugen besteht, deutlich niedriger sind.

6.3.1 Werkzeugarten im Abnahmetest

Wie auf jeder Teststufe so können auch die Aktivitäten des Abnahmetests effektiv durch Werkzeuge unterstützt werden.

Anforderungsmanagementwerkzeug

Anforderungsmanagementwerkzeuge unterstützen die Verwaltung von Anforderungen über ihren gesamten Lebenszyklus – wie es der Name bereits vermuten lässt. Beim Abnahmetest geht es in erster Linie darum, die bereits vorhandenen Informationen bezüglich der relevanten Anforderungen auszulesen und kontinuierlich zu verfolgen. Sowohl die Umsetzung von Anforderungen in Testmodellen als auch die Überdeckung von Anforderungen durch Testfälle sind Erkenntnisse, die im Abnahmetest von Relevanz sind. Durch die Verfolgbarkeit zwischen diesen Artefakten lassen sich Überdeckungs- und Auswirkungsanalysen effizient durchführen. Zudem werden Anforderungsmanagementwerkzeuge auch verwendet, um die Abnahmekriterien zu den jeweiligen Anforderungen zu hinterlegen.

Agiles Projektmanagementwerkzeug

Agile Projektmanagementwerkzeuge sind in ihrem Zweck und ihrer Verwendung den Anforderungsmanagementwerkzeugen sehr ähnlich. Aus Sicht des Abnahmetests geht es vorrangig um Beschreibung von Abnahmekriterien, Etablierung der Verfolgbarkeit zwischen User Stories und Testfällen (ggf. auch Testmodellen) sowie um die Durchführung von Überdeckungs- und Auswirkungsanalysen.

Viele agile Projektmanagementwerkzeuge integrieren auch Task- oder Kanban-Boards, um die offenen bzw. noch zu erledigenden Aufgaben, das Backlog und den jeweiligen Status des Sprints darzustellen.

Geschäftsprozessmanagementwerkzeug

Die Modellierung von Geschäftsprozessen und Geschäftsregeln erfolgt entweder in generischen Modellierungswerkzeugen oder in dedizierten Geschäftsprozessmanagementwerkzeugen. So unterstützen beispielsweise zahlreiche UML-Modellierungswerkzeuge die Modellierung von Geschäftsprozessmodellen mit BPMN. Zudem lassen sich oftmals auch spezifische Modelltransformationen in diesen generischen Modellierungswerkzeugen integrieren.

Dedizierte Geschäftsprozessmanagementwerkzeuge bieten im Gegensatz zu den generischen Modellierungswerkzeugen üblicherweise einen ganzheitlichen Blick auf alle Aspekte, die bei der Spezifikation von Geschäftsprozessen und Geschäftsregeln relevant erscheinen. Dazu zählen neben den eigentlichen Geschäftsprozessmodellen auch Architekturmodelle (bspw. erstellt mit UML) des zu testenden Systems oder übergreifende Prozessstrukturen des Unternehmens. Üblicherweise bieten solche Werkzeuge auch die Verwaltung von Dokumenten an, die durch einen Geschäftsprozess verarbeitet oder erzeugt werden. Es gibt Werkzeuge, die für die Modellierung von Geschäftsregeln als Entscheidungstabellen fortgeschrittene Optionen wie Einbettung oder Dekomposition von Entscheidungstabellen anbieten.

Auf Basis der modellierten Geschäftsprozess- und Geschäftsregelmodelle können Tester und Businessanalysten mehrere Arten von Analysen durchführen. Dazu zählt beispielsweise die Bewertung der Auswirkungen von Fehlern, die aus dem Betrieb oder durch die Testdurchführung gemeldet wurden. Eine weitere sinnvolle Analyse ist die Bestimmung der Auswirkungen von Anforderungsänderungen auf den Geschäftsprozess oder davon abhängige weitere Artefakte wie Testfälle oder Regressionstestsuiten. Dazu ist jedoch eine effektive Verfolgbarkeit zwischen diesen Artefakten notwendig.

Testmanagement- und Testautomatisierungswerkzeug

Testmanagementwerkzeuge dienen der Planung und Überwachung der Aktivitäten des Abnahmetests. Sie bieten Unterstützung, um ein Stufentestkonzept für den Abnahmetest zu erstellen und zu verfeinern.

Unter Testautomatisierungswerkzeugen werden üblicherweise Werkzeuge für die automatisierte Testdurchführung verstanden. Ihre Aufgabe ist es, den jeweiligen Testautomatisierungsansatz effizient zu unterstützen, die Testdurchführung vorzubereiten und schlussendlich die Testergebnisse nach der Testdurchführung bereitzustellen. Die erzeugten Testergebnisse werden üblicherweise im Testmanagementwerkzeug (idealerweise automatisiert) hinterlegt.

Modellbasiertes Testwerkzeug

Modellbasierte Testwerkzeuge bestehen prinzipiell aus zwei komplementären Komponenten: einer Modellierungsumgebung und einem Testgenerator. Diese beiden Komponenten können eng miteinander gekoppelt sein, müssen dies aber nicht zwingend sein. In der Tat ist es eher der Fall, dass Modellierungsumgebung und Testgenerator separate Werkzeuge sind, die zum Zwecke des modellbasierten Testentwurfs miteinander integriert werden.

Die Aufgaben der Modellierungsumgebung für den modellbasierten Testentwurf ist eine Untermenge der Aufgaben, die von Geschäftsmanagementwerkzeugen unterstützt werden. Zu den Aufgaben des Testgenerators zählen in erster Linie die technische Umsetzung der zu erreichenden Überdeckung, die automatisierte Ableitung (Generierung) von Testfällen und Testdaten aus den Geschäftsprozess- und Geschäftsregelmodellen sowie die Etablierung der Verfolgbarkeit zwischen den Elementen der Modelle (also den einzelnen Tasks und Entscheidungsregeln) und den daraus abgeleiteten Testmitteln.

Fehlermanagementwerkzeug

Fehlermanagementwerkzeuge dienen der »Erfassung, Verwaltung, Verteilung und statistischen Auswertung von Fehlermeldungen[3]« [Spillner & Linz 19]. Fehlermanagementwerkzeuge sind üblicherweise an die projektspezifischen Bedürfnisse anpassbar und ermöglichen für jeden relevanten Stakeholder eine durchgehende Sicht auf den Lebenszyklus eines Fehlerberichts vom Zeitpunkt der Erhebung eines Fehlerzustandes bis zu seiner Korrektur und der entsprechenden Abnahme. Durch geschickte Attributierung und Auswertung dieser Attribute können Fehlermanagementwerkzeuge auch effektiv Optimierungspotenziale für Prozessverbesserungen identifizieren.

Weitere Werkzeugarten

Neben den hier vorgestellten Werkzeugen gibt es eine ganze Reihe weiterer Werkzeuge, die je nach Art des Systems oder Beschaffenheit des Projekts eingesetzt werden können. Dazu zählen beispielsweise Werkzeuge für das Risikomanagement, Fehlereinfügungswerkzeuge, Kollaborationsplattformen, Berichtgeneratoren oder Wissensplattformen.

3. Das im ISTQB®-Glossar hinterlegte Wort ist Fehlerbericht.

6.3.2 Auswahl und Einführung

Bei der Auswahl und Einführung von Werkzeugen haben sich einige gute Praktiken etabliert, die auch beim Abnahmetest bzw. beim Testen generell Berücksichtigung finden sollten.

Evaluierung und Machbarkeitsstudie

Der Beschaffung eines Werkzeugs sollte immer eine objektive Evaluierung vorangehen. Dazu ist es notwendig, die Bedarfe (oder Anforderungen), die das Werkzeug erfüllen soll, durch eine möglichst breite Anwenderbasis zu erheben. Basierend auf diesen Erkenntnissen werden mögliche Kandidaten identifiziert und mittels einer Machbarkeitsstudie evaluiert. Die Machbarkeitsstudie repräsentiert einen knappen und auf das Minimum reduzierten Durchstich des geplanten Einsatzes eines Werkzeugs. Es geht darum, zu belegen, dass die wichtigsten Anforderungen durch das Werkzeug erfüllt worden sind. Dazu zählt neben der technischen Integration in die Werkzeuglandschaft auch die Ermittlung von Prozessanpassungen oder Schulungsmaßnahmen bzw. die Einstellung neuen Personals mit der benötigten Expertise.

Im Anschluss an die Machbarkeitsstudie sprechen Businessanalyst oder Tester gemeinhin eine Empfehlung hinsichtlich der Werkzeugbeschaffung aus. Die Beschaffung selbst liegt in der Verantwortung des Test- oder Projektmanagers, also generell bei der Rolle, die über das Budget entscheiden kann.

Pilotierung

Nach der Beschaffung sollte das Werkzeug in einem Pilotprojekt eingesetzt werden. Das Pilotprojekt zielt darauf ab, das Werkzeug in einem realistischen Projektkontext mit realistischen Herausforderungen und Schwierigkeiten zu evaluieren. Aus diesem Grund eignen sich »Hello World«-Projekte nicht für eine Pilotierung. Sie sind einfach zu trivial und werden mit sehr großer Wahrscheinlichkeit nicht auf die zu erwartenden Hürden hinweisen, die im Projektalltag zwangsläufig auftreten. Gleichsam darf das Pilotprojekt aber auch kein Projekt sein, das sich auf einem erfolgskritischen Pfad befindet. Die Projektmitglieder werden sicherlich nicht erfreut darüber sein, wenn in einer ohnehin wackeligen und oftmals angespannten Situation ein neues Werkzeug erprobt werden soll.

Schrittweiser Rollout

Die Auswertung des Pilotprojekts (an der alle relevanten, nicht nur die beteiligten Stakeholder partizipieren sollten) sollte Klarheit schaffen, ob das Werkzeug weiter ausgerollt werden sollte, welche weiteren Anpassungen für einen Rollout nötig sind oder ob das Werkzeug abgelehnt und ein anderes Werkzeug erneut pilotiert werden sollte. Wird die gemeinsame Entscheidung getroffen, das Werkzeug weiter auszurollen, sollte dies unbedingt schrittweise geschehen.

Anhang

A Wichtige Hinweise zum Lehrstoff und zur Prüfung zum Certified Tester

Diesem Lehrbuch liegt der Lehrstoff zum »Certified Tester Specialist Acceptance Testing Foundation Level« gemäß ISTQB®-Lehrplan zugrunde. Es enthält alle Inhalte der aktuellen deutschsprachigen Lehrplanversion 2019.

Der in diesem Buch enthaltene Stoff ist aus didaktischen Gründen in anderer Reihenfolge als im Lehrplan behandelt. Aus dem Umfang einzelner Kapitel kann nicht auf die Prüfungsrelevanz der dargestellten Inhalte geschlossen werden. Im Buch sind einzelne Inhalte vertieft dargestellt und zusätzliche praxisrelevante Themen aufgenommen worden.

Prüfungsgrundlage ist auf jeden Fall immer der zum Prüfungszeitpunkt aktuelle Lehrplan. Leserinnen und Lesern, die das Buch zur Vorbereitung auf die Prüfung nutzen, wird empfohlen, auch den aktuellen Lehrplan und das aktuelle Glossar zu studieren, da diese die ausschließliche Grundlage für die Prüfung sind.

A.1 Lernziele des Lehrplans

Der Lehrplan [ISTQB CTFL-AcT] definiert Lernziele, die zur Ausarbeitung der Prüfungen für die Zertifizierung dienen. Den einzelnen Lernzielen ist jeweils eine kognitive Stufe des Wissens (K-Stufe) zugeordnet. Das ISTQB® verwendet diese Taxonomie bei der Erstellung der Prüfungen zu den Lehrplänen. Dieser Lehrplan berücksichtigt drei verschiedene kognitive Stufen (K1 bis K3):

- **K1 – Erinnern**
  Der Lernende kann einen Begriff oder ein Konzept erinnern oder erkennen.
- **K2 – Verstehen**
  Der Lernende soll eine Erklärung für eine Aussage zum Thema der Frage auswählen.

- K3 – Anwenden
  Der Lernende soll die richtige Anwendung eines Konzepts oder einer Technik auswählen und auf einen bestimmten Kontext anwenden.

Im Allgemeinen sind alle Inhalte dieses Lehrplans auf K1-Stufe prüfbar. Das bedeutet, dass der Lernende einen Begriff oder ein Konzept erinnern, erkennen und abrufen kann. Die Lernziele der kognitiven Stufen K1, K2 und K3 werden im Folgenden aufgeführt:

A.1.1 Lernziele zu Kapitel 2: Grundlagen des Abnahmetests

Lernziel	K-Stufe
Die Beziehung zwischen Geschäftszielen, Geschäftsbedarfen und fachlichen Anforderungen kennen.	**K1**
Die Beziehung zwischen Anforderungen/User-Storys, Abnahmekriterien und Abnahmetests erklären.	**K2**
Erklären, wie sich die Qualität der Anforderungen/User-Storys und Abnahmekriterien auf die Abnahmetests auswirken.	**K2**
Die Beziehung zwischen den Abnahmetestaktivitäten und den Aktivitäten der Businessanalyse zusammenfassen.	**K2**
Erläutern, wie Tester und Businessanalysten bei den Abnahmetestaktivitäten zusammenarbeiten.	**K2**
Abnahmetestgetriebene und verhaltensgetriebene Entwicklung beschreiben.	**K2**

A.1.2 Lernziele zu Kapitel 3: Abnahmekriterien, Abnahmetests und erfahrungsbasierte Praktiken

Lernziel	K-Stufe
Für eine bestimmte Anforderung oder User-Story eine Menge von Abnahmekriterien gemäß guten Praktiken entwickeln.	**K3**
Testvorgehensweisen und Testverfahren für den Abnahmetest erklären.	**K2**
Die Gherkin-Sprache für den Entwurf von Abnahmetests für ein gegebenes Szenario anwenden.	**K3**
Zusammenfassen, wie das explorative Testen für den Abnahmetest eingesetzt werden kann.	**K2**
Die Beziehung zwischen Beta-Tests und Abnahmetests zusammenfassen.	**K2**

A.1.3 Lernziele zu Kapitel 4: Nicht funktionale Anforderungen im Abnahmetest

Lernziel	K-Stufe
Beispiele für nicht funktionale Teilmerkmale nach ISO 25010 nennen, die im Abnahmetest berücksichtigt werden sollten.	K2
Sich an Merkmale der Nutzungsqualität gemäß der Norm ISO 25010 erinnern.	K1
Verschiedene Methoden zum Testen der Gebrauchstauglichkeit innerhalb der jeweiligen Anwendungsbereiche zusammenfassen.	K2
Verschiedene Arten von Nutzungsszenarien mit den vier Säulen der UX-Anforderungsanalyse in Beziehung setzen.	K2
High-Level-Performanztests gemäß den vorgegebenen Performanzanforderungen erklären.	K2
Die Auswirkungen verschiedener Perspektiven auf die Performanzabnahmekriterien erkennen.	K2
Erläutern, weshalb IT-Sicherheitsabnahmekriterien und die damit verbundenen High-Level-IT-Sicherheitstests für ein Projekt gemäß einer vorgegebenen Anforderung an die IT-Sicherheit erforderlich sind.	K2

A.1.4 Lernziele zu Kapitel 5: Modellierung von Geschäftsregeln und Geschäftsprozessen

Lernziel	K-Stufe
Ein einfaches Geschäftsprozess-/Geschäftsregelmodell mit BPMN- und/oder DMN-Notationen erstellen.	K3
Aus einem bestimmten einfachen Geschäftsprozess-/Geschäftsregelmodell eine Menge von Abnahmetests ableiten (in BPMN oder DMN), die ein bestimmtes Überdeckungskriterium erfüllen.	K3
Gute Praktiken für die Geschäftsprozess- und Geschäftsregelmodellierung für Abnahmetests zusammenfassen.	K2
Erklären, wie die Modellierung von Geschäftsprozessen und Geschäftsregeln für die abnahmetestgetriebene Entwicklung (ATDD) verwendet werden kann.	K2

A.1.5 Lernziele zu Kapitel 6: Kollaborativer Abnahmetest

Lernziel	K-Stufe
Für eine bestimmte Situation soziale und kommunikative Fähigkeiten anwenden, die für gemeinsame Abnahmetestaktivitäten relevant sind.	**K3**
Erläutern, wie Abweichungen zwischen tatsächlichen und erwarteten Ergebnissen auf Unternehmensebene in einem bestimmten Kontext analysiert werden.	**K2**
Aktivitäten der Berichterstattung für Stakeholder im Rahmen von Abnahmetests zusammenfassen.	**K2**
Verschiedene Qualitätssicherungsverfahren für Abnahmetestaktivitäten erläutern.	**K2**
Umfang und Ziele der Werkzeugunterstützung für Abnahmetest-aktivitäten erinnern.	**K1**

B Abkürzungsverzeichnis

Abkürzung	Bedeutung
A	Anforderung
AK	Abnahmekriterium
ATTD	Acceptance Test-Driven Development
BA	Businessanalyst
BDD	Behavior-Driven Development
BPA	Business Process Assurance
BPMN	Business Process Model and Notation
CRM	Customer Relationship Management
DMN	Decision Model and Notation
DoR	Definition of Ready
DoS	Denial of Service
DRD	Decision Requirements Diagram
DRG	Decision Requirements Graph
ERM	Entity-Relationship-Modell
ETSI	European Telecommunications Standardisation Institute
FEEL	Friendly Enough Expression Language
GTB	German Testing Board
IDS	Intrusion Detection System
IoT	Internet of Things
IQBBA	International Qualification Board for Business Analysis
ISO	International Standardisation Organisation
ISTQB	International Software Testing Qualifications Board
KI	Künstliche Intelligenz

→

Abkürzung	Bedeutung
MBT	Modellbasiertes Testen
MSC	Message Sequence Charts
OAT	Operational Acceptance Testing
OMG	Object Management Group
SDL	Specification and Description Language
SLS	Service Level Agreement
SUMI	Software Usability Measurement Inventory
SUS	System Usability Scale
SysML	Systems Modeling Language
TDD	Test-Driven Development
TDL	Test Description Language
TF	Testfall
TTCN-3	Testing and Test Control Notation v3
UAT	User Acceptance Testing
UML	Unified Modeling Language
UTP	UML Testing Profile
UX	User Experience/Benutzererlebnis
UXQB	User Experience Qualification Board
WAMMI	Website Analysis and Measurement Inventory

C Glossar

Das Glossar dieses Buches enthält alle Definitionen der prüfungsrelevanten Schlüsselbegriffe des Lehrplans (gekennzeichnet mit »X« in Spalte »P«) gemäß GTB/ISTQB®-Glossar der Testbegriffe [ISTQB Glossar] sowie weitere Definitionen, die das Verständnis der Lesenden fördern, aber nicht prüfungsrelevant sind.

P	Begriff	Definition	Quelle
X	**Abnahme-kriterien**	Diejenigen Kriterien, die eine Komponente oder ein System erfüllen muss, um durch den Benutzer, Kunden oder eine bevollmächtigte Instanz abgenommen zu werden.	[ISTQB Glossar]
X	**Abnahmetest**	Eine Teststufe mit dem Schwerpunkt, zu bestimmen, ob ein System abgenommen werden kann.	[ISTQB Glossar]
X	**Anforderung**	Eine Vorschrift, die zu erfüllende Kriterien enthält.	[ISTQB Glossar]
	Asset	Als Assets werden Bestände von Objekten bezeichnet, die für einen bestimmten Zweck, besonders zur Erreichung von Geschäftszielen, benötigt werden. Der englische Begriff »asset« wird häufig mit »Wert« übersetzt. Wert ist allerdings im Deutschen ein mit vielen Bedeutungen belegter Begriff, von der gesellschaftlichen Bedeutung, die einer Sache zukommt, bis hin zur inneren Qualität eines Objekts. Im IT-Grundschutz wird der Begriff »Assets« in der Bedeutung von »werthaltigen bzw. wertvollen Zielobjekten« verwendet.	[URL: BSI Glossar]
X	**Benutzer-erlebnis**	Wahrnehmungen und Reaktionen einer Person, die aus der tatsächlichen und/oder der erwarteten Benutzung eines Softwareproduktes resultieren.	[ISTQB Glossar]
	Benutzer-konto-Einfangen	Vorgehen zum Erwerb von Informationen über Benutzerkonten durch Probieren, um diese Informationen bei einem Sicherheitsangriff zu nutzen.	
X	**Beta-Test**	Eine Art Abnahmetest, der an einem zur Testumgebung des Entwicklers externen Standort durch Akteure außerhalb der Herstellerorganisation durchgeführt wird.	[ISTQB Glossar]

→

P	Begriff	Definition	Quelle
	Business-analyst	Eine Person, die verantwortlich für die Identifizierung von Geschäftsbedarfen ihrer Kunden und Stakeholder ist, um Lösungen für Geschäftsprobleme zu bestimmen.	[IQBBA Glossar][1]
	Effektivität	■ Der Umfang, in dem richtige und vollständige Ziele erreicht werden. ■ Die Genauigkeit und Vollständigkeit, mit der Benutzer festgelegte Ziele erreichen.	[ISTQB Glossar] [UXQB CPUX-F]
	Effizienz	■ Der Grad, zu dem Mittel verwendet werden im Verhältnis zu den erzielten Ergebnissen. ■ Die verwendeten Ressourcen in Bezug auf die erzielten Ergebnisse.	[ISTQB Glossar] [UXQB CPUX-F]
	Entscheidungs-tabellentest	Ein Black-Box-Testverfahren, bei dem Testfälle im Hinblick auf die Ausführung von Kombinationen der Bedingungen und aus ihnen resultierender Aktionen einer Entscheidungstabelle entworfen werden.	[ISTQB Glossar]
X	**Erfahrungs-basierte Testverfahren**	Ein Testverfahren, das ausschließlich auf den Erfahrungen, dem Wissen und der Intuition der Tester basiert.	[ISTQB Glossar]
	Exploit	Als Exploit bezeichnet man eine Methode oder einen Programmcode, mit dem über eine Schwachstelle in Hard- oder Software-Komponenten nicht vorgesehene Befehle oder Funktionen ausgeführt werden können. Je nach Art der Schwachstelle kann mithilfe eines Exploits z.B. ein Programm zum Absturz gebracht, Benutzerrechte ausgeweitet oder beliebiger Programmcode ausgeführt werden.	[URL: BSI Glossar]
X	**Exploratives Testen**	Ein Testansatz, bei dem die Tests dynamisch entworfen und ausgeführt werden, basierend auf Wissen, der Erkundung des Testelements und den Ergebnissen früherer Tests.	[ISTQB Glossar]
X	**Fehlerzustand**	Eine Unzulänglichkeit oder ein Mangel in einem Arbeitsergebnis, sodass es seine Anforderungen oder Spezifikationen nicht erfüllt.	[ISTQB Glossar]
X	**Gebrauchs-tauglichkeit**	Der Grad, zu dem eine Komponente oder ein System durch bestimmte Benutzer in einem bestimmten Nutzungskontext genutzt werden kann, um festgelegte Ziele effektiv, effizient und zufriedenstellend zu erreichen.	[ISTQB Glossar]

→

1. Deutsche Übersetzung durch die Autoren.

P	Begriff	Definition	Quelle
	Geschäfts-prozess	Eine Abfolge von Aktivitäten, die darauf ausgerichtet ist, ein spezifisches Ergebnis für ein bestimmtes Marktsegment oder einen bestimmten Kunden zu erzeugen.	Frei übersetzt nach [IQBBA Glossar]
	Informations-sicherheit	Informationssicherheit hat den Schutz von Informationen als Ziel. Dabei können Informationen sowohl auf Papier, in Rechnern oder auch in Köpfen gespeichert sein. Die Schutzziele oder auch Grundwerte der Informationssicherheit sind Vertraulichkeit, Integrität und Verfügbarkeit. Viele Anwender ziehen in ihre Betrachtungen weitere Grundwerte mit ein.	[URL: BSI Glossar]
X	**IT-Sicherheit**	Der Grad, zu dem eine Komponente oder eine System Informationen und Daten schützt, sodass Personen oder andere Komponenten oder Systeme nur einen solchen Grad an Zugriff erhalten, der ihrer Berechtigungsart und -stufe entspricht.	[ISTQB Glossar]
	Modell-basiertes Testen (MBT)	Testen, das auf Modellen basiert oder diese involviert.	[ISTQB Glossar]
	Negativtest	Testen einer Komponente oder eines Systems in einer Form, die nicht für ihre Verwendung vorgesehen war.	[ISTQB Glossar]
X	**Performanz**	Der Grad, zu dem eine Komponente oder ein System Zeit, Ressourcen und Kapazität verbraucht, während sie/es seine vorgesehenen Funktionen ausführt.	[ISTQB Glossar]
	Persona	Eine Beschreibung eines konstruierten, aber realistischen Benutzers und was dieser bei der Benutzung eines interaktiven Systems beabsichtigt.	[UXQB CPUX-F]
	Pfadüber-deckung	Die Überdeckung von Pfaden	[ISTQB Glossar]
	Positivtest	Testen einer Komponente oder eines Systems in einer Form, die für ihre Verwendung vorgesehen war.	
X	**Qualitäts-sicherung**	Aktivitäten, die darauf fokussieren, Vertrauen in die Erfüllung der Qualitätsanforderungen zu erzeugen.	[ISTQB Glossar]
X	**Schlüsselwort-getriebenes Testen**	Ein skriptbasiertes Verfahren, bei dem Testskripte abstrakte Schlüsselwörter enthalten sowie unterstützende Dateien mit konkreten Skripten, die diese Schlüsselwörter implementieren.	[ISTQB Glossar]
	Testbasis	Alle Informationen, die als Basis für die Testanalyse und den Testentwurf verwendet werden können.	[ISTQB Glossar]

→

P	Begriff	Definition	Quelle
	Testen	Der Prozess, der aus allen statischen und dynamischen Lebenszyklusaktivitäten besteht, die sich mit der Planung, Vorbereitung und Bewertung einer Komponente oder eines Systems und zugehörigen Arbeitsergebnissen befassen, um festzustellen, ob sie festgelegte Anforderungen erfüllen, für den Zweck geeignet sind, sowie um etwaige Fehlerzustände zu finden.	[ISTQB Glossar]
X	**Testfall**	Eine Menge von Vorbedingungen, Eingaben, Aktionen (falls anwendbar), erwarteten Ergebnissen und Nachbedingungen, die auf Basis von Testbedingungen entwickelt wurden.	[ISTQB Glossar]
	Testfall, abstrakt	Ein Testfall mit abstrakten Vorbedingungen, Eingabedaten, erwarteten Ergebnissen, Nachbedingungen und Aktionen (falls anwendbar).	[ISTQB Glossar]
	Testfall, konkret	Ein Testfall mit konkreten Werten für Vorbedingungen, Eingaben, erwartete Ergebnisse und Nachbedingungen sowie eine detaillierte Beschreibung der Aktionen (falls anwendbar).	[ISTQB Glossar]
	Testmittel	Die Arbeitsergebnisse, die während des Testprozesses erstellt werden und dazu gebraucht werden, um die Tests zu planen, zu entwerfen, auszuführen, auszuwerten und darüber zu berichten.	[ISTQB Glossar]
	Testmodell	▪ Darstellung eines Testobjekts, die für den Testentwurf verwendet wird. ▪ Ein Modell, das die Testmittel beschreibt, die zum Testen einer Komponente oder eines zu testenden Systems genutzt werden.	Nach [ISO 29119-1] [ISTQB Glossar]
	Überdeckung	Der Grad, ausgedrückt in Prozent, zu dem bestimmte Überdeckungselemente von einer Testsuite genutzt wurden.	[ISTQB Glossar]
	User Story	Eine Benutzer- oder Geschäftsanforderung bestehend aus einem Satz in der Alltags- oder Geschäftssprache, die die von einem Benutzer benötigte Funktionalität, ihre Begründung und die nicht funktionalen Kriterien erfasst, und auch Abnahmekriterien enthält.	[ISTQB Glossar]
	Verschlüsselung	Das Kodieren von Information, sodass nur Beteiligte mit Berechtigung die Originalinformation zurückgewinnen können, meistens mithilfe eines speziellen Dekodierungs-Schlüssels oder -Prozesses.	[ISTQB Glossar]
	Zufriedenstellung	Das Ausmaß, in dem die physischen, kognitiven und emotionalen Reaktionen des Benutzers, die sich aus der Benutzung eines interaktiven Systems ergeben, die Bedürfnisse und Erwartungen des Benutzers erfüllen.	[UXQB CPUX-F]

D Quellenverzeichnis

D.1 Bücher und Artikel

[Baumgartner et al. 21] Baumgartner, M.; Gwihs, S.; Seidl, R.; Steirer, T.; Wendland, M.-F.: Basiswissen Testautomatisierung. 3. Auflage, dpunkt.verlag, 2021.

[Beck 03] Beck, K.: Extreme Programming. Das Manifest. Addison-Wesley, 2003.

[Bergsmann 18] Bergsmann, J.: Requirements Engineering für die agile Softwareentwicklung: Methoden, Techniken und Strategien. 2. Auflage, dpunkt.verlag, 2018.

[Boehm 79] Boehm, B.: Guidelines for verifying and validating software requirements and design specification. EURO IFIP 79, 1979.

[Cohn 04] Cohn, M.: User Stories Applied: For Agile Software Development. Addison-Wesley Professional, 2004.

[Fewster & Graham 99] Fewster, M.; Graham, D.: Software Test Automation: Effective Use of Test Execution Tools. Addison Wesley, 1999.

[Fisher & Ury 12] Fisher, R.; Ury, W.: Getting to yes. Random House Business, 2012.

[Frontiera & Leidl 12] Frontiera, J.; Leidl, D.: Team Turnarounds: A Playbook for Transforming Underperforming Teams. Jossey-Bass, 2012.

[Geis & Polkehn 18] Geis, T.; Polkehn, K.: Praxiswissen User Requirements: Nutzungsqualität systematisch, nachhaltig und agil in die Produktentwicklung integrieren. dpunkt.verlag, 2018.

[Gregory & Crispin 15] Gregory, J.; Crispin, L.: More Agile Testing: Learning Journeys for the Whole Team. Addison-Wesley Professional, 2014.

[Hendrickson 14] Hendrickson, E.: Explore It! Wie Softwareentwickler und Tester mit explorativem Testen Risiken reduzieren und Fehler aufdecken. dpunkt.verlag, 2014.

[Nielsen 94] Nielsen, J.: Heuristic evaluation. In: Nielsen, J.; Mack, R. L. (Hrsg.): Usability Inspection Methods. John Wiley & Sons, 1994.

[Pohl & Rupp 21] Pohl, K.; Rupp, C.: Basiswissen Requirements Engineering. 5. Auflage, dpunkt.verlag, 2021.

[Prenninger & Pretschner 04] Prenninger, W.; Pretschner, A.: Abstractions for Model-Based Testing. Electronic Notes in Theoretical Computer Science, Volume 116, 2005, ISSN 1571-0661, *https://doi.org/10.1016/j.entcs.2004.02.086*.

[Pugh 11] Pugh, K.: Lean-Agile Acceptance Test-Driven Development: Better Software Through Collaboration. Addison-Wesley Professional, 2011.

[Rubin & Chisnell 08] Rubin, J.; Chisnell, D.: Handbook of Usability Testing: How to Plan, Design, and Conduct Effective Tests. 2nd Edition, Wiley, 2008.

[Simon et al. 19] Simon, F.; Grossmann, J.; Graf, C. A.; Mottok, J.; Schneider, M. A.: Basiswissen Sicherheitstest. dpunkt.verlag, 2019.

[Smart 14] Smart, J. F.: BDD in Action: Behavior-driven development for the whole software lifecycle. Manning Publications, 2014.

[Spillner & Linz 19] Spillner, A.; Linz, T.: Basiswissen Softwaretest. 6. Auflage, dpunkt.verlag, 2019.

[Stachowiak 73] Stachowiak, H.: Allgemeine Modelltheorie. Springer, 1973.

[Utting & Legeard 07] Utting, M.; Legeard, B.: Practical Model-Based Testing: A Tools Approach. Morgan Kaufmann Publishers Inc., 2007.

[Watson & McCabe 96] Watson, A. H.; McCabe, T. J.: Structured Testing: A Testing Methodology Using the Cyclomatic Complexity Metric. NIST Special Publication 500-235, 1996.

[Wendland 17] Wendland, M. F.: Suitability of UTP and TDL for MBT. 5th ETSI User Conference on Advanced Automated Testing (UCAAT), 2017.

[Winter et al. 16] Winter, M.; Roßner, T.; Brandes, C.; Götz, H.: Basiswissen Modellbasierter Test. 2. Auflage, dpunkt.verlag, 2016.

D.2 Lehrpläne

[iBUQ CPUE-FL] iBUQ Certified Professional for Usability and User Experience Engineering – Foundation Level

[IQBBA CFLBA] IQBBA Certified Business-Analyst – Foundation Level

[IQBBA Glossar] IQBBA Standard glossary of terms used in Software Engineering

[IREB CPREFL] IREB Certified Professional for Requirements Engineering – Foundation Level

[IREB Agile] IREB Certified Professional for Requirements Engineering – RE@Agile Primer

[ISTQB CTAL-ATT] ISTQB Certified Tester – Advanced Level – Agile Technical Tester

[ISTQB CTAL-ST] ISTQB Certified Tester – Advanced Level – Security Tester

[ISTQB CTAL-TM] ISTQB Certified Tester – Advanced Level – Test Manager

[ISTQB CTAL-TTA] ISTQB Certified Tester – Advanced Level – Technical Test Analyst

[ISTQB CTFL] ISTQB Certified Tester – Foundation Level

[ISTQB CTFL-AcT] ISTQB Certified Tester – Foundation Level – Acceptance Testing

[ISTQB CTFL-AT] ISTQB Certified Tester – Foundation Level – Agile Tester

[ISTQB CTFL-MBT] ISTQB Certified Tester – Foundation Level – Model Based Tester

[ISTQB CTFL-PT] ISTQB Certified Tester – Foundation Level – Performance Tester

[ISTQB CTFL-UT] ISTQB Certified Tester – Foundation Level – Usability Tester

[ISTQB Glossar] ISTQB-Glossar der Testbegriffe

[UXQB CPUX-F] UXQB CPUX-F Curriculum und Glossar

D.3 Normen und Standards

[ETSI ES 201 873-1] European Telecommunication Standardisation Institute (ETSI): ES 2020 951, Methods for Testing and Specification (MTS); The Testing and Test Control Notation version 3; Part 1: TTCN-3 Core Language, Version 4.12.1, 2020-05.

[ETSI ES 202 951] European Telecommunication Standardisation Institute (ETSI): ES 2020 951, Methods for Testing and Specification (MTS); Model-Based Testing (MBT); Requirements for Modelling Notations Test Description Language (TDL), Version 1.1.1, 2011-07.

[ISO 9241-11] ISO 9241-11:2018 Ergonomics of human-system interaction – Part 11: Usability: Definitions and concepts, 2018.

[ISO 9241-220] ISO 9241-220:2019 Ergonomics of human-system interaction – Part 220: Processes for enabling, executing and assessing human-centered design with organizations, 2019.

[ISO 19510] ISO/IEC 19510:2013 Information technology – Object Management Group Business Process Model and Notation, 2013-07.

[ISO 25010] ISO/IEC 25010:2011 Systems and software engineering – Systems and software Quality Requirements and Evaluation (SQuaRE) – System and software quality models, 2011-03.

[ISO 29148] ISO/IEC/IEEE 29148:2018 Systems and software engineering – Life cycle processes – Requirements engineering, 2018-11.

[ISO 27005] ISO/IEC 27005:2018 Information technology – Security techniques – Information security risk management, 2018-07.

[ISO 27034] ISO/IEC 27034 Information technology – Security techniques – Application security.

[ISO 29119-1] ISO/IEC/IEEE 29119-1:2013 Software and systems engineering – Software testing – Part 1: Concepts and definitions, 2013-09.

[ISO 29119-3] ISO/IEC/IEEE 29119-3:2013 Software and systems engineering – Software testing – Part 3: Test Documentation, 2013-09.

[OMG BPMN] Object Management Group (OMG): Business Process Model and Notation (BPMN), Version 2.0.2.

[OMG DMN] Object Management Group (OMG): Decision Model and Notation (DMN), Version 1.3.

[OMG UML] Object Management Group (OMG): Unified Modeling Language (UML), Version 2.5.1.

[OMG UTP] Object Management Group (OMG): UML Testing Profile (UTP), Version 2.1.

D.4 Web

[URL: **Behat**] Behat, *https://behat.org*.

[URL: **BPEL**] Web Services Business Process Execution Language Version 2.0, *http://docs.oasis-open.org/wsbpel/2.0/OS/wsbpel-v2.0-OS.html*.

[URL: **BSI-Glossar**] Bundesamt für Sicherheit in der Informationstechnik (BSI), *https://www.bsi.bund.de/DE/Themen/Unternehmen-und-Organisationen/Informationen-und-Empfehlungen/Glossar-der-Cyber-Sicherheit/Functions/glossar.html*.

[URL: **Cucumber**] Cucumber, *https://cucumber.io*.

[URL: **Edge Computing**] Edge Computing, *https://de.wikipedia.org/wiki/Edge_Computing*.

[URL: **Ernest Rutherford**] Rutherfordsches Atommodell, *https://de.wikipedia.org/wiki/Rutherfordsches_Atommodell*.

[URL: **FitNesse**] Fitnesse, *http://fitnesse.org*.

[URL: **GTB**] German Testing Board e.V., *https://www.german-testing-board.info/lehrplaene/istqbr-certified-tester-schema/kurz-vorgestellt/*.

[URL: **ISTQB**] International Software Testing Qualifications Board, *http://www.istqb.org*.

[URL: **jBehave**] jBehave, *https://jbehave.org*.

[URL: **JDecisionTables**] JDecisiontable, *https://sourceforge.net/projects/jdecisiontable/*.

[URL: **Jeep**] welt.de, *https://www.welt.de/wirtschaft/webwelt/article144329858/Hacker-schalten-bei-Jeep-per-Funk-die-Bremsen-ab.html*.

[URL: **Multi-Faktor-Authentisierung**] Multi-Faktor-Authentisierung, *https://de.wikipedia.org/wiki/Multi-Faktor-Authentisierung*.

[URL: **Negativtest**] Negativtest, *https://de.wikipedia.org/wiki/Negativtest*.

[URL: **Petri-Netze**] Petri-Netze, *https://de.wikipedia.org/wiki/Petri-Netz*.

[URL: **Positivtest**] Positivtest, *https://de.wikipedia.org/wiki/Positivtest*.

[URL: **Serenity**] Serenity BDD, *http://www.thucydides.info*.

[URL: **TDL**] Test Description Language, *https://tdl.etsi.org*.

[URL: **Vier-Augen-Prinzip**] *https://de.wikipedia.org/wiki/Vier-Augen-Prinzip*.

[URL: **V-Modell XT**] V-Modell XT,
https://www.cio.bund.de/Web/DE/Architekturen-und-Standards/V-Modell-XT/vmodell_xt_node.html.

[URL: **UXQB**] International Usability and User Experience Qualification Board e.V., *https://uxqb.org/de/*.

Index

Björn Lemke • Nils Röttger

Basiswissen Mobile App Testing

Aus- und Weiterbildung zum Certified Mobile Application Tester – Foundation Level Specialist nach ISTQB®-Standard

2021
200 Seiten, Festeinband
€ 32,90 (D)

ISBN:
Print 978-3-86490-748-7
PDF 978-3-96910-118-6
ePub 978-3-96910-119-3
mobi 978-3-96910-120-9

Auf *dpunkt.de* auch als Bundle erhältlich

Mobile IT-Geräte wie Smartphones und Tablets sowie die darauf laufenden Apps sind heutzutage sowohl im privaten als auch im beruflichen Umfeld überall präsent. Die Ansprüche der Nutzer an Bedienbarkeit, Performance und Funktionalität sind dabei sehr hoch. Dies, in Kombination mit der Vielzahl an unterschiedlichen Geräten und Plattformen, stellt den Softwartest vor vielfältige Herausforderungen.

Dieses Buch vermittelt die Grundlagen des Testens mobiler Apps und gibt einen fundierten Überblick über geeignete Testarten, Testmethoden, den Testprozess und das Testkonzept für mobile Anwendungen. Auch auf Qualitätskriterien, mobile App-Plattformen, Werkzeuge und die Automatisierung der Testausführung wird eingegangen.

Das Buch ist konform zum ISTQB®-Lehrplan »Certified Mobile Application Tester« und eignet sich mit vielen Beispielen und Übungen nicht nur bestens für die Prüfungsvorbereitung, sondern dient gleichzeitig als kompaktes Basiswerk zum Thema in der Praxis und an Hochschulen.

dpunkt.verlag
www.dpunkt.de